俄罗斯宪法

КОНСТИТУЦИОННОЕ ПРАВО РОССИИ

第 1 卷

［俄］С. А. 阿瓦基扬（С. А. Авакьян）／著

龙长海／译

上海社会科学院出版社
SHANGHAI ACADEMY OF SOCIAL SCIENCES PRESS

本书由中国—上海合作组织国际司法交流合作
培训基地资助出版

中文版序言

尊敬的读者，呈现在您面前的是一部规模宏大的科学教程的中文译本，它就是《俄罗斯宪法》教程。本教程于2005年在俄罗斯首次出版，此后，经过了多次再版。本次翻译的是2010年版本。当然了，在过去的时日里，俄罗斯宪法也经过了修改。这些修改并没有在本教材的大纲和内容上反映出来。我希望，在下次出版时，过去几年里俄罗斯联邦宪法那些重要的修改变化能够得以呈现。

但是，本教程的内容已经足够详细地展现了俄罗斯当代规范性法律基础和立宪主义的状况。1993年俄罗斯联邦宪法是本教程的依据。宪法规范在最近的立法中得以发展。总体而言，俄罗斯已经形成了宪法制度、市民社会、公民的权利与自由，以及由国家权力机关、地方自治机关、选举法和定期举行的选举、宪法监督和司法机关代表的公权力组织等组成的足够稳定的结构。

俄罗斯出版了为数众多的宪法方面的教科书和教学参考书，其中的大多数都具有较强的实用性，对研究立法和顺利通过大学及其他教育机构的考试都有所帮助。

本教程的特点在于，这是一部学术性的教科书。在很大程度上，本教程不仅希望帮助读者，首先是大学生，掌握规定了俄罗斯宪法制度、公民的权利与自由、权力机关体系等那些规范性法律文件的内容。这当然非常重要。但更为重要的是，帮助读者理解包括俄罗斯国家和社会当代民主体制、权力的本质、个人地位、财产和经济关系、国家的联邦结构、联邦主体和中央相互关系的原则、直接民主制度(包括公开性、公开讨论法律草案、观点多元等)的基本思想。

正是由于这一特点,本教程成了著名的学术著作。尽管规模宏大,但却引起了广大读者的兴趣。而且,特别令人高兴的是,本教程在学生中,尤其是在那些勤于思考、善于分析并探寻俄罗斯立宪主义完善路径的学生中,获得了良好的口碑。

我希望,本书也能在那些对国家和社会发展的良好民主路径感兴趣的中国读者那里产生共鸣,因为邻居的经验也是知识的来源之一。

C.A. 阿瓦基扬
莫斯科国立罗曼诺索夫大学法律系宪法与行政法教研室主任
法学博士、俄罗斯联邦功勋科学活动家
俄罗斯联邦功勋法律人
(龙长海译
内蒙古大学法学院教授
法学博士、法学博士后)

序 一

（一）

自从事宪法学教学与研究以来，应学生和部分作者之邀，我写了不少序。因为写序对我来说也是一种获取新知识的过程。要写序，首先需要认真阅读书稿，把握作者的学术脉络，对书中的核心观点进行客观评价，感受作者的学术情怀。可以说，写序是与作者的学术对话，也是进行学术批评与交流的重要形式。在知识的海洋里，无论写得再好的书，在有限的主观认知与无限的知识世界里，总会存在着某种局限性，或者留下需要商榷的观点。这种意义上，写序对我来说并不是一件轻松的事情。

去年12月，我接到《俄罗斯宪法》译者之一的王雅琴教授和哈书菊教授的电话和短信，请我为之写序时，心情是复杂的。我觉得这不是一般的写序。因为最初提议翻译《俄罗斯宪法》的学者是已故的刘春萍教授。她是我的学界同事，也是我最欣赏的学生，一位充满学术理想、追求学术真理、具有跨文化学术视野的优秀学者。她于2002年入学，在繁忙的教学、科研之余，完成博士学位论文，于2005年5月顺利通过答辩，获得博士学位。我还记着，通过答辩后我们聚在一起，庆贺她通过博士论文。当时她讲了自己未来的学术规划，包括对俄罗斯宪法著作的系统研究与翻译。获得博士学位是一个人学术成长的新起点，作为导师，我对她的学术是充满期待的，也开始在学术领域的合作。她组建了俄罗斯法律问题研究所,系统地开展俄罗斯法律,特别是公法制度的研究,推出了系列研究成果。2014年9月,当她追寻自己的学术理想,实现自己的学术规划时,无情的病魔夺走了她的学术梦想,英年早逝,让导师和学界朋友们感到惋惜。她离开我们快10年了,但她留下了宝贵的学术作品,让我们在学术研究中时常感受到她的学术生命仍在延续,特别是在俄罗斯公法领域的学术成果迄今也是我们必读的作品。

(二)

春萍是一位宪法学教授,在研究俄罗斯宪法时,她注重历史主义的路径,把苏联宪法学对中国宪法学的影响作为分析中国宪法学历史逻辑的重要元素。她写了多篇有关苏联宪法学与新中国宪法学历史关联性的论文,提出完整的分析框架与方法论。当学界出现否定"苏联法学"移植的历史时,她以历史事实、实证资料与严密的逻辑强调宪法学历史的客观性,呼吁学界客观地认识20世纪50年代新中国宪法学与苏联宪法学的历史渊源。

宪法与行政法具有共同的学术使命与范畴,都属于公法领域。但如何把宪法与行政法理念加以融贯起来,形成逻辑的自洽性?当时学界仍存在着价值与事实分离的倾向,宪法与行政法要么"分家",要么"融合",两种倾向都不利于维护宪法行政法知识体系的自主性。她注意到这种研究范式存在的问题,在研究宪法学时,将行政法纳入宪法学体系,寻求宪法行政法的价值与规范基础,以宪法视角研究俄罗斯行政法基础理论。她发表的《俄罗斯行政法理论基础转换的政治动因》《俄罗斯行政法理论基础转型的经济动因》《"控权—平衡"俄罗斯联邦行政法的理论基础》等论文展现了她综合的公法观,虽以俄罗斯为例,但对我们思考宪法行政法关系提供了有益的学术思路。另外,她在研究宪法行政法问题时,也善于把公法的学术命题提升为法治国家、法治原则的高度,探寻宪法的哲学价值。她发表的《论宪法职能与实现法治国家》《法治原则在中国宪法文本中的嬗变》等系列论文体现了她宪法哲学的思考,力求将公法原则上升为法治国家原则,以提炼其价值命题。

春萍善于把阶段性研究与体系化思考结合起来,以低调内敛的学术风格把相对熟悉的命题加以体系化,希望较完整地展现自己的学术思考,其代表性著作是以其博士论文为基础出版的《俄罗斯联邦行政法理论基础的变迁》。这本书系统地考察了从苏联到当代俄罗斯行政法理论基础的变迁过程,提出了当代俄罗斯行政法理论基础的要素与逻辑结构,论证了影响当代俄罗斯行政法理论基础转换多样化的社会背景与原因。在论证俄罗斯行政法理论基础的变迁过程中,作者注重从行政法与社会变迁的相互关系中分析行政法功能的发展,突出了行政法的社会功能。苏联解体后,俄罗斯的政治制度、经济制度均发生了巨大变革,法律体系也与此相应进行了革新与重构。俄罗斯行政法从结构体系到具体内容与苏联时期相比出现了新特点。通过行政法发展过程的实证分析,作者提出了值得学术界认真思考的重要学术命题,即当代俄罗斯行政法是继续保持其"管理法"的模式不变,还是转向英美的"控权法"模式,或者创立出新的模式?作者的基本结论是:当代俄罗斯行政法既没有简单沿袭苏联的"管理法"模式,也没有效仿英美的"控权法"模式,而是选择了既保留"国家管理"理论中的合理部分,又借鉴"控权"理论中有益因素的"控权—平衡"模式作为行政法的理论基础。俄罗斯行政法理论基础"控权—平衡"模式的形成是处于转型期的俄罗斯宪制、经济、政治、思想等多种因素影响的结果,有其存在的必然性和必要性。同时,对俄罗斯行政法理论基础的研究,对反思中国行政法的理论基础并分析行政法治发展的规律,具有极其重要的启示意义。特别是,本书体现了作者一贯主张的宪法与行政法融贯的思考与方法论。

春萍从宪法与行政法关系的角度,比较系统地分析了俄联邦行政法理论基础变迁的宪制因素。近代意义的行政法从其产生时起,就具有规范和控制行政权的功能。可以说,没有对行政权的监督与制约,就不存在实质意义的行政法;行政法的产生又是以出现法治和宪法理论作为前提的。法治与宪法既有联系又有区别，法治是宪制的核心和基础，宪制以宪法的有效实施作为其外在表现。法治的基本精神在于限制权力，宪制的最高追求在于保障人权，二者在内涵上既有重合又各有侧重。将俄罗斯行政法理论基础的变迁置于宪制背景下，正是基于宪制与法治的包容关系。这样，宪制理论和法治理论所体现的控制权力与保障权利的观念，直接影响了俄罗斯行政法理论基础"控权—平衡"模式的形成。强调宪制价值对行政法发展的指导功能，主张两者功能上的互动是本书的一个重要特色。作者认为，当代俄罗斯行政法理论基础是在宪制理论的指导下形成的，具体表现为：法治国家原则是俄罗斯行政法理论基础形成的基本前提；人权保障原则是俄罗斯行政法理论基础追求的终极目的；分权原则是俄罗斯行政法理论基础转换的制度基础。

中国与俄罗斯行政法在历史上具有一定的渊源关系，当代俄罗斯行政法理论基础所发生的变迁对中国行政法理论基础的发展和定位具有一定的启示意义。春萍提出的学术观点，迄今对于反思中国行政法发展的历史，科学地预测未来的发展趋势具有一定的参考价值。

早在2009年，春萍教授就以敏锐的学术眼光提出翻译阿瓦基扬教授的著作《俄罗斯宪法》的建议。当时中国法学界，包括宪法学界，还是普遍偏重西方国家法制的经验与知识来源，对俄罗斯公法的研究缺乏关注，特别是与中国宪法学发展具有历史渊源的俄罗斯宪法的观察是不够的。作为长期研究俄罗斯公法的学者，刘春萍教授以学者的使命感提出拓展中国比较宪法领域的想法，并组织本领域的专家王雅琴、哈书菊、龙长海、周珩等国内从事俄罗斯法研究的学者，共同把宏大的《俄罗斯宪法》翻译成中文。当时翻译的书还不能算作学术成果，无论是评职称、评奖还是各类学术评价中，翻译作品的评价并不客观。但几位译者在春萍教授的协调下，本着学术责任与专业精神，开始翻译这部著作，持续十多年，付出了艰辛的努力。

据译者们介绍，这套书的翻译经历了艰辛的过程。2014年，春萍教授不幸因病去世,该书出版进程受阻,但春萍教授在临终前将该书的翻译出版事宜托付给了黑龙江大学的哈书菊教授。哈书菊教授接手后,联系几位译者再接再厉,终于完成全书的翻译工作。内蒙古大学的龙长海教授积极与俄方联系,办理了在国内翻译出版的版权手续。时任黑龙江大学法学院院长的胡东教授,也为该书的出版给予了大力支持。在胡东教授支持下,该书得到了2017年度"中国—上海合作组织国际司法交流合作培训基地专著出版资助项目"的资金支持。

虽然出版过程有周折,出版周期长,但译者们始终没有放弃,继续翻译工作,最终完成了翻译与出版。这是很不容易的事情,我真诚地向他们表示敬意。当然,这套书的翻译出版,完成了已故刘春萍教授未竟的学术事业,她的在天之灵也会感到欣慰的。这套书的出版是对春萍教授最好的纪念。

(三)

俄罗斯著名宪法学者、莫斯科国立罗曼诺索夫大学教授阿瓦基扬著的《俄罗斯宪法》是理解当代俄罗斯宪法的经典,体系庞大,内容丰富,方法多元,体现了作者对当代俄罗斯宪法学体系深邃的理论思考。

这本书初版于2005年,再版于2010年,本次翻译是以2010年版本为基础的。虽然本书是以教材体例撰写的,注重知识体系的完整性,但与一般的教材不同,在制度介绍与知识的梳理中穿插学理的分析与学界不同的观点,是一部学术专著性的教材,为学习、研究当代俄罗斯宪法体系及其运行提供了完整的框架与立宪主义原理。

本书作为当代俄罗斯宪法制度的著作,在知识框架上体现了其完整性。第1卷系统地诠释宪法学基础性理论,包括部门法与科学的宪法关系,探寻作为科学的宪法应具有的品质。特别是通过对宪法学说演变的系统梳理,给读者展示了宪法学说与思想的历史脉络,将宪法概念体系塑造为一种思想性的学说与学说史。在这一脉络下,作者详细介绍宪法、宪法渊源、宪法作用、宪法制定、宪法规范等基础性概念,并从人民性、现实性与稳定性等视角概括宪法的特征。第2卷系统地探讨宪法制度基础,从人民主权、民主制度、社会制度、民主原则、公民社会等原理出发,解读俄罗斯宪法蕴含的宪法制度内在机制。在解释国家、社会与个人关系时,作者以"人"的尊严与价值为最高哲学,对宪法文本上的人和公民宪法地位进行分析,区分了人、个人与公民的边界,其分析是非常细腻的。第3卷国家结构中,作者将选举制度作为国家机构成立的基础,从选举民主入手对主权与国家、总统制、议会制的相关原理与程序进行分析。在第4卷中,作者延续第3卷的分析框架,从原理出发系统地分析俄罗斯联邦执行权力活动与组织程序、司法权,以及对宪法法院体制展开理论论证,使读者能够在清晰的框架中了解俄罗斯富有特色的宪法体制。

  作者始终以1993年俄罗斯联邦宪法文本为基础,在历史、文本与实践的三位一体中解读俄罗斯宪法图景。作者把复杂的宪法体制以"宪法基础"概念加以类型化,构建了基于文本的宪法教义学的框架。这也是俄罗斯宪法学的基本特色,强调文本在理论演变与现实运行中的作用,将多样化的政治、经济、社会与文化变迁纳入宪法文本中,以文本的解读回应现实对宪法治理的基本要求。

  从宪法运行过程看,作者注重运行中的宪法,强调实践性对宪法学的意义。如第4卷宪法法院制度部分,作者以历史的视角梳理宪法监督制度演变的过程,客观地评价设立宪法法院前不同形式的宪法监督机制存在的问题,并从宪法与国家关系中论证宪法法院机制的正当性、权威性与有效性。在作者看来,宪法制度的设计与实践,必须关照其实效性,不能满足于体制本身的构建。基于这种思考,作者运用相关案例、立法以及政治文献,力求使宪法运行不脱离政治现实,包括国际政治对宪法发展的影响。

  当然,一部宏大的宪法学教材无法囊括所有的宪法制度与实践活动,作者的学术风格与兴趣也会影响教材内容的取舍。另外,本书的翻译是以2010年版为基础的,有些领域未能充分反映近10年俄罗斯宪法的新变化。近10年国际政治秩序发生了深刻的变化,俄罗斯也处于国际秩序的演变之中,其宪法制度也面临新的挑战。

  中俄两国山水相邻。无论是在历史上,还是在今天,对俄罗斯的法律制度,尤其是对宪法制度的系统了解,有助于我们正确认识中国宪法制度的历史方位与渊源,有助于以历史为观照,构建中国宪法学自主的知识体系。

韩大元
中国人民大学法学院教授、博士生导师
全国人大常委会香港基本法委员会委员
中国宪法学研究会名誉会长
全国港澳研究会副会长
中国法学会法学教育研究会常务副会长
2023年

序 二

莫斯科国立罗曼诺索夫大学法律系宪法与行政法教研室主任阿瓦基扬教授主编的《俄罗斯宪法》一书,已经由黑龙江大学法学院哈书菊教授、国家法官学院王雅琴教授、内蒙古大学法学院龙长海教授和周珩副教授译成中文。该书出版之际,四位译者托我作序,我欣然应允。

新中国的法制建设与苏联存在着密切联系。新中国成立伊始便借鉴了苏联法制建设的经验,聘请了苏联法学专家帮助新中国制定法律、传播社会主义法律理论。正是在苏联法学专家的帮助下,新中国培养出了第一批社会主义的新型法学人才。自此,新中国的法制建设和法学教育逐渐发展起来。但是,中苏关系恶化、法律虚无主义等一系列原因,刚刚起步的新中国法制建设,更多地关注了20世纪50年代前的苏联法制经验,而对50年代后期苏联成熟的立法和法学理论了解较少。20世纪80年代初,我国实行改革开放,法制建设与法学理论界开始关注英国、美国、德国、日本的法律理论。尽管中苏两国自20世纪80年代末期便恢复了外交关系,苏联解体后俄罗斯第一时间便与中国建立了正式外交关系,但法学界却已经极大降低了对俄罗斯法制建设的关注力度。不仅如此,法学界甚至一度掀起"去苏俄化"的浪潮,有学者不加区分地将苏俄和当今的俄罗斯混为一谈,还有许多学者戴着"有色眼镜"去评判苏俄和俄罗斯的法制实践与法学理论。在全面推进法治中国建设的进程中,我们需要秉持客观中立的立场去审视当今俄罗斯的法制与法学。

苏联解体后，俄罗斯走上了资本主义道路。俄罗斯的法制已经与苏联时期迥异。但是，无论法律制度如何变化，作为冷战时期世界一极的苏联，其法学理论和法制建设的经验，已经被当今的俄罗斯所继承、扬弃。尽管在苏联解体之初的一段时间内，俄罗斯法学界出现过"一边倒"的苏联法制否定论，今天俄罗斯法学界在评判苏联法律制度时，已经少了些许情绪，多了几分理性，能够客观地评价苏联法制建设和法学理论的成败得失。从这个意义上讲，当今俄罗斯学者对苏联法律制度的研究成果更值得我国学界所关注。

苏联时期共通过了四部宪法，分别是在1918年、1925年、1937年和1978年。这几部苏联时期的宪法是与当时特定的政治和社会背景相适应的。法律不能脱离社会生活而存在，任何一项法律制度的制定和实施都需要与特定的社会环境相适应，脱离了法律赖以存在的社会基础，我们将无法理解法律制度因何而立与缘何而变。经济基础与上层建筑的关系，在从昨日苏联到今日俄罗斯的社会转型过程中被展现得淋漓尽致。戈尔巴乔夫的激进改革，导致了苏联的解体。苏联解体引起了俄罗斯宪法制度的改革。苏联解体后的俄罗斯，宪法制定过程就是由一幕幕的政治斗争汇成的。不同思想、不同政党、不同社会力量和利益团体的相互角力，决定了俄罗斯宪法的走向。

俄罗斯现行宪法是由叶利钦主导制定的1993年俄罗斯联邦宪法。尽管当今俄罗斯的宪法法律制度是建立在西方"权力分立、权力制衡"理念之上的，但由于俄罗斯独特的历史文化传统，这种宪法构架在如今的俄罗斯有所调整，这一点从俄罗斯宪法对俄罗斯总统、政府和俄罗斯议会上下两院职权的规定上可以看得出来。从西方宪法理念在俄罗斯的实践看，尽管俄罗斯曾经试想照搬西方的宪法制度，但法律制度的制定和运行需要现实社会的基础，需要特定法律文化背景的支撑，离开了相应的法治土壤，法律制度在移植过程中，便可能会水土不服，正所谓"橘生淮南则为橘、生于淮北则为枳"。俄罗斯当今的宪法规范和实践，恰恰值得我国学者更多地予以关注，为我国的宪法实践提供经验和教训，毕竟中国和俄罗斯都曾经深受苏联法制建设的影响。在中国法治建设的过程中，我们既要借鉴国外的经验和做法，又要考虑到我们的特殊国情和独特的文化传统，应当在坚持走中国特色社会主义法治道路的前提下吸收借鉴外国的有益经验，做到以我为主，为我所用。

《俄罗斯宪法》一书的作者阿瓦基扬教授，是当今俄罗斯著名的宪法学者，而这本专著式教科书是俄罗斯宪法教科书中的精品，在俄罗斯多次再版，备受俄罗斯学界和实务界推崇。这部教科书在立足于现行俄罗斯宪法的同时，对宪法理论学说、俄罗斯宪法的历史沿革和当今俄罗斯宪法实践，进行了详细的阐释，可谓理论与实践兼备，是系统了解当今俄罗斯宪法的佳作。该书的作者在阐述当今俄罗斯宪法规范过程中，特别关注了苏联时期的宪法法律。这为我们了解当今俄罗斯宪法学者对苏联时期宪法规范的态度提供了便利条件，为我们认识苏联解体前后的俄罗斯宪法观念的变化打开了一扇窗户。

黑龙江大学法学院充分利用黑龙江大学的俄语优势，组织本院懂俄语的老师研究俄罗斯法律问题，并将俄罗斯法律研究作为学院的一个特色。1999年，黑龙江大学法学院便建立了俄罗斯法律研究项目组，并在该项目组的基础上，于2001年成立了黑龙江大学俄罗斯法律问题研究所，2014年更名为黑龙江大学俄罗斯法研究中心，至今已有20年的历史。经过多年的发展，黑龙江大学法学院在俄罗斯法律问题研究方面已经获得了8项国家级课题，出版了23部学术著作，发表了231篇学术论文，获得了20项省部级以上科研奖励，为社会提供了大量的涉及俄罗斯法律事务的咨询和建议，组织召开了七届"俄罗斯法制与法学"国际研讨会，在国内外产生了重要影响并赢得了普遍的赞誉。

在国家"一带一路"倡议下，在中国、蒙古、俄罗斯三国共建"中蒙俄经济走廊"的时代背景下，相信黑龙江大学法学院必将继续发挥俄罗斯法律研究方面的优势，充分利用其在俄罗斯法研究方面的雄厚师资力量，加强对俄罗斯法制与法学的研究，为国家向北开放战略、为发展中俄全面战略协作伙伴关系贡献新的力量。

《俄罗斯宪法》最早是由黑龙江大学俄罗斯法律研究所前任所长刘春萍教授领衔翻译。遗憾的是，在该书的翻译过程中刘春萍教授不幸因病去世。刘春萍老师的离去，是黑龙江大学法学院乃至中国的法学界的巨大损失。刘春萍教授去世后，在黑龙江大学法学院的大力支持下，由哈书菊教授继续组织翻译出版工作。经过四位译者的共同努力，终于完成了该书的翻译工作。该著作的翻译出版，既是对刘春萍教授的深切怀念，也是对她在天之灵的慰藉！参与该著作翻译工作的四位译者均是对俄罗斯法律制度有着深入研究的国内一线教学科研人员，都兼具深厚的法学功底和精湛的俄语修为，这也为本书的翻译质量提供了保障。

该书能够顺利出版，要特别感谢上海政法学院的大力支持。上海政法学院负责的"中国—上海合作组织国际司法交流合作培训基地专著出版资助项目"为本译著的出版提供了经费支持，黑龙江大学法学院也为本书的出版提供了部分经费支持。

作为一名从事宪法、行政法教学科研的法学工作者，为《俄罗斯宪法》在我国的顺利出版深感欣慰，相信该书能够为我国学者了解俄罗斯宪法制度提供帮助，为我国宪法学的教学科研工作助力，也必将为我国宪法法律的发展提供有益的借鉴。

是为序！

胡 东
黑龙江大学法学院教授

目　录

中文版序言……………………………………………C.A.阿瓦基扬　1

序一……………………………………………………………韩大元　3

序二……………………………………………………………胡　东　10

第一编　作为部门法与科学的俄罗斯宪法……………………………1

第一章　作为部门法的俄罗斯宪法的概念与对象………………3

第一节　宪法的对象…………………………………………3

第二节　宪法法律关系及其主体……………………………14

第三节　部门法名称和对象的争论…………………………31

第四节　宪法法律调整的方法及特点………………………39

第五节　作为部门法的俄罗斯宪法的渊源…………………48

第六节　俄罗斯宪法法律的结构、宪法法律规范…………60

第七节　宪法法律责任………………………………………72

第八节　宪法法律在俄罗斯联邦法律体系中的地位
和在当代条件下宪法法律中的前景与作用…………94

第二章　作为科学的俄罗斯宪法法律……………………………100

第一节　科学的任务…………………………………………100

第二节　俄罗斯宪法法律科学的发展………………………103

第三节　当代俄罗斯宪法法律科学……………………………………110

第二编　宪法学说和俄罗斯宪法……………………………………115
　第三章　宪法学说的基本理论……………………………………………117
　　第一节　概述………………………………………………………………117
　　第二节　宪法的作用………………………………………………………121
　　第三节　新宪法产生的原因………………………………………………126
　　第四节　宪法调整的对象和范围与宪法的内容和结构…………………129
　　第五节　宪法的主要特征…………………………………………………140
　　第六节　宪法的法律属性…………………………………………………144
　第四章　俄罗斯宪法发展简史……………………………………………158
　　第一节　1917年10月前具有宪法意义的法案……………………………158
　　第二节　1917年十月革命后社会主义初期宪法新体系的
　　　　　　形成………………………………………………………………165
　　第三节　1918年俄罗斯苏维埃联邦社会主义共和国宪法………………171
　　第四节　1924年苏维埃社会主义共和国联盟宪法、
　　　　　　1925年俄罗斯苏维埃联邦社会主义共和国宪法………………173
　　第五节　1936年苏维埃社会主义共和国联盟宪法、
　　　　　　1937年俄罗斯苏维埃联邦社会主义共和国宪法………………179
　　第六节　1977年苏维埃社会主义共和国联盟宪法、
　　　　　　1978年俄罗斯苏维埃联邦社会主义共和国宪法………………186
　第五章　1988—1992年俄罗斯宪法改革…………………………………199
　　第一节　前提条件…………………………………………………………199
　　第二节　1988—1989年苏联宪法改革……………………………………201
　　第三节　1989—1990年苏联宪法改革……………………………………203

第四节　1991年苏联宪法改革……………………………207

　　第五节　1992年苏联宪法改革……………………………211

　　第六节　总结和概括………………………………………216

第六章　1993年俄罗斯联邦宪法的制定和通过………………220

　　第一节　导言………………………………………………220

　　第二节　宪法委员会提出的草案…………………………221

　　第三节　可供选择的几部草案……………………………228

　　第四节　1992—1993年宪法起草的基本过程……………237

第七章　1993年宪法内容的基本特点、效力及修改…………253

　　第一节　1993年宪法内容的基本特点……………………253

　　第二节　俄罗斯联邦宪法的效力及其与其他规范性

　　　　　　文件的关系………………………………………258

　　第三节　俄罗斯联邦宪法的重新审议和修改问题………262

　　第四节　新俄罗斯联邦宪法的通过方式…………………278

第一编

作为部门法与科学的俄罗斯宪法

第一章
作为部门法的俄罗斯宪法的概念与对象

第一节 宪法的对象

俄罗斯宪法是俄罗斯法律的一个组成部门。总体而言,宪法像所有俄罗斯法律一样,为巩固和发展当前的制度、实施俄罗斯国家内外政策、保障人的权利与自由、形成市民社会服务,如果不能达到社会和谐的话,至少也要为实现不同社会团体和阶层间的相互理解(或至少是相互容忍)及遵守规范和法治服务。

当然,宪法和其他所有部门法一样,都具有自己的任务和特点。

作为国内部门法的俄罗斯宪法的对象是最基本的社会关系——俄罗斯国家宪法(社会)制度的基本原则;人民主权的形式和实质;个人法律地位的基本原则;俄罗斯国家体制;国家权力机关和地方自治组织的体系、组织程序、组织原则和活动机制。

宪法规定并调整上述社会关系,促进其发展。

从俄罗斯宪法本质的这些用词中,能够发现,这一法律部门与最关键的社会关系相关,这些社会关系对国家和社会而言是最为基本的。当然,相对于其他社会关系而言也是成立的。国家、社会各阶层和各种力量(首先是政党)、公民和公职人员等,首要的是以宪法为基础(并应当以宪法为基础)从事各种活动。

可以将组成宪法对象的社会关系称之为政治关系。

为了更好地理解政治关系的本质，应该指出如下内容：人们生活在社会中，需要对社会进行管理。管理社会是有目的的活动，是一定思想体系的实现，或者说是政治的实现。为了管理社会才创建了国家，公民和公民的联合体以各种方式参与社会和国家的管理。进而，国家、社会团体和公民相互影响，在他们之间形成了多种多样的关系。因管理国家和社会事务而产生的社会关系也就是政治关系。这些关系构成了作为部门法的宪法的对象。

但是，并不是所有的政治关系都由宪法调整。政治关系中有很大一部分不具有，也不可能具有法律性质。那么，宪法的作用表现在何处呢？部分研究者，尤其是在早些年，只把宪法的职能和国家联系在一起，并认为这一法律部门仅仅体现国家的特征，调整的是国家各机关的地位和活动。诚然，宪法的确有这样的任务，但把这一部门法的职能仅仅归结于此，就不准确了。现代社会中政治关系的范围非常广，它们的存在和发展需要一定的法律目标，这些目标恰恰被规定在宪法规范之中。

如上所述，宪法的对象可以与其作用的一些综合的客体相联系。

第一，宪法对象包括诸如作为社会和政治组织的社会存在和活动在内的综合客体。如今，很少有人会认为社会不受法律规范的作用。恰恰相反，由于法律的建设性作用，可以说在确保社会发展中法律起到了积极的作用。正是因此，宪法的任务是确定社会存在和运行的基础。

对宪法的这一任务，很多研究者由于一系列的原因持有一种不谨慎的态度：首先，由于"社会"这一范畴本身过于宽泛，其受法律的影响也很难得到证明；其次，法律规范源自国家，进而出现法律规范束缚社会，并将社会变为国家附庸的担心；再次，宪法性法律调整界限的无限扩张所具有的危险性。

当然，这种危险性及其预防总是需要认真思考的。尽管如此，事实还是很明显：社会存在自身以及社会出现的政治关系，都需要宪法法律基础。宪法的任务是为所有的政治关系奠定基础（如果需要的话，还需为了避免出现不必要的政治关系）。或者说，宪法法律规范规定政治关系存在的一定条件。

社会宪法法律基础的建立——这是当代俄罗斯宪法所具有的显著特征。社会不是国家的附属物，而是独立的现象，尽管这一现象与国家存在联系。

由国家而产生的法律部门创建了社会的基础。或者说，国家以规范的形式促进了社会的发展，社会不仅仅是作为国家的基础和国家自身存在的环境，而且还是具有独特生活的实体。其他社会规范（习俗、传统、政治规则等）也可以构成社会生活的基础，然而在上述规范不足以调整社会生活时，将使用作为社会规范表现形式的法律规范（在这种情况下指的是宪法规范）。当一个社会可以被称作具有更高水准的"市民社会"时，形成这种市民社会的先决条件便在于此。

正是在宪法规范中可以（并应当）规定，国家所有的社会政治生活均应建立在人民主权（国家和社会中的所有权利均属于人民）、民主、尊重个人的原则之上。即便宣布禁止以暴力的手段侵害现存的社会秩序，煽动人与人之间的仇恨，也应该以宪法规范的形式进行规定。

对社会而言，宪法起到了法律整体的典型功能：它反映了部分政治关系，宣布哪些是不受欢迎的、哪些是被禁止的政治关系。在某种程度上，宪法可以预测和塑造已经产生的相应的社会关系，并成为这些社会关系的基础。

例如，在一个社会中少数人应当可以以不同的形式表达自己的观点。如果宪法没有对此规定任何保障的话，可能会出现包括受到当局迫害的政治抗议和地下运动在内的现实的政治关系。如果宪法规定了保障，便使得一定的政治关系获得了合法性和有序性。

在这种情况下，宪法已经更为进步，规定了可接受的"政治共存"规制,也就是政治竞争。即便如此,宪法还是要规定某些东西(例如,极端主义目的社会团体、暴力改变宪法制度的社会团体、煽动民族和宗教仇恨的社会团体等)是不允许和被禁止的。

就社会政治生活而言,宪法并不只是创建了基础,而且还更为详细地对一定的政治关系进行调整。宪法的这一使命是由以下几种情况决定的:

第一,如果这种调整对类似政治关系的参加者有利,并为其存在和活动设定了保障的话。例如,在制定的规定政党社会政治和国家法律地位的《联邦政党法》(该法于2001年通过)中,首先各政党自身便是利益相关方,这为在社会政治生活中、在与其他社会团体的竞争中获得领先地位而提供了可能性,为将自己的代表选入国家权力机关和地方自治机关提供了可能性。

第二,如果为了确定相应社会政治制度运转的范围,进而这种调整对公民、社会和国家的安全利益是必要的话。例如,可能会出现禁止某种意识形态、必须对某种意识形态进行打击、禁止宣扬某种意识形态的社会团体的创建和活动的国家文件。

为说明这一点,我们可以1995年3月23日《俄罗斯联邦关于保障协调国家机关打击法西斯主义和其他形式的政治极端主义行动措施》的总统令为例进行论证。总统令指出,俄罗斯联邦煽动社会、种族、民族、宗教仇恨和传播法西斯主义思想的事件频繁出现,具有极端主义思想的人及其团体的反宪法制度的活动规模越来越大、性质越来越恶劣,非法武装和非法军事组织被创建,并且这些非法的军事团体和组织与职业的、商业的、财政的和犯罪的机构相结合造成的威胁也越来越严重。总统令还指出:"社会生活中出现的这些极其危险的现象对宪法制度的基础造成了威胁,导致人与公民的宪法权利与自由遭到践踏,对俄罗斯联邦的公共安全和国家统一造成了破坏。"因此,正如总统令中所说,由于国家机关和地方自治机关事实上对这些威胁宪法制度的问题没能给予回应,因而俄罗斯联邦总统要求相应的国家机关保障对法律的遵守并对上述问题进行监督。进而，俄罗斯联邦总统要求俄罗斯科学院在两周内向俄联邦总统下属的国家法律委员会提交"法西斯主义"概念和与之有关的概念和术语的科学解释，以为现行立法的修改和补充作好准备。但是，总统令中所提出的任务并没有全部完成，甚至相应的工作还被延误，最终才于2002年7月25号制定了俄罗斯联邦《反极端活动法》。该法禁止诸如社会团体和宗教组织等的社会组织从事上述活动，并规定了直至撤销相应的公民团体的法律责任。

第三，如果这样调整是必要的，那么政治关系的参加者（主体）在没有法律规范的情况下就不能保障其相互的利益，或者直接利用法律规范对相互利益的保障就更为周全。例如，可以通过法律来实现未经国家登记的社会团体创建和经营的可能性，1995年5月19日发布的《关于社会团体》的联邦法律便规定了这一点。如果几个社会团体都想使用同一名称，并且相互之间不能达成协议的话，这就是他们自己的问题。但是，国家通过社会团体登记规范则可以在由司法机关、申请登记的社会团体或法院的参与下解决纠纷。

第四，如果社会政治机构可以参与到国家、政治机制中，那么它们将会更多地使用宪法法律规范。例如，只有宪法规范才能规定提名议员候选人的权利。在俄罗斯国内近年的实践中，可以发现这种调整规范的变化。最初（1993年）所有章程规定相应请求的社会团体都被允许参与选举。鉴于这种社会团体数量非常之多，在宪法上（1998年）出现了"政治社会团体"这一范畴，只有"政治社会团体"才被赋予对国家权力和地方自治组织的运行施加影响并提名相应候选人的可能性。但这并没有急剧地减少希望成为政治团体并参与国家机关与地方自治组织选举团的社会团体的数量。因此，只有到了2001年7月11日通过的联邦法律《政党法》才将从所有社会团体中提名候选人的权利仅仅赋予了政党。然而，选举立法（2002年6月12日通过的联邦法律《关于俄罗斯联邦公民选举权和参与全民公决权基本保障》、2002年12月20日通过的联邦法律《关于俄罗斯联邦联邦会议国家杜马代表选举》），再次赋予了社会团体参与选举的权利，但只能作为选举集团组成部分的方式来提出自己的候选人。2003年再次对立法进行了修改，规定只有政党才能组建选举集团。这样，其他社会组织便再次失去了积极参与政治生活和影响国家权力机关及地方自治组织的机会。2005年7月21日修订的法律则完全禁止组建选举集团。但随着时间的推移，选举立法上又出现了新的变化：2008年11月5日在向联邦会议提交的咨文中，俄罗斯联邦总统提出必须吸收社会组织参与地方自治的代表机关选举的问题。2009年4月5日对"政党和选举权基本保障"法律进行了修改，允许创建的政党和（不超过两个）社会团体的联合体或联盟参与地方自治组织代表机关的选举，并提出共同的候选人名单。然而，共同的候选人不能超过候选人总数的15%。因此，政党的联合是没问题的，甚至允许政党和其他社会团体组建联合体，这已经不仅仅是概念问题，更是现实的实施问题。

这让人想起一个非常有趣的例子：苏联时期社会团体的领导机关有立法提案权，也就是有权以自己的名义把法律议案向苏联最高委员会、联盟或自治共和国的最高委员会提交。此后，这种权利被撤销了。现在，社会团体只能通过对相应法律规定的有立法提案权的主体来提交自己的法律草案。在部分联邦主体的宪法和宪章中，为社会团体保留了立法提案权，但事实上，这些社会团体并没有运用这种权利。进而，俄罗斯联邦总统于2008年11月5日在向联邦会议提交的咨文中，建议吸引社会组织、社会院的代表参与立法规定补充措施。俄罗斯联邦总统指出，对涉及个人的最为重要的问题——自由、健康和财产——吸引上述人员参与立法草案的审议将是有益的。尽管从逻辑上看，是说审议某人提出的法律草案，但谁会知道下一步会不会恢复部分种类社会团体的立法提案权呢？

上述1—4项对非国家政治关系的宪法法律规范，既可以单独实现，也可以共同实施。

这在关于社会团体的实例中能明显地体现出来：

（1）是否创建社会团体由公民自己决定。宪法规范并不调整这样的问题，但建立或禁止具有特定目的的社会团体问题除外。如果人们想创建社会团体，就必须遵守宪法规范的规定；公民可以自由选择自己创建的团体的组织形式，但依照创建团体的目的，宪法规范可能预先规定了社会团体的组织形式（如前所述，最早社会团体想要独立提名自治机关的候选人，就必须成为政党，现在社会团体与政党的联盟也可以提名候选人）；社会团体成立后，其成员或参与者将决定社会团体采用何种组织结构，领导机关及分支机构的名称，召开代表大会、会议的程序，履行社团决议的程序，社团内部的相互关系等问题。这不是法律关系，但在通过章程时，社团有义务在其章程中明确社团法所要求的内容；社会团体自行决定如何处理相互之间的关系，使用何种活动方法。这并不属于法律范畴，虽然因此产生的社会关系是政治关系，但并非法律关系。但是，如果之前是政治性的社会团体，现在则是政党共同就代表和公职人员的选举问题作出决定，过去政治性社会团体的联盟可以组成选举集团的宪法法律形式，现在这只能表现在政治性社会团体的相互支持的政治资源上。

（2）宪法的对象包括国家、国家性质、国家的主要实质性特征，还有机构（国家机构）这些综合性的内容。对政治关系的相应团体，已经不应该说是可以通过法律途径调整的，而是说应该进行调整。

这便意味着，俄罗斯宪法法律，首先是俄罗斯联邦宪法反映俄罗斯国家的性质，包括作为一个民主的、联邦制的、法治的、共和制管理形式的、社会的和非宗教的国家的规定。这常常是一个宪法的定义。比如国家性质，经常用这一宪法的规定来表明国家的特征。这些内容在包括俄罗斯联邦宪法规范在内的宪法性条文中也没能完全被揭示，进而需要详细解释。不排除对上述定义进行更为详细的宪法法律解释，并在国家功能的法律规范中得以体现,甚至需要通过专门的关于国家的法律,尽管大多数国家都将必要的规范规定在基本法宪法中。

至于国家机构,也就是国家内部组织,即国家的组织结构、地方组织,这些宪法法律对象和客体的要素首先被规定在国家宪法中(这也包括俄罗斯联邦宪法在内)。联邦制国家的结构被详细地规定在宪法规范中(当然,这不排除关于联邦的专门法律)。如果是单一制国家,与宪法规范并行的可能还有国家地方行政区域机构的法律。在这些法律中包含地方行政的划分和不同地方行政单位的属性等内容。

(3)宪法法律的对象还包括诸如在社会和国家中个人地位的基础,作为社会相应的第一性的组成部分,作为国家公民,作为任何政治、经济和社会关系参加者的个人和公民的基本权利、自由与义务等综合性内容。

宪法客体的这一特性在于其考虑到了作为存在的个人,或者说作为生物的以及政治的、国家法律的、社会经济的个人属性。这表明,第一,宪法法律规范(进而在宪法法律规范的基础上其他所有的部门法律规范)首先应保证个体的存在及其生活质量;第二,宪法应该规定宪法地位的基础,规定基本权利、自由和义务,并且不论这些权利、自由和义务是否能在社会生活、国家生活或其交织的形式上得以实现。

例如,如果说俄罗斯宪法保证人的思想和言论自由,那么这种自由将在个人之间的政治行为中、在社会意义的行为中,最终在国家意义的行为中得以保证。如果公民有结社权,他们便可以创建远离政治的各种文学社团,这种情况的依据是统一的宪法条文。

(4)宪法包括多方面的对象,作为政治关系,也就是以三种形式——国家权力、社会权力和地方自治权力,处在俄联邦人民主权的进程中,最终,国家和社会中的一切都离不开政权。政权是管理国家和社会生活手段的总和。政权的实现,在很大程度上取决于经济的成功和社会问题的解决。政权的实施确定了社会成员生活的方式、现实的自由、个人权利的保障等。当然,在政权的组建和活动过程中会产生很多并不是由法律调整的关系,尤其是那些与心理和被称作为经济技术有关的关系。总之,以各种形式表现的人民主权需要法律的依据,也需要对其存在所具有更为详细的调整机制,也就是说,这些都是宪法法律的客体。

权力机构以及与之有关的关系不可能具有人们所说的"出乎预料"的特点,也就是说,刚一出现便在法律规范上得以体现。例如,不能以"通常的方式"创建并执行议会或总统的功能,而是首先应该通过宪法法律规范,这些宪法法律规范应该成为相应种类社会关系的基础。

实现国家权力和地方自治的路径是相当多的,这便产生了一个问题,即所有这些都受宪法法律调整吗?不,不是所有的。宪法规定的有:

(1)实现国家权力和地方自治机制的整个体系;

(2)人民、居民直接参与实现国家权力和地方自治政府的所有方式;

(3)实现俄罗斯联邦总统对国家事务最高领导职能;

(4)俄罗斯联邦会议——议会的组织和活动;

(5)俄罗斯联邦政府和其他联邦执行机构地位的基础;

(6)俄罗斯联邦司法机关和检察监督机关体系和更为详细的作为俄罗斯联邦宪法监督专门机构的俄罗斯联邦宪法法院的组织和活动;

(7)俄罗斯联邦各主体国家权力立法(代表)机关的组织和活动;

(8)俄罗斯联邦中的共和国总统、其他联邦主体的最高行政长官、俄罗斯联邦执行权力政府和其他机关地位的基础;

(9)作为俄罗斯联邦各主体宪法监督机构的俄罗斯联邦各主体宪章法院的组织和活动;

(10)地方自治机关的地位和组织。

在成为宪法法律对象的相应机关地位基础上,这些机构的组织和活动更为详细地被规定在其他法律部门中(例如,与联邦部委、俄罗斯联邦各主体执行权力的组成机关、普通法院、仲裁法院有关的法律)。

因此,宪法法律的对象包括了被这一法律部门所决定的客体。再次强调,宪法是:

（1）如果这对参加者全面的利益考虑和对相应关系整合更为有利，应实现所有政治关系的基础，调整社会政治生活的某些方面；

（2）确定国家的性质和国家的机构；

（3）规定了在国家和社会中人的地位、基本权利、自由和义务；

（4）是所有政治治理关系的基础，调整在俄罗斯联邦人民主权实现过程中产生的、以国家权力或地方自治的形式表现出来的那些社会关系。

应该指出，在确定部门法的对象时要考虑与之相应的客体。尽管如此，部门法对象的确定还要考虑在部门法发展过程中相互交叉的社会关系以及调整任务本身。

因此，在部门法的构建过程中，客体和对象可能并不是一致的（但这并不是本质而言的）。上文同样也适用于宪法，我们将宪法分为两个独立的客体，即社会和国家。但是，在宪法法律的对象中它们在对象的结构中被联合起来，即俄罗斯国家宪法制度的基础。以上我们把国家称作宪法法律综合的客体之一。但是在宪法对象中，与国家本质相关的东西属于宪法制度的基础，在国家制度中划分出了一个独立的对象要素，即国家（联邦）结构。承认人、人的权利与自由的最高价值，是俄罗斯联邦的宪法制度的特征之一。一般认为个人的宪法地位是宪法法律对象的独立要素。宪法对象的第一部分（宪法制度的基础）包括政权的特征、种类，国家权力和地方自治组织则是宪法法律对象的一个独立要素。

参考文献

德米特里耶夫·尤·阿、穆哈切夫·伊·弗：《俄罗斯联邦宪法的概念、对象和方法——从历史源起到现代》，莫斯科，1998年。

叶连门科·尤·别：《俄罗斯宪法的对象》，顿河拉斯托夫，1996年。

吉姆·阿·伊：《再议作为苏维埃部门法的国家法》，《法律和国家建设的理论问题》，托木斯克，1978年。

科科托夫·阿·尼:《俄罗斯法律中的宪法:概念,职能和结构》,《法学》1998年第1期。

科托克·弗·夫:《苏维埃国家法的对象》,《苏维埃国家法律问题》,莫斯科,1959年。

科托克·弗·夫:《社会主义国家宪法的对象和渊源》,《社会主义国家宪法》,莫斯科,1963年。

科托克·弗·夫:《宪法的内容》,《苏维埃国家与法》1971年第2期。

克拉弗丘克·谢·谢:《苏维埃社会主义国家中的国家法律关系》,《苏维埃国家与法》1956年第10期。

古塔芬·奥·叶:《宪法的对象》,莫斯科,2001年。

列别什金·阿·伊:《苏维埃国家法律概念问题》,《苏维埃国家与法》1959年第6期。

列别什金·阿·伊:《苏维埃国家法教程》(第1卷),莫斯科,1961年。

列别什金·阿·伊:《苏维埃国家法律和苏维埃宪法规范的关系》,《苏维埃国家与法》1971年第2期。

列别什金·阿·伊:《宪法与苏维埃建设的对象》,《国家法律和苏维埃建设发展中的迫切理论问题》,莫斯科,1976年。

列别什金·阿·伊、马赫年科·阿·赫、谢基宁·巴·弗:《国家法的概念、对象和渊源》,《法学》1965年第1期。

鲁琴·弗·奥:《苏维埃国家法上的程序规范》,莫斯科,1976年。

穆哈切夫·伊·弗:《俄罗斯宪法理论问题》,莫斯科,1998年。

拉温·谢·米:《苏维埃国家法的实质》,莫斯科,1963年。

萨里科夫·米·谢:《作为科学、部门法和教程的宪法程序法》,《法律与政治》2000年第4期。

萨里科夫·米·谢:《俄罗斯联邦宪法程序法的对象》,《俄罗斯法律杂志》2000年第1期。

萨里科夫·米·谢:《宪法司法程序法——宪法程序法的组成部分》,《俄罗斯联邦的宪法司法》,叶卡捷琳堡,2003年。

斯特拉舒恩·别·阿:《俄罗斯宪法:渊源和结构》,《俄罗斯法杂志》1997年第4期。

法尔别尔·伊·叶、尔热夫斯基·弗·阿:《苏维埃宪法理论问题》,萨拉托夫,1967年。

契尔金·弗·叶:《宪法调整的客体》,《苏维埃国家与法》2005年第4期。

谢基宁·巴·弗:《苏维埃国家法理论问题》,莫斯科,1969年。

第二节　宪法法律关系及其主体

一、宪法法律关系

那些被宪法法律的对象所包括并由宪法条款确定的政治关系，可以称之为"宪法法律关系"。使用"宪法法律关系"也是可以的。

哪些关键词语可以列入作为部门法的宪法法律对象的基础并结合为可看作是被其调整的政治社会关系呢？这可归纳为几个基本的概念：社会和国家制度、个人、政权。正如我们所见的那样，宪法法律的作用在于：首先，确定了整个社会和国家制度的基础、个人的地位和国家中政权的组织，这些基础在发展并进而在包括宪法法律在内的各部门法律规范中得到进一步的细化；其次，对国家权力和地方自治权力的机制进行调整是宪法法律的任务。

如果要试图找到一个可以成为宪法法律象征的关键概念的话，"权力"这一术语最可能起到这样的作用，而在俄罗斯联邦这一术语应该是"人民主权"。支持的理由为：整个俄罗斯联邦社会关系的整个制度是为人民利益服务的；人民要么是自己实现权利，要么为实现权利组建了相应的机构。

经常有国家学的同行认为，人民主权关系是这一法律部门的对象。当然，这种观点也是有其道理的。毕竟，最终权力的来源和本质问题是任何一个社会体系的极其重要的问题。

同时，将宪法法律的对象仅仅归结为国家政权和政权关系，这并不完全正确。应当注意如下因素：

第一为一系列社会关系的发展创造条件，宪法可能作为社会关系的基础，但是这种权力观自身并不协调。例如，在规定了生命权、思想和言论自由权的情况下，俄罗斯宪法表明国家的使命和权力机关的活动都要保障上述权利的实现。这里并没有直接使用权力这一术语。

第二,有些东西尽管与权力相关,但很多关系并没有直接表明权力的根源,尽管这些关系与公民的众多权利有关。例如,在俄罗斯宪法中,选举与全民公决一起被称作是人民权力的最高表达,但这必须是以最终的结果为目的的,实现权力的过渡性行为并不总是这样表述。例如,如果某一个人为支持某杜马议员的候选人,在该候选人的签名单上登记,成为某一选举点的观察员,或者干脆去与候选人见面。

第三,有时可以有充分理由地确信,宪法法律的对象是权力关系,此处便必须强调,当权力关系与等级服从制度(也就是说,一个主体服从于另一个主体)相联系时,在当代政治关系中权力的要素与过去相比看起来完全是两回事。等级服从制度常常具有例外性,但这并没有丧失权力关系的性质。例如,俄罗斯联邦总统、国家杜马和联邦委员会的关系是典型的权力关系,但任何一方都不隶属于另一方。

第四,社会政治生活、管理国家和社会事务,这都是很宽广的范畴。它们并不总是与国家、国家权力相关。这里,许多政治关系对社会中政治气候的形成、对不同社会阶层和力量之间的相互关系、对确保各种国家的及社会的措施的公开和透明都是非常重要的。正如前文指出的,所有类似政治关系产生、存在的可能和条件都应该在法律上予以规定,宪法也履行这样的职能。在对宪法法律目的的解释中,首要的任务不仅仅是与巩固权力的基础有关,而且还与巩固所有政治权力的基础有关。这绝不是偶然的。

前文对宪法法律关系的内容和实质进行了大篇幅的阐述。这里,我们要注意,这些关系的表现形式是多种多样的。进而,基于不同的依据,这些宪法法律关系特征具有不同的可能性。

(1)按照属性,宪法法律关系,如前所述,首先是政治关系。

(2)按照种类,宪法法律关系被划分为作为部门法的宪法法律的对象。构成俄罗斯宪法法律关系的对象可以分为四类:与俄罗斯国家宪法制度基础、与俄罗斯人民权力的形式和实质相关的宪法法律关系；与俄罗斯联邦个人法律地位的基础相关的宪法法律关系；与俄罗斯联邦国家机构有关的宪法法律关系；与确定俄罗斯联邦国家权力机关和地方自治机关组建程序和体系和与上述机关活动机制、组织原则有关的宪法法律关系。

（3）根据宪法法律调整概括性的程度，宪法法律关系可分为一般的和具体的。

一般的宪法法律关系，可以称作为一种法律状态。这种一般的宪法法律关系是客观存在于相应主体的具体行为之外的。一般的宪法法律关系是不要求采取任何行动以支持的法律状态（例如，国籍状态是一般宪法法律关系的一个典型例子）。这种法律关系在绝大多数情况下是因人的出生而产生的，并持续影响人的一生。个人通常没必要对其在某国国籍问题上进行特别的强调。国家甚至不需要采取专门的措施以表明其是国籍关系的一方。具体的宪法法律关系只是在潜在的类似关系的可能主体实施相应行为时才能产生。如果没有实施行为，则具体的宪法法律关系就不会产生。例如，如果俄罗斯联邦公民想放弃俄罗斯国籍，除一般的国籍法律状态之外，在国籍问题上可能还会产生具体宪法法律关系。为此，俄罗斯联邦公民必须向俄罗斯联邦总统递交申请，这些文件将按照级别进行审查。随着对这一问题的审查，内务机关、俄罗斯联邦总统保障公民宪法权利的国籍管理委员会、俄罗斯联邦总统下设的国籍问题委员会和其他机构都将参加到具体的宪法法律关系中来，这一宪法法律关系将随着相应总统令的颁发而结束。而且，随着退出俄罗斯国籍，不仅这一具体的宪法法律关系终止，这一俄罗斯国家个人的一般国籍关系（状态）也随之终止。也就是说，相应的行为导致了具体宪法法律关系的结束，要想恢复这种关系，还需要实施新的行为。

（4）按照存在的时间因素，宪法法律关系可分为静态和动态两种。

静态关系，这是一种长期性关系，这种关系不受时间因素的制约。静态关系是随着相应宪法规范的生效、国家的创建、国家制度的构建、国家机关的建立等产生的。例如，俄罗斯联邦是联邦制国家，因此，总体而言，联邦关系是静态的。联邦会议中存在两院，即联邦委员会和国家杜马，这便在联邦层面产生了联邦会议制度的长期性存在。还可以继续举出一些例子，但重要的是，恰恰是长期性宪法法律关系的存在，催生了宪法政治发展的规律性和稳定性，以及相应的宪法法律意识。动态关系是因宪法法律关系参加者的行为所产生的；否则，动态关系便不会产生。但是，随着具体行为的实施，宪法法律关系达到了自己的目的，并因此而终止。这种动态性是以某一宪法法律关系在未来不断产生为前提的，并在每种情形下，都需要相应主体的行为。例如，选举时选民参与投票，这是个动态的过程。这表明，个人要到选举点，获得选票，填写选票并要将选票放入投票箱。至此，一切都结束了，下一个环节可能并不是随着例行选举的举行而产生，而是需要公民为实施上述行为提交的申请才能产生。

在某种程度上，静态关系和动态关系之间的相互关系，可以与公理和定理这对数学范畴进行比较。静态应该反映与公理相近似的宪法法律关系的特征；而动态关系，这是有生命力的定理，这些定理应该结合宪法法律的公理来理解。而且，社会体系和自然规律之间存在区别。已经形成的物质定律是永恒的，公理也是不变的。至于人的静态的存在，每个获得政权的新阶层，都试图创造自己的社会公理，并赋予其宪法法律的生命。历史表明，社会公理的持久性，只能表现在新的社会关系的持续时间里，而不是永恒不变的。由于生命是运动的，动态关系随着时间的推移可能导致现存的长期性（静态的）宪法法律关系的破坏，并导致新的规律性的出现。这仅仅表明催生了新的静态关系，这些静态关系再一次以宪法法律的形式得以体现出来，等等。永恒的社会构建目前还没被发现。

在宪法法律科学上,还存在宪法法律关系的其他特征(分类)。

根据宪法法律关系的法律意义,它们被分为实体的和程序的(参见参考文献中阿弗谢邦·热·伊和萨利科娃的著作)。这种划分是可以的,但其科学性确实是有限的。下文我们将表明,宪法法律中存在实体性和程序性的规定,并在这一部门法的相应规范中得以体现。但是,这一法律实现的过程却是建立在实体性和程序性关系相结合的基础之上的,因为任何一种实体性的权限(权利、自由和义务),只能以一定程序的方式才能得以实现。例如,国家杜马有权制定联邦法律。这是一种实体性的权力,而这一权力的实现却需要程序性的规范。两者是缺一不可的。

按照目的功能可以分为实现的宪法法律关系和保护性的宪法法律关系。因为现实生活中任何宪法法律关系的存在,都既是法律关系的实现,也是法律关系主体利益的保护(保障),因此这种分类方法的科学性是有限的。

二、宪法法律关系的主体

那些可以成为相应社会关系参加者的个人、团体、机关、区域性组织,都可以是包括宪法法律关系在内的任何法律关系的主体,这一点是被法律规范所规定的。

宪法法律关系主体的范围非常广,而且这其中的部分主体可能仅仅是宪法法律关系而不能是其他法律关系的主体,这是本法的特点。法律关系的很多主体不需要采取具体的措施参加法律关系,或如部分法学人士所说的那样,不需要采取具体的措施来表明其权利的主体性。如上所述,宪法法律关系可以是一般的,表现为一种法律状态。为表明是相应法律关系的主体,只要法律上规定了作为这种法律状态的要素便足够了。

结合上面的论述,首先要指出诸如人民、民族(部族、族群)、国家这类宪法法律关系的主体。

当我们谈到作为宪法法律关系主体的民族时，不仅指的是一个统计的范畴，这里的民族是作为构成具体国家的社会和国家存在基础的个人的总和而言的。例如，从地理学家和人类学家使用"西伯利亚人"这一范畴，但在宪法法律层面，"西伯利亚人"要么是"俄罗斯联邦人民"的一部分，要么是"俄罗斯联邦多民族的人民"的一部分。俄罗斯联邦宪法上使用的正是这些概念。因此，宪法法律关系的主体不仅仅是人民，而是俄罗斯联邦的人民（多民族的人民）。

可以划分出如下几类人民参与的一般宪法法律关系。

第一，人民是国家和社会中整个权力的来源，这被俄罗斯联邦宪法所规定。根据第3条第1款的规定："俄罗斯联邦的多民族人民是俄罗斯联邦主权的拥有者和权力的唯一源泉。"这表明，作为法律状态的权力关系，是建立在人民的参与之上的。

第二，人民是国家通过的宪法关系的主体。这在俄罗斯宪法的序言部分有所体现："我们，俄罗斯联邦多民族人民……通过俄罗斯联邦宪法。"

第三，可以把"人民—国家"之间的关系看作一种法律状态，在这种状态中，人民是国家的基础，国家是为人民服务的。

考虑到国家的联邦制结构以及地方自治，还可以划分出如下的宪法法律关系主体，如作为俄罗斯联邦组成部分的共和国的人民，作为联邦主体的边疆区、州、联邦直辖市、自治州、自治的居民。对于居民，应该特别指出，在宪法法律层面，居民不能仅仅被看作是生活在某一地区的个人的总和，居民应该被作为一系列宪法法律关系的主体。例如，只有在征得居民的意见后，才能解决俄罗斯联邦主体地位及市级机关的存在和改组的相关问题。

民族也可以是宪法法律关系的主体。通常，这是一般的法律关系，是法律状态。例如，在表达创建或不创建自己的国家、自治单位的民族意志时，可以使用民族主权。当民族的利益在具体国家中得以体现时，还可以使用"民族—国家"这——一般的法律关系，而国家，首先要努力表达并保护民族利益。有时也试图规定有民族参与的具体法律关系的可能性。例如，当对共和国、地区的命运进行公投时，要采用对被称作主体民族（也就是，赋予该共和国或地区名称的民族）的公民的投票进行单独统计的规则；进而，该民族被称为宪法法律关系的独立主体。的确，这会产生这样一个问题，即在多大程度上是合法的，因为该民族也是共和国人民、地区居民的一部分，整体的意志应在具有一定民族属性的部分的意志之上。此外，为表达民族的意志，首先便应该确定公民的民族成分，而这是不是某种形式的强迫呢？因为俄罗斯宪法第26条第1款规定，每个人都享有确定和指明自己的民族属性的权利。

非常有意思的是，在2008年11月5日俄罗斯联邦总统向联邦会议提交的总统咨文中使用了"俄罗斯民族"这一表达形式，但并没有揭示这一概念的内容。这当然会产生该如何揭示这一概念的问题。在本书其他部分我们还会阐述"人民"和"民族"这两个概念之间的关系。但在这里要简要地指出，在单一民族占多数的国家（或者，通常所说的多民族国家），在使用"民族"时，经常暗含了"人民"，反之亦然。在多民族组成的国家，当使用"一个民族"时，也具有民族多样性的含义。因此，可以认为，"俄罗斯民族"的概念，首先是与俄罗斯联邦宪法上使用的"俄罗斯多民族的人民"的概念是相等同的。或者说，俄罗斯不同民族的代表不必担心国家官方似乎拒绝包括小民族在内的不同民族的民族因素的方针。

在政治学上，与"民族"概念一同使用的还有"人民性""民族共同体""部族"这些范畴。对这些概念完全一致的理解是不存在的。无需争论，这些概念与民族的概念存在相似之处。应该指出，上述所指的这些范畴同样可以是一般关系的主体，有时也可以成为具体宪法法律关系的主体。这可能包括下述有关的内容，即民族、民族共同体自决，创建由该民族或部族参与的自治区域或者一般的地域主体,在就某一问题举行公投或举行会议或群众大会时表达相应的民族——部族的意志和利益,在国家机关、地方自治组织中代表本民族或部族。

需要特别指出,与保障民族、部族的土地和其他自然资源的客体有关的,有民族、部族参与的宪法法律关系。

这些关系在那些被称作有原住民的许多国家都存在。例如,美国便赋予了印第安人、爱斯基摩人和阿留申人特别的法律地位。其中包括,聚集的印第安人,拥有民族自治地区的保留土地,这些土地不可转让,共同(集体)管理和使用;阿拉斯加,在原住民的惯常居住地,赋予了原住民永久使用国家土地的权利和拥有原住民村庄与区域性行会的权利。在加拿大,宪法确认和支持原住民,即印第安人、因纽特人和梅蒂斯人,包括土地租赁权在内的权利。

上述内容,在俄罗斯联邦也有一定的体现,其中包括,1999年通过(2009年修订)的"关于俄罗斯联邦原住民少数民族权利保障"的联邦法律。该法律规定了上述民族的权利,以及少数民族和个人与国家机关和地方自治机关联合的权利,以及在少数民族传统居住地和经济活动地"免费使用"(2007年2月26日修订,此前是占有和使用)对其从事传统的经济、贸易和按照联邦法律和联邦主体法律规定的程序开采一般矿物所必须的不同种类的土地的权利。

2000年通过的(2006年修订的)"关于俄罗斯联邦北方、西伯利亚、远东原住民少数民族社区组织的一般原则"联邦法律和2001年通过(2007年修订)的"关于俄罗斯联邦北方、西伯利亚、远东原住民少数民族传统自然地域"的联邦法律继续延续了上述路线。"关于俄罗斯联邦北方、西伯利亚、远东原住民少数民族传统自然地域"的联邦法律规定在联邦、区域和地区层级上,根据相应的俄罗斯联邦政府、俄罗斯联邦各主体执行权力机关、地方自治机关的决定,在少数民族个人、少数民族公社或其代表的基础上组建上述区域。

国家也是宪法法律关系的主体。在俄罗斯,这一主体被称作俄罗斯国家和俄罗斯联邦。这里说的是同一主体。与此同时,上述的每一个概念又具有在不同语境中表现出来的细微差异。例如,"俄罗斯国家"这一范畴,对"人民—国家""社会—国家""公民—国家""国家—社会组织""经济—国家""国家财产—国家"的关系而言极为重要。在这些关系中,俄罗斯国家作为一个完整的主体和相应关系的一方而存在。在联邦关系上、在内部结构上和在国家与区域政治上,联邦这一本质才是特别重要的。

国家机关也是宪法法律关系的独立主体。在联邦层级上有俄罗斯联邦总统,联邦会议(俄罗斯联邦会议和两院—联邦委员会和国家杜马),俄罗斯联邦政府和其他联邦执行权力机关,俄罗斯联邦宪法法院,以及在很多情况下的其他联邦法院、检察院,以及其他众多的、经常参与宪法法律关系的机关——联邦中央选举委员会、人权全权代表、俄罗斯银行、俄罗斯联邦审计局,等等。在俄罗斯联邦各主体层级上,各联邦主体(执行权力的首脑)公职人员、各主体国家权力立法(代表)机关、各主体国家权力最高委员会和其他执行权力机关、各主体宪法(宪章)法院、在一系列情况下的其他法院,以及与上述联邦机关称谓相似的各主体的机关,诸如俄罗斯联邦各主体的选举委员会、人权全权代表、统计(监督审计)局,等等。

地方自治机关同样也是宪法法律关系的主体。具体而言,主要包括地方自治的代表机关、市立组织机关、地方行政机关、地方自治的监督机关、地方自治单位的选举委员会,以及进入地方自治体制的其他地方机关、社会自治的地方机关。

宪法法律关系的主体,除了上述国家机关和地方自治机关外,经常还包括这些机关的公职人员和地方分支机构。其中包括,代表机关中成为宪法法律关系主体的议员、组织例行工作的公职人员、委员会委员和委员会。

选举权是宪法法律的重要组成部分。因此,选举法律关系的参加者构成了主体的一大部分:提出议员和国家机关、地方自治机关公职人员候选人的主体,候选人本人,他们的委托人,选举集团,选举委员会,有投票决定和咨询权的选举委员会成员,选举委员会工作机构的工作人员,观察员,参加选举委员会工作并投票的投票人员。

当然,公民也是很多宪法法律关系的主体。一方面,这是一种法律状态,例如国籍状态,在该状态中的另一方是国家,是属于作为权力来源的人民的状态,等等。另一方面,这也是公民参与的具体的宪法法律关系,例如在创建包括政党在内的社会团体时,在举行游行、集会、示威时,在向俄罗斯联邦宪法法院提出其宪法权利受侵害的诉讼时,等等。

除本国的公民外,外国人和无国籍人也可以是宪法法律关系的主体。

在俄罗斯联邦通过一般的法律状态(外国人、无国籍人)的这一范畴也是可能的。在这种法律状态中,对外国人和无国籍人也能体现出国家的政策。有外国公民和无国籍人参与的宪法法律关系可能是静态的,也可能是动态的。例如,如果外国人和无国籍人想要获得俄罗斯国籍,想在俄罗斯联邦领域获得政治庇护或临时避难,在俄罗斯联邦获得难民身份,等等。如果这是被俄罗斯联邦签署的国际条约所规定并被法律所规定的话,法律甚至允许外国公民有地方自治机构的选举权和被选举权,参加地方的全民投票。

国外的俄罗斯同胞,这一范畴是我们这个时代的特殊产物,带有"俄罗斯国家—俄罗斯同胞"这一团体参与的法律关系是法律关系的一种。除了一般法律关系外,由上述人员参与的具体的关系也是存在的,这其中便包括了进入和在俄罗斯联邦居住的法律制度。

如前所述,公民社会是宪法法律作用的客体。宪法法律文件规定公民社会一些机构的组建和运转,并且这些机构有可能成为宪法法律关系的主体。其中包括在2005年通过的联邦法律基础上创建的俄罗斯联邦社会院。该社会院可以与国家杜马、联邦委员会、执行权机关等一样进入宪法法律关系。同样，很多俄罗斯联邦主体也建立了类似的社会院。在地方自治的层级上，也经常组建社会院或社会委员会、论坛等。

社会团体，首先便是诸如正当的分支机构，也是很多宪法法律关系的主体。这些社会团体可以代表民意，并将民意向国家机关进行反映。政党有权以法律手段影响国家意志的形成。如前指出的，2001年通过的"关于政党"的联邦法律在社会团体中仅仅赋予了政党提出议员和国家公职人员候选人的权利。必须指出，政党不仅仅在其与权力机关的接触中是宪法法律关系的主体，政党内部的一些关系也受宪法规范的调整。例如，在俄罗斯联邦领域上成员数不得少于5 000人，在半数以上的俄罗斯联邦主体的分支机构人数不得少于500人，等等（根据2009年4月28日的联邦法律，从2010年1月1日开始，成员人数不低于4.5万人，从2012年1月1日开始成员不少于4万人。相应地，俄罗斯联邦主体不少于450人和400人）。当政党提出自己的候选人时，提名的规则也受宪法规范的调整。

之前，政党还可以成为宪法法律的主体。例如，可以与其他政党组建选举联盟；此外，在一段时间内还可以允许由三方参与组成的选举联盟，一到两个政党外加一个社会团体，或者一个政党及两个社会团体，后来，这种选举联盟被撤销了。如前所述，2008年11月5日，俄罗斯联邦总统在向联邦会议提交的国情咨文中提到，应该提高市政代表机关的工作质量，为此便需要，这些市政代表机关既可以是在政党，也可以是在地方居民组成的非政治团体——维权组织、志愿团体、慈善组织和教育组织的基础上组建的。总统进一步指出："要提醒的是，权利不仅仅属于政党，它还属于法律规定的、市政选举中选民名单中的社会组织。然而在市政委员会中，大多数政党和社会组织的代表还很少。这种状况法律应予改变。"前面已经指出，2009年4月5日通过的联邦法律规定，允许社会团体和政党联盟及其他社会团体达成选举时提出议员候选人的协议。因此,在特定的情况下,政党与其他社会团体之间的关系变成了其内部的事务,进而这种关系也就成了宪法法律关系,双方都获得了宪法法律主体的地位。

公民集体表达自己利益的组织形式是否可以成为宪法法律关系的主体问题,理论上并没有彻底解决。例如,传统上认为,城市小区或农村村民大会(也就是按照居民的惯常居住地)是这些法律关系的主体。但是,会议可以在公民的工作地和其他他们想要举行活动的地方召开。除了议会外,群众集会、示威、游行也可以被认为是宪法法律关系的主体。但应该指出,一方面,按照法律规定组织的示威游行,应该被看作是多方的法律关系(在公民之间、公民和示威游行的组织者之间、示威游行人员和公权力机关之间);另一方面,如果示威游行内部部分人以一定的方式紧密组织起来,这首先便是一个团体,并应该被认为是宪法法律关系的主体,示威游行是这一团体表达意愿的一种形式。

宗教团体以及宗教组织也可以成为宪法法律关系的主体。一方面,存在着"俄罗斯国家和宗教团体(教堂)"之间的共同宪法法律关系,这些法律关系表明了对上述团体的国家政策和国家中这些团体地位的基础;另一方面,存在着由宗教团体和组织参与的具体宪法法律关系,其中包括与这些组织创建和开展活动有关的关系。

宪法法律关系主体的范围不是一成不变的,这是由具体的国家、国家制度以及对某种宪法现象和制度的价值观念,以及权力机构的演变决定的。

完全可以说,在一定的时间之前,俄罗斯是没有总统制度的,进而在国家层面和联邦各主体层面也就没有相应宪法法律关系的主体。现在,俄罗斯联邦总统,作为俄罗斯联邦组成部分的各共和国总统(首脑),各联邦主体执行权力机关最高行政长官和其他首脑,也成了宪法法律关系的主体。

以前在最高国家代表机关——苏联最高委员会——也存在过两院制，但当时的两院和现在实行的联邦会议区别极大，更与今天的联邦会议和国家杜马相迥异（也就是说，尽管按照存在的要素而言，似乎是相似的主体，但实质上却完全是另外一回事）。在苏维埃时期，社会团体可以向最高权力代表机关提交法律草案，今天在联邦层面上这种立法程序的主体是不存在的。众所周知，之前，只有独立的政党才能是宪法法律关系的主体，之后，几个政党也可以是宪法法律关系的主体，过去的这种单独政党丧失了其特权地位，并成了宪法法律关系的一般主体。过去，没有俄罗斯联邦的人权全权代表，也没有社会院。

为强化对宪法的保障，俄罗斯联邦也建立了宪法监督制度，并足够快地赋予了宪法司法优先权。在俄罗斯联邦也出现了这种宪法法律的主体，即宪法法院（随后，相应地出现了俄罗斯联邦各主体的宪法法院和宪章法院）。

以试验的方式，组建了俄罗斯联邦总统办事机关和联邦执行权力机关。结果是，形成了一些机关，然后消失了部分机关，之后又形成了部分新的分支机构。可以发现诸如俄罗斯联邦总统下属的会议和委员会、总统行政机构不同的下属机关和公职人员、联邦部委等这些宪法法律关系主体的变化和更新。

选举法律关系的主体也发生了显著变化。正如经常指出的那样，之前任何一个社会团体都有权提出候选人，然后出现了"政治社会团体"这一范畴，进而仅仅将这一权利赋予了政党，现在，在市级层面立法者决定其他社会团体也可以提出议员的候选人名单。起初，被称作具有首创精神的公民团体也可以提出候选人，但按照新的俄罗斯联邦的选举立法，这类团体已经无权提出候选人了。选举法规定了个人提名自己（自我推荐）为候选人的可能性。的确，允许自我推荐的范围在不断缩小，又出现了新的选举法律关系的主体——观察员。

在苏维埃时期，劳动集体是社会政治体系的要素（参见1977年苏维埃宪法第8条）。劳动集体还是包括推荐议员候选人在内的很多宪法法律关系的主体。

如前所述，在划分（出现）宪法法律关系主体时，观念方法起到了实质性的作用。例如，在制定"俄罗斯联邦地方自治组织的一般原则"联邦法律时，曾就用何种概念来表述作为地方自治主体的公民总和的问题，是居民、地域团体，还是地域集体。这些概念在不同的联邦法律草案中得以体现，部分内容被之后的俄罗斯联邦各主体地方自治所吸收（外国地方自治模式也使用不同的方案）。但是，在1995年通过上述法律时，作为地方自治主体的居民这一概念战胜了其他概念，但这并不能阻碍学者们将区域性社团和区域性团体称为宪法法律关系的主体，这在俄罗斯联邦各主体的法律中也得以体现。

在叙述完主体之后，应该指出，上述的很多主体仅仅是对宪法法律关系而言的。例如，如果国家杜马讨论并通过联邦法律，这将永远是宪法法律关系。当上一级选举委员会审查对下级选举委员会的控诉时，他们之间便产生了宪法法律关系。

在法律关系上，经常会出现某一主体既是宪法法律关系的主体，同时，也不排除是其他部门法律关系的主体。例如，如果国家杜马审议俄罗斯联邦总检察长对某一议员因实施犯罪行为而剥夺其赦免权的请求时，便产生了宪法法律关系，尽管，在相应的行为中已经具有了刑事诉讼关系的要素。

当然，在很多情况下社会关系的对象都是重要的。例如，如果议员就自己的议员活动问题向检察官提出请求，两者之间便是宪法法律关系。但是，如果发生了刑事案件，并在刑事案件的范围内，议员作证或被追究刑事责任，则不会产生宪法法律关系。

上述内容对试图将私法上的概念（尤其是法人的概念）在宪法法律关系和其主体上适用的情形也是可以的。可以简要地指出，具有一定特征的法人被认为是法律的主体,法人有权占有和处分所有财产,有权参与实质性的物质关系,负有承担财产性责任的义务,并具有保护自己物质利益的可能性。特别要区分出法人的目的是参与经济流转关系。上述所有特征都应该在总和意义上来使用。一般而言,法人这一范畴首先是与商业活动联系在一起的。

鉴于此,试图在宪法上使用法人的概念,就应该考虑到如下要素:

第一,有为数不少的宪法法律关系的主体是不能使用这一范畴的,他们不是也不能是法人,如人民、民族、国家、总统、联邦会议,宪法法院、议员,等等。或者说,他们不可能成为经济流转的主体。私有物对他们而言是"财富",而不能等同于普通的"财产"概念,财富是不能通过买卖交易的方式获得的。

第二,也有为数不少的宪法法律的主体被赋予了某些财产,而且还被赋予了获得并流转财产的权利。但是,使用财产以及现金并不是以商业活动为目的的,而是以宪法法律关系为目的的。例如,议员候选人、选举集团在选举期间获得的捐款。为此,他们要设立选举基金并开设账户。但是,在获得和转移资金时的社会关系,不是商业的,而是宪法法律关系。当然,在办理相应的财政手续时,涉及的手续(尤其是银行手续),是与纯粹的经济流转相同的。但是,这里的目的却完全不同。因此,不论是著作中,还是在法律上,对于类似主体经常使用的不是说这些主体是法人,而是说,这些主体获得了法人的权利。

第三,法律主体可以进入不同的法律关系中。此时,自然是以不同的性质出现的。在宪法上应该考虑到这一规则。如果宪法法律关系的某一潜在主体获得了财产和与财产有关的占有、处分的权利,在实现这一权利时,产生的不是宪法法律关系,而是民事财产法律关系。例如,如果政党为自己的机构租赁了某一建筑物,政党是为实现某一相应的目的而进入到民事法律关系的。在迫不得已的情况下,将会以自己财产承担民事责任。而且,顺便说一下,政党是不可以利用其获得的选举基金中的资金来清偿债务、贷款,等等。

第四,法人这一范畴被使用在立法和执行权力机关上,是因为上述机关中的任何一个都被赋予了表现为应当并可以被处置的财产(房屋、办公设备等)形式的公法责任。但是,有2—3类客体,无论是机关的领导人,还是部分学者都希望能走得更远一些,如划拨的财政资金、下属的经济主体、土地。问题是,为什么不允许这些主体进入经济流转过程,并不允许这些主体为财政预算赚取补充资金呢? 在这种情况下,法人这一概念是较为方便的。这种观点的错误在于,公权力机关禁止同时成为经济主体。商业活动不仅仅是能够获得利润,还可能造成亏损,在这种情况下,就会用生活在该地区的人民、居民福祉的财政资金或财产来为其该地区公权力的商业行为承担责任。进而,作为公权力分支的地方自治机关早就想这么做了,但随着时间的推移,权力功能和经济功能被区分开来。

第五,一系列宪法法律主体可能拥有非常庞大的财产客体——土地、自然资源、交通、能源体系,等等。但是,这些客体并非被上述主体所占有,处分权也不能等同于买卖,而是表现为有时在不改变财产形式的情况下,将这些客体转移给其他主体管理,例如:从俄罗斯联邦转移给俄罗斯联邦主体,也存在所有形式变化的情况;将国家所有的财政资金、客体转让为市立机关、宗教组织的财产。因此,尽管这些关系是以财产而生,但并没有丧失宪法法律的属性,与经济活动中的法人主体存在根本不同。

综上所述,部分宪法法律关系的主体不可能是法人,其他宪法法律关系主体具有法人的属性。在宪法法律关系的过程中,为了实施必要的交易,可以使用法人的一些规则,但这种关系并没有丧失宪法法律的属性。如果同一主体不以宪法法律关系为目的参与到财产法律关系中来,则不会产生宪法法律关系。并最终,为实现宪法法律关系的目的,一系列的主体可以使用其财产,但此时,该主体已经不需要法人行为的品质和规则了。

参考文献

克切克杨·斯·福:《社会主义社会中的法律关系》,莫斯科,1958年。

科多克·弗·福:《社会主义国家中的宪法法律关系》,《法学》1964年第1期。

科瓦尔丘克·谢·谢:《苏维埃社会主义国家中的国家法律关系》,《苏维埃国家与法》1956年第10期。

古塔芬·奥·叶:《宪法对象》,莫斯科,2001年。

鲁契恩·弗·奥:《苏维埃国家法上的程序规范》,莫斯科,1976年。

穆哈切夫·伊·弗:《宪法法律关系的概念与特点》,《法律与生活》1998年第17期。

阿弗谢邦·朱·伊:《宪法司法程序法:部门法、科学和法学教学的渊源》,《法学》1999年第2期。

阿弗谢邦·朱·伊:《宪法程序:俄罗斯法律体系中部门法的种类和标准》,《学者手记——国立罗斯托夫大学学术成果汇编》,罗斯托夫,2000年。

奥斯诺文·弗·谢:《苏联国家法律关系》,莫斯科,1965年。

奥斯诺文·弗·谢:《社会主义国家法律中的程序关系》,《苏维埃国家与法》1982年第8期。

斯古拉托夫·尤·伊:《作为宪法调整对象的政治关系》,《国家建设的宪法基础》,斯维尔德洛夫斯克,1981年。

塔尔霍夫·弗·阿:《宪法关系》,《法学》1981年第2期。

法尔别尔·伊·叶、尔热夫斯基·弗·阿:《苏维埃宪法理论问题》,萨拉托夫,1967年。

契尔金·弗·叶:社会主义国家法律关系的系统分析,《法学》1982年第3期。

谢基宁·巴·弗:《苏维埃国家法律理论问题》,莫斯科,1969年。

博伊措夫·弗·亚:《苏维埃国家法律主体的体系》,乌法,1972年。

布尔采夫·阿·阿:《宪法法律关系主体的体系》,副博士论文摘要,莫斯科,2005年。

扎莫塔耶娃·耶·科:《作为公法主体的法人问题》,《宪法和市政法》2007年第15期。

库兹明·阿·戈:《作为宪法法律关系主体的法人》,副博士论文,车里雅宾斯克,2007年。

库塔分·奥·耶:《作为法律和与法律相同的人的俄罗斯联邦宪法法律的主体》,莫斯科,2007年。

马雷·阿·弗:《宪法法律上法人概念的运用》,《法律技术问题论文集》,巴拉诺夫主编,诺夫哥罗德,2000年。

米罗诺夫·奥·奥:《苏维埃国家法的主体》,萨拉托夫,1975年。

米罗诺夫·奥·奥:《俄罗斯联邦宪法法律及其主体》,《个人与政权论文集》,罗斯托夫,1995年。

诺夫茨基·阿·伊:《社会主义国家国家法和法律关系的概念》,《全苏法律函授学院论文集》(第48卷),莫斯科,1977年。

诺夫茨基·阿·伊:《社会主义国家国家法和法律关系的体系》,《全苏法律函授学院论文集》(第58卷),莫斯科,1978年。

罗马什科·耶·阿:《作为宪法法律关系特殊主体的国家机关法人》,副博士论文,阿尔汉格尔斯克,2006年。

齐尔金·弗·耶:《公法法人》,莫斯科,2007年。

第三节 部门法名称和对象的争论

似乎在任何一个部门法和部门法科学中都没有产生像宪法法律上名称和对象问题的争论。

一、部门法名称的争议

首先,要提醒读者,似乎在10—15年前,我们这一法律部门和科学被称作国家法。苏维埃时期的著名学者花费了大量精力来证明,这一法律部门应该被称作国家法(基姆·阿·伊,克拉夫丘克·斯·斯,列别什金·阿·伊,马赫宁科·阿·赫,奥斯诺文·弗·斯,乌曼斯基·亚·恩,谢吉宁·布·弗)或者宪法(科托克·弗·夫,法尔别洛夫·恩·普)。

教科书也没有对这一争论进行详细的讨论,进而同一称谓的支持者经常使用不同的论据,并相互进行批判。我们对库塔芬这一奠基性的著作感兴趣,在该部著作中不仅仅详细地研究了当代的观点,还分析了我们前辈的国家法学者的观点。

总之,国家法支持者的主要理由如下:国家在社会中产生,并对社会进行管理。个人、公民的联合体完全不存在,而是在国家、国家组织的社会中才存在。所有的社会关系都以某种方式与国家的活动、与国家权力的实现有关。国家法恰好是这样的一个法律部门,该法律部门规定了国家制度和国家组织的社会制度,规定了国家中个人的法律地位(也就意味着,社会中个人的地位)和实现国家权力的机制。

宪法法律支持者的论据如下:的确,有国家便有实现国家权力的机关和机制,但这却不应该将一切都归结为国家和实现国家权力的机关。国家、社会团体、劳动集体、公民共同努力以实现整个社会民主制度的发展,并实现更大的任务。个人不仅仅在国家中,而且在社会中也存在。该宪法法律在整体上保障个人权利和自由的同时,还保护作为个体的和作为社会政治过程参加者的个体的利益。宪法是对个人权利自由进行保护,对社会管理过程中国家权力和社会政治规则的基础进行保护。进而,这一部门法的名称应该是宪法法律。

在国家法和宪法的支持者那里,就这一部门法的对象问题不存在原则上的区别。但是,国家法的支持者更多地将国家与国家制度与国家权力相联系。可以发现,无论是有意还是无意,在任何社会中,社会政治制度都不可避免地似乎成了国家的附属物,具体表现为国家法律的形式。顺便指出,在这一基础上,此后不久甚至出现了将作为部门法的国家法与威权制度甚至是极权制度相关联的解释。

宪法的支持者认为自己更为进步,因为他们发现了这一部门法的使命是促进民主社会制度的形成,将社会从国家解放出来,并创建一种使个人不成为国家附属物的生活方式,国家要为个人的权利与自由的保障服务。进而,他们将该部门法的名称进行了原则上的修改。顺便指出,宪法法律部门的批评者认为,这将无限地扩大该部门法的目的,进而导致该部门法的对象变得模糊和不确定。

事实上,我们的这个部门法应该解决某一方面的任务。国家的产生、国家变为管理社会的基本制度导致了由国家来对社会关系进行管理,在人民主权体系中,国家政权事实上占据了主导地位。

与此同时,社会并没有以任何方式变为国家的附属物。产生了与不同社会团体的实现和活动以及与个人的政治积极性有关的多样的政治关系。在其总和意义上,达到了我们所说的公民社会,在公民社会中言论的公开和自由受保障,自由人按照自己的意愿参与社会生活,探讨社会热点问题,等等。因此,在一定程度上存在着社会的独立生活,这种社会生活是与大量稳定的社会规则相伴而生的,而为了形成这些规则,需要宪法上规定的规范依据。如果必要的话,社会制度将会对国家权力机关和地方自治机关的形成和活动产生影响。最终,不可避免地,国家成了公民社会的一个要素。因此,在任何情况下,都不应该将国家与社会相对立。这就是国家政治和国家法律规则相交织,是作为个体、作为社会存在和国家权力参与者(国家意志的形成)的人与公民的地位,这恰好是这一部门法所反映出来的。

从国家法这一部门法的名称中并不能得出所有政治关系的国家化。仅仅为政治关系的自由发展创建了法律保障和为了社会的利益相应关系的参加者应该遵循的规则。从宪法法律这一部门法的称谓中,也不能得出国家与具有社会政治内容的国家制度的相分离。

最近几年,宪法法律部门的称谓对我们这一部门法而言更具有优势,原因如下:

第一,在20世纪的最后十年,俄罗斯主要通过宪法的途径——通过修改和补充1978年宪法、通过了1993年宪法和传统上认为是本部门法渊源的规范性文件(全民公决法、社会团体法、政党法、工会及其活动基本保障法、选举法等)——发生了社会形态的变更。因此,恰恰宪法法律(也就是基本法上的规定和从基本法中派生出的法律)成了相应变更的基础。

第二，由于国家机构（出现了新的机构，如总统、议会、宪法司法）和社会机构（社会团体、公民倡议）的出现，宪法的调整对象变得范围更广，个人地位的很多要素是在宪法的规则内确定的，这些规则为在国家和社会中个人能力的实现而服务。或者说，宪法法律的支持者有可能确信，在国家法律和社会政治生活中，通过宪法和这一部门法的其他渊源，新的现象得以宪法化，其理由更为充分地认为这一部门法为宪法法律。

第三，恰恰是这些年已经确立并变为现实的原则："宪法是适用的法律"，社会关系在宪法的基础上产生，而不只是宪法发展过程中出现的行为。在这种条件下，宪法法律这一称谓可以有助于巩固在新的社会关系的确立和发展中本部门法的目的和作用。

因此，不应该有什么幻觉，认为无论是宪法还是国家法都源自国家，法律部门的对象是相同的。部门法调整的社会关系的范围不是由其名称决定的，而是在确立这些关系的法律基础或者详细的法律规定过程中，由这些关系的特征和客观需求决定的。

二、关于部门法对象的争论

曾出现过将统一的一个法律部门划分为几个分支的尝试。

第一，对实体对象的划分。这一观点的实质是与作为部门法的宪法的名称有关的，该部门法确定了所有政治关系的基础和调整实现国家权力与地方自治的机制。由于宪法的使命众多，进而，部分研究者认为可以将宪法划分为几个分支。"宪法"这一名称是为了在确定所有社会关系的基础前保持这一部门法的使命。或者说，宪法应该被称作是与社会制度、国家制度、权力组织和个人地位有关的所有政治关系的基础法。

调整其他更为具体的政治关系任务的法律规范，可以在其他一系列部门法之间进行划分。例如，规定国家及其制度本质属性的法律规范，在总和意义上可以被称作为"国家法"。涉及社会团体的规范,可以将其划归为"社会团体法(和政党法)"这一相对的名称。可以将有关个人地位的宪法法律规范整合起来,暂时对其没能找到一个名称("个人法"这种称谓,由于术语的费解并不合适),部分学者在其著作中比较喜欢使用"人权法"这一用语,关于选举议员和公职人员的法律,很早以前便被称作为"选举法"了。关于国家权力代表机关活动的法律,可以称为"议会法"(尽管严格而言,议会这一用语是在整个国家层面上使用的,也可能在联邦主体的层面上使用,在地方自治层面上可以直接称为代表机关),或者称为"人民代表法"(此时就不是太准确,全民公投、部分议员和其他当选人的意见呢?一方面就程序而言这些制度与选举相类似,另一方面实质上也是与人民代表有关)。

在划分出统一的宪法的那个时期,在俄罗斯联邦和作为俄联邦组成部分的一系列共和国中还没有总统制度;如今按照坚持这一观点的支持者的逻辑,很明显,还要划分出更具体的法律部门。比如说,可以将这些更细的部门称作"总统法""地方最高行政长官法",但却很不自然。俄罗斯联邦宪法法院和俄罗斯联邦各主体宪章法院的组建,催生了"宪法司法法"和"宪法司法程序法"的出现。有关地方自治的宪法规范,开始被称作"市政法"。

对宪法对象的这种理解,以及将之划分为几个部门法,在我们看来,是没有前景的。因为,相应的社会关系是相互制约并紧密交织在一起的。在宪法内部对之进行划分是可以的(后文会详述),但将之划分为独立的几个部门法是不可能的。难道国家和国家权力机关可以以不同部门法的形式存在吗?如果在一系列的社会关系上国家和社会团体相互交织在一起,又如何将社会团体尤其是政党与国家相区分呢?可不可以在一个部门法的范围内来研究国家权力机关和地方自治机关,而在其他部门法中来研究议员和公职人员的选举程序呢?人民代表的权力不能只是被限制在议会和其他代表机关的活动上,因为在选举议员时,这种权力是与选举权有关的（在这种情况下，作为宪法责任的议员的意见该往哪里放呢？）。不同机关活动的各方面是紧密联系在一起的。例如，立法程序是在议会——俄罗斯联邦会议中来正式实现，但是，俄罗斯联邦总统、俄罗斯联邦政府和其他主体也都参与立法程序，而且法律只有在获得总统签署时才能生效。

今天至少存在着独立的法律部门——市政法，这是自然而然的。但是，这一法律部门的对象是综合性的，是通过既把宪法规范，也把其他部门法——民法（市政财产）、财政法（地方财政、税收和收费）、土地法和自然资源保护法（市政土地和自然资源法律关系）等囊括进来才形成这一法律部门的。那些将市政法作为独立的法律部门和学科的人，在对这一法律部门进行描述时，不要忘记，法律规范是从何而来，并且认为市政法是第二层级的部门法也不是偶然的。

第二，实体规范和程序规范相区分。在谈到宪法对象的争议问题时，应该注意程序规范这一范畴。宪法法律是建立在确定宪法法律关系参加者的地位、权利、义务的实体规范和规定实现权利义务的程序（步骤）规范相统一的原则之上的。部分学者（奥斯霍文·弗·斯，基姆·阿·伊，尤其是卢钦·弗·奥）为将程序规范纳入国家法（宪法）中来做了大量工作。在作为统一的部门法的宪法上，程序规范占有重要位置，在宪法科学上也是如此。但是，曾出现过将宪法程序规范划分为独立的部门法较为恰当的观点，尽管这些程序规范与宪法实体法有关，但还应该是独立的。

就宪法程序法而言，存在着两种观点：第一种观点，国内的学者较为典型，建议将相应的程序规范汇集为独立的法律部门；第二种观点，在国外学者的著作中较为普遍，俄罗斯现在也有支持者，建议将宪法程序法的称谓与宪法法院的活动联系起来。

我们认为，上述两种观点中的任何一种都没有前景。

由于在宪法主体活动中，实体规范和程序规范紧密交织、互不可分，而不可能将程序规范划分为独立的法律部门。事实上,不应该非常详细地划分,例如,将选举权规定在实体宪法上,将作出这一决定的程序规定在程序法上。俄罗斯联邦中央选举委员会的权能,这是实体规范,而实现权能的程序,则是程序规范。在统一的宪法法律中,两者是一同被规定的,在划分法律部门时,如何将一个与另一个相区分呢?国家杜马有着众多的实体性权能,并且每一项权能都有其实现的程序规定。如果将实体与程序相区分的话,还是不得不在程序的范围内来关注实体,在实现国家杜马其权能时来关注程序。实体法和程序法这种划分的不妥性就非常明显。进而,非常明确,在一个部门法的范围内,既可以说是存在着实体法和程序法,也可以说实体法和程序法相互完善,如果这是必要的话。

至于那种认为宪法法院工作程序才是宪法程序法的观点,是不具有说服力的,因为,在议会两院、选举委员会等的工作中,也存在程序规范。因此,如果说可以暂时同意将宪法程序法与实体法相区分的话,也没有理由将之仅仅作为宪法司法的程序。

参考文献

彼尔金·阿·阿:《部门法的名称:国家法还是宪法》,《法学》1997年第4期。

基姆·阿·伊:《再论作为苏维埃部门法的国家法》,《法律和国家建设的理论问题》,托木斯克,1978年。

科托克·弗·夫:《关于苏维埃国家法的对象》,《苏维埃国家法问题》,莫斯科,1959年。

科托克·弗·夫:《社会主义国家宪法的渊源和对象》,《社会主义国家宪法》,莫斯科,1963年。

科托克·弗·夫:《宪法的内容》,《苏维埃国家与法》1971年第2期。

克拉夫丘克·斯·斯:《苏维埃社会主义国家的国家法律关系》,《苏维埃国家与法》1956年第10期。

库塔芬·奥·耶:《宪法的对象》,莫斯科,2001年。

列别什金·阿·伊:苏维埃国家法的概念问题,《苏维埃国家与法》1959年第

6期。

列别什金·阿·伊:《苏维埃国家法教程》(第1卷),莫斯科,1961年。

列别什金·阿·伊:《苏维埃国家法和苏维埃宪法规范间的关系》,《苏维埃国家与法》1971年第2期。

列别什金·阿·伊:《宪法与苏维埃建设的对象》,《国家法与苏维埃建设发展的现实理论问题》,莫斯科,1976年。

《苏维埃国家法的对象——对报告的讨论》,《苏维埃国家与法》1961年第12期。

罗宁·斯·尔:《关于国家法与苏维埃宪法的争议史》,《现阶段国家与法问题》(第6卷),莫斯科,1973年。

谢列兹涅瓦·姆·阿:《科学争论的结果》,《现阶段国家与法的问题》(第6卷),莫斯科,1973年。

卢欣诺娃·斯·伊、良仁·弗·阿主编:《苏维埃宪法》,列宁格勒,1975年。

法尔别洛夫·恩·普:《宪法或国家的对象及该部门法的称谓》,《国家法与苏维埃建设发展的现实理论问题》,莫斯科,1976年。

谢吉宁·布·弗:《苏维埃国家法的理论问题》,莫斯科,1969年。

多罗欣·斯·弗:《关于宪法对象的争论》,《宪法与市政法》2002年第3期。

科托克·弗·夫:《宪法的内容》,《苏维埃国家与法》1971年第2期。

库塔芬·奥·耶:《宪法的对象》,莫斯科,2001年。

列别什金·阿·伊:《苏维埃国家法教程》(第1卷),莫斯科,1961年。

列别什金·阿·伊:《苏维埃国家法和苏维埃宪法规范的关系》,《苏维埃国家与法》1971年第2期。

列别什金·阿·伊、马赫宁科·阿·赫、谢基宁·布·弗:《国家法的对象和渊源》,《法学》1965年第1期。

卢钦·弗·奥:《苏维埃国家法上的程序规范》,莫斯科,1976年。

奥夫谢兵·热·伊:《宪法司法程序法:部门法、科学和教材的渊源》,《法学》1999年第2期。

奥夫谢兵·热·伊:《宪法程序:俄罗斯法律体系中独立部门法的种类和标准》,《罗斯托夫国立大学学术论文集》,罗斯托夫,2000年。

奥斯诺文·弗·斯:《苏维埃国家法律关系》,莫斯科,1965年。

奥斯诺文·弗·斯:《苏维埃国家法上的程序关系》,《苏维埃国家与法》1982年第8期。

哈布列耶娃·特·亚:《俄罗斯议会法教程》,莫斯科,2003年。

萨里科夫·姆·斯:《作为科学、部门法和教程的宪法程序法》,《法与政治》2000年第4期。

萨里科夫·姆·斯:《俄罗斯联邦宪法程序法的对象》,《俄罗斯法杂志》2000年第1期。

萨里科夫·姆·斯:《论创建"俄罗斯联邦宪法程序"教程的必要性》,《俄罗斯法学院校完善教学方法和授课过程组织全俄研讨会论文集》,叶卡捷琳堡,2000年。

萨里科夫·姆·斯:《宪法司法程序法——宪法程序法的分支》,《俄罗斯联邦的宪法司法论文集》,叶卡捷琳堡,2003年。

萨里科夫·姆·斯:《议会程序法——宪法程序法的分支》,《议会程序:俄罗斯问题与域外经验研讨会论文集》,莫斯科,2003年。

第四节　宪法法律调整的方法及特点

法律调整的方法是法律对社会关系发生作用的方式、方法的总和。相应地,宪法法律的调整方法是宪法法律作用于构成宪法法律对象的政治社会关系的方式、方法的总和。

在法律科学上,似乎再也没有像方法这样不清楚和有争议的问题了。法律的理论研究人员和部门法的代表人物,就此问题写了很多东西,但问题实质很少有解释清楚的。部分学者认为,存在着统一的、对所有的法律都适用的法律方法,只不过这种方法在不同的部门法中各有不同的特点。另一部分学者认为,存在着几个(多个)法律方法,而且,在相应法律部门中的法律方法与其他部门法中表现出的法律方法,完全是不同的。认为在每个部门法中都存在着与其他部门法中相类似的方法,同时也有其独具特色的方法的观点,是上述持第二种观点的学者中的一类。

不可能在教材中讨论所有的问题的不同方面,这里仅将其概括为如下两点:

第一，由于法律对社会关系发生影响的主要路径是其规范调整，因此，最好使用法律调整的方法，而不是法律的方法。

第二，我们认为，将某一主要的方法作为某一部门法确定的特点是没有前景的。如果说按照部门法的对象来划分，并不复杂，但按照调整的方法来划分，就很难了。因为，很多（甚至是所有的）法律部门，都在使用相同的方法，只不过具有其自身的一些特点而已。我们认为，法律调整的一般方法，对法律整体和相应部门法的表现特点而言都是适用的。

但是，在对一般方法进行解释时，有些观点也是很难被接受的，至少从宪法的角度而言如此。试图用第一层次的、构成法律对社会关系产生作用的三个要素——许可、命令和禁止的组合来限制方法的构建，这是最薄弱的划分方法。按照这种观点，可以划分出法律调整的三种类型——民事法律、行政法律和刑事法律，上述类型是受上述要素间的不同相互关系制约的，这些关系中有一项起到了主导作用。相应地，与民事法律关系相联系的是许可，与行政法律关系相联系的是命令，与刑事法律关系相联系的是禁止。

很难同意这种观点。许可、命令、禁止在所有部门法律领域都存在，并且，这类科学分类办法的局限性是将某一主导的方法与某一法律部门相关联的原则有关的，在谈到某一方法时，在相似的理解上，在其他部门法中也是存在的（例如，很难想象，宪法法律上使用的禁止，也是刑事法律上使用的禁止的方法）！在上述观点中，对方法进行解释时，仅仅采用了一个标准作为其基础，而其他的构成部分并没有引起注意。

我们认为，在阐述法律调整的方法时，应该考虑如下要素即只有在与对象相联系的相互关系中才可以理解调整的方法。为了调整社会关系，就应该清晰地知道，法律规范涵盖了什么，而这便是作为社会关系总和的法律的调整对象。这里的社会关系应该"被披上法律的外衣"，进而以法律关系的形式而存在。但又产生了另外一个问题，应该怎么调整，也就是说调整的方法。或者说，说到对某一社会关系进行调整的必要性时，职能部门应该决定以何种方式、方法对其进行调整。

社会关系和调整方法之间的关系，可以看作内容（这是内容自身）和形式（法律调整方法的反映）之间的关系。可以形象地说，内容和形式可以达到完美的结合，也可能在选择调整的方式、方法时出现错误和偏差。这会对社会关系自身造成伤害，并成为其发展的阻碍。这种情况与自然环境相类似：例如，选择何种方法来加工金属，首先取决于金属自身的属性；土壤的性质决定了人们创造的耕作土壤工具的结构。

方法也不可能与调整的对象处于同一层级。但是，方法却能将作为法律调整对象的社会关系更为完整地揭示出来，或者对之造成影响，歪曲和（或）更改对象要素之间的关系，阻碍社会关系的发展。形象地说，对象是调整的"战略"，而方法则是"战术"。与调整的对象相比，所有的方法都处于（而且应该处于）从属的地位。

作为调整方法表现的方式和方法包括：对调整社会关系的主体进行选择；在对社会关系进行调整时，社会关系的范围；在对社会关系进行规定时，要考虑到不同种类社会关系的特点；在调整的过程中，要按照规范性法律文件的形式使用不同的方法；将作用于社会关系的不同种类的命令相结合；选择形成命令的语言。

考虑到上述几个方面，可以归纳出宪法上调整社会关系表现的如下特点：

（1）因宪法关系永远是公法关系，对其的调整是以国家的名义和通过国家权力属性的规范进行的。在此，整体而言是公法的宪法，与私法存在原则的不同。私法允许双方（契约调整）以自己的意志来调整关系，而且可以选择法律规范中没有规定的行为方式（此时，不能违反一般的规则并对人与公民的利益造成损害）。当然了，行为方式的选择在宪法上也是被允许的，但所有的行为方式却都是被法律所规定的（而且，应该被规定）。在宪法上，实际上排除了双方以自己达成的合同代替宪法或宪法法律规范来调整关系。当然，宪法法律也允许以合同的方法来调整社会关系，但被限定在一定的范围内（远不是所有国家都允许以合同的方法来调整宪法关系）。最重要的，公法法律关系的主体间的合同应在宪法或法律规定的范围内，合同的方法不能代替规范性文件的调整，只能是对规范性调整的补充。将私法法律的调整方法纳入公法中乃是不得已而为之。德国的哲学家黑格尔指出："将同私有财产关系一样的合同关系纳入国家关系中，在国家法律上和现实上将导致很大的误解。"

正如多罗欣·斯·弗指出的那样，现在宪法法律的发展趋势与私法越来越接近。这种趋势主要表现为宪法法律调整对象的扩大，进入这一部门法的对象与以前相比明显增多，并在更广的社会关系范围内使用宪法法律的调整。关于这种趋势，笔者认为，这也证明了原则上新的，既需要宪法法律，也需要私法部门法调整的社会关系产生的这一事实。由于以合同的方式来调节社会关系进入到宪法法律的实践中，这也使得宪法与私法接近的趋势变得更为明显。正是由于这些原因，仅仅将宪法理解为公法的一部分已经与部门法的当代发展的现实不符。

我们认为，在调整方法问题上，恰恰应允许不准确性。这种不准确性我们前面已经说过了，这正是：在不同的部门法中，调整的方式和方法外表上看起来可能是相似的，但与具体的这个部门法却并不相同。

况且，当向某一部门法中常用的方法赋予其他部门法而言更为典型的意义和目的时，将会产生误解，这一点黑格尔在其生前已经说过。当前的事实明显能证明黑格尔的正确性。之前，在联邦关系上广泛使用了合同调整的方法，也就是在俄罗斯联邦国家权力机关和俄罗斯联邦各主体国家权力机关之间就管辖的对象和权限签订合同。众所周知，民法上使用的契约方法，不仅可以建立在法律规范之上，而且还可以与法律的规定有所不同。当以合同调整的方法调整联邦关系时，便走上了一条与俄罗斯联邦宪法和法律相偏离的道路，当俄罗斯联邦各主体将其管理的对象和权限强加给联邦时，很明显地，导致了联邦以及与此相应的宪法法律关系的不稳定。因此，从2001年底开始，联邦中央终止了46个双边条约(名义上依据的是双方的意愿)中大多数条约的效力,还有一系列的条约被进行了大幅度修改。因此,调整方法方面任何特殊的都没有发生,宪法法律上的合同变为了专门的宪法法律契约。

(2)部分政治社会关系的一般规范(一般规定)与对另一部分政治社会关系的详细调整相结合是宪法法律关系的特点。在苏维埃时期,比较通行的观点认为,由一般规则的方法对社会关系进行国家法律(宪法)调整。与其他部门法不同,宪法法律部门并不以详尽的方式来调整社会关系,而只是为社会关系确立了一般的原则。或者说,这是概括性的调整,这也是本部门法调整方法的特点之一。为了证明这一特点,通常引用该部门法的主要渊源——宪法,宪法是具有共同调整规则的一般的和概括性的文件,等等。

此外,还应注意到,当时国家法的渊源不多,对社会关系进行调整的这一方向的范围不宽,很多文件缺失,存在的文件,通常也不过是反映了社会关系的主要因素。

就此,应该指出如下内容:无论如何也不能就现实的调整范围来确定部门法的作用。的确,在苏维埃时期的一定阶段,存在过范围不大的国家法律调整。原因有二:一是那时的国家法排除了对国家而言一系列制度的必要性。这些制度在其他国家是存在的。二是在那些可以通过相应规范的地方,权力机关对社会关系的调整更为广泛。人们没有发现这种需求,这是因为社会关系的某些功能是不被允许的,对这些社会关系适用的不是国家的调整机制,而是党的调整机制(而且经常还是公开的隐蔽机制)。

在苏维埃时期,随着对我们而言,新的宪法法律制度(例如,每年召开两次、每次3—4个月的两院制的苏联最高委员会,苏联总统,苏联宪法监督委员会)的产生,也就出现了相应的宪法法律调整。当时非常清楚,一些不良的关系可能会出现,但没能通过谈判的方式予以成功地调整,尽管制定了一些必要的规范性文件。例如,自苏联成立时起便宣称各加盟共和国有退出苏联的权利,但是无论哪部宪法(1924年、1936年、1977年)都没有规定实现这一权利的程序,这些规范不自觉地具有共同的特点。当部分加盟共和国退出苏联的威胁变得明显时,1990年4月3日才快速地制定并通过了"解决与加盟共和国退出苏联有关问题的程序"法,但这部法律也没能阻止苏联的解体。

在当代俄罗斯,宪法法律调整变得更为广泛,如前文所说,承认一般规范方法的主观因素——调整的简洁性——本身已经丧失了意义。

但是,原则上一般规范方法在宪法法律调整上还是存在的,因部分原因,一般调整方法也与具体的调整方法相结合了。如前所述,宪法的任务之一便是确立所有政治关系存在和发展的一般规则。当然,可以通过一般规范的方法来解决这一任务,也就是说通过基础的法律法规的方式来解决。但在一部分情况下,一般规则方法将会引起更为具体的调整方法,在另一些情况下,将导致宪法法律的方法。

(3)对社会关系的宪法法律调整是建立在广泛使用确立地位的方法之上的。

部分学者认为,与其他部门法相比,宪法法律部门首先是地位法,或者限权法,因为该部门法规定了作为宪法法律关系主体的国家权力机关和地方自治机关的地位,这是宪法法律调整的特点。

这种观点可以接受,但需要进一步解释:最好是说宪法法律规范规定了既作为相应机关也包括制度的地位。例如,不仅关于宪法法院的专门法律有这样的法律特点,而且,关于法律规范法、法律规范的公布和生效程序法、全民公决法、撤销议员法等,也都具有这样法定性的特点。从这里还能总结出另一个重要的因素,也就是不仅相应机关、相应机关地位类型的法律规范,而且调整很多机关和制度的一般属性的法律(首先便是宪法)也具有这种法定性的特点。

还有一点,宪法法律并没有局限于对相应地位进行规定的方法上,这种一般的调节方式往往也涉及其他能够成为相应宪法法律关系主体的人，而且一并确定了（如果需要的话）这些主体的地位（2001年通过的"关于加入俄罗斯联邦和组建作为俄罗斯联邦新主体程序"的联邦法律）。

正是由于宪法法律关系中参加者（主体）的范围很大，可以说这种调整方法的具体特点表现在：部分情况下调整是按照"主体到关系"的路径进行的；在另一些情况下，是按照"从关系到主体"的路径进行的。

（4）利用最高阶和最有法律效力的形式——宪法和法律——是宪法法律调整方法的特点。包括总统令、政府决议等在内的其他规范性法律文件也是宪法的渊源。宪法（宪章）和法律在宪法的渊源中起到了主导作用。当然，这也表明，政治关系是社会关系中最为重要的组成部分，在基本法律规范中对其进行规定，可以促进这些关系的巩固和长时间存在。

历史上形成了这样的一种状况，即在宪法法律关系的调整中，往往限于使用法典的形式，但这不具有原则性的意义。尽管在民事、刑事的实体和程序法律关系上使用法典，但这些法典却未必能与上述法律部门的调整方法的特色联系起来。完全可以说，法典形式在其他部门法律领域也非常普遍，如那些被称作劳动、森林、水资源、大气等的法典。

此外，还应该注意如下内容。首先，就法律效力而言，法典与法律相同。其次，当某一领域产生了大量的同类社会关系时，并且这些社会关系应该被体系化和被纳入一个文件中，也就产生了制定法典的问题。在这一层面上，法典自身的形式并非与宪法法律不同，实践上这种形式也被采用。例如，一系列的联邦主体通过了选举法典，取代了按照不同的选举类型制定的选举法律。这些选举法典是按照如下的模式将选举法律规范纳入进来的：对在主体举行的所有种类的选举都适用的原则和规则，按照部分选举种类的不同特点设置了具体的各章。此外，尽管法典的名称使用的是选举法典，但是，一系列的主体还将有关所有种类的投票，也就是不仅选举投票，还包括全民公投投票以及罢免该联邦主体的议员和当选的公职人员的投票规则也纳入其中。

对基本法律规范——宪法(宪章)和调整政治社会关系的法律的利用,不能理解为是对法律的其他形式的忽视或评价不足。因为,应遵守下述的逻辑:首先,应该从大量的社会关系中区分出最重要的关系和关系的某些方面,因为正是这些社会关系决定了所有的其他关系,也正是因此,才使用效力最高的法律规范,首先是通过基本法律来调整这些社会关系。其次,在调整过程中,应该遵守位阶关系,而不能出现混乱。

(5)宪法法律调整建立在实体规范和程序规范统一的方法之上。前文在涉及宪法部门法问题时,我们曾阐述这个问题,这里不再赘述。但是应该指出,由于宪法法律关系种类的不同,适用这一方法时存在着一些变化,实体性或程序性的方法被相应地用得多些或少些。例如,在确定政治关系的宪法一般依据时,实体性的规范被适用得明显要多,而程序性规范用得就非常少。而在另一些情形之下,程序性规范适用得就多,如部分种类社会关系的具体的宪法法律调整时就是如此。而且,程序问题有两点,即宪法法律关系的主体实现其职权的步骤(程序)和对相应主体实质性权力的调整及实现的程序(对此可以举例进行详细解释,国家杜马在审议国家预算前,俄罗斯联邦财政部和政府要准备好预算草案,而编制草案的职权和审议问题的程序被规定在俄罗斯联邦预算法典中)。

(6)在宪法上使用和交叉使用规范命令的三个众所周知的种类,即许可、命令和禁止。其特点在于,上述方式在宪法上经常表现为对一定行为形成包含上述三个规则的统一规范形式。也就是说,允许某一个行为,并对之进行命令性的规定,而禁止则表现为其他行为不被允许性的一种形式上的强制规则(被禁止)(具体参见宪法法律规范一节)。

此处,对法律而言一般的这类问题是,如何选择调整的语言,或者说,强制的程度,这在宪法上具有非常重要的意义。在这一部门法中,完全没有必要使用"电闪雷鸣",也即没必要使用命令的残酷性语言来恐吓社会关系的参加者。例如,在俄罗斯联邦宪法中,只有一个条文规定:"任何人不得将俄罗斯联邦的权力据为己有。对篡夺权力或把权力据为己有者要按照联邦法律的规定追究责任。"(第3条第4款)进而,已经不需要再规定任何人都无权攫取作为国家首脑的俄罗斯联邦总统的权力,无权攫取作为国家权力立法机关和代表机关的联邦会议的权力,等等。因此,宪法法律上这种调整性语言的特点在于,在该部门法中永远存在着一般的调整机制,而在个别条文中,与规定的具体目的有关,可能规定对现实不同影响的保障。

(7)在宪法法律的调整中,对一些社会关系的主体还规定了具有一系列特点的宪法法律责任和宪法法律制裁的方法。首先,那种认为在应当保证本部门法律规范的效力时,因缺少特殊的责任种类和制裁而不得不寻求其他部门法的责任方法,是国家法(宪法)的特点的错误观点,早就成了本部门法科学历史的财富。宪法法律责任不但存在着,而且在宪法上还规定了一系列的专门制裁措施。其次,在宪法法律上,的确没有将传统的三要素,即行为模式、条件假设和制裁都纳入同一个条文中。本法是建立在调整的方法之上的,包含有大量的行为规则,然后在一个条文中,可能对违法或不遵守相应规则规定了制裁(责任措施)。例如,对选举前的宣传程序规定了大量的要求;在候选人违反这些要求时(可能是多人违反,也可能是个别人违反),可能要求其承担诸如取消候选人登记的宪法法律责任。

参考文献

C.A.阿瓦基扬:《宪法法律调整的方法及其特点》,《宪法和市政法》2005年第1期。

维特秦科·阿·姆:《社会主义社会关系法律调整的方法》,萨拉托夫,1974年。

杰明·阿·阿:《法律调整方法的关系》,《俄罗斯法治国家:成果总结和前景》

(第3卷),沃罗涅日,2004年。

德米特里耶夫·尤·阿、穆哈切夫·伊·弗:《俄罗斯联邦宪法法律的概念、对象和方法——从历史到现实》,莫斯科,1998年。

罗莫夫斯基·弗·德:《宪法调整的方法》,《俄罗斯法杂志》1998年第4、5期。

马福林·斯·普:《实证法发展和结构中法律调整方法的作用》,《法学》2003年第1期。

米罗诺夫·奥·奥:《宪法调整的方法》,《法学》1980年第2期。

佩什科夫·阿·布:《社会关系的行政法律调整问题》,伊尔库斯克,1974年。

普罗采夫斯基·阿·伊:《劳动关系的法律调整方法》,莫斯科,1972年。

索罗金·弗·德:《法律调整方法——理论问题》,莫斯科,1976年。

索罗金·弗·德:《法律调整:对象、方法和程序(宏观层面)》,圣彼得堡,2003年。

雅科夫列夫·弗·夫:《社会关系调整的民事法律方法》,斯维尔德洛夫斯克,1972年。

第五节 作为部门法的俄罗斯宪法的渊源

调整(规定)政治关系和宪法法律规范内容的规范性法律文件是作为部门法的俄罗斯宪法法律的渊源。法律规范可能全部都是宪法法律的渊源(例如,宪法、民事法律、全民公投法、选举法);可能是综合性地调整社会关系(也就是说,法律规范的条文内容属于几个部门法);可能整体上是另一法律部门的渊源,但其部分规定则同时又是属于宪法法律的内容。因此,通过研究法律规范并分析那些与国家制度、权力组织和个人地位等有关的条文,便可以确定该规范在多大程度上属于宪法法律。

1993年12月12日,经过全民公投(全民投票)通过的俄罗斯宪法是俄罗斯宪法法律的主要渊源。关于宪法内容,下文将详细阐述,但这里应该指出,在宪法法律中,宪法之所以占主导地位,是因为在俄罗斯联邦宪法中规定了国家、社会和个人地位的主要特征，规定了国家权力机关和地方自治机关的体系、组建的原则、关键性职能。

宪法预先规定了其他宪法性法律渊源的内容，这些宪法性法律被认为是进一步发展和完善了宪法的具体规定。的确，对俄罗斯法律而言，宪法是主要的法律规范，通常称之为基础的基础。将宪法称为国家基本法，这不是偶然的。俄罗斯联邦宪法以其全部内容证明了自己的基础的属性，而且在第15条中专门规定，宪法具有最高法律效力。

宣言是宪法法律著名的渊源。

例如，在1922年，作为苏联创建基础的有两份文件，即1922年12月30日苏联苏维埃第一届代表大会通过的关于苏联成立的宣言和联盟条约。

1977年10月7日，与苏联新宪法一起通过的还有苏联最高苏维埃关于通过和公布苏联宪法（基本法）的宣言。

1990年6月12日，苏俄第一届人民代表大会通过了俄罗斯苏维埃联邦社会主义共和国国家主权宣言。

1991年10月25日，俄罗斯苏维埃联邦社会主义共和国最高苏维埃通过俄罗斯各民族语言宣言。

1991年11月21日，俄罗斯苏维埃联邦社会主义共和国最高苏维埃以决议的形式通过了人与公民的权利和自由宣言。

上述例子表明了下述内容：宣言可能与创建新国家、通过新宪法、确定个人地位的最为重要的元素而通过。同时，宣言的目的不仅仅在于以宪法法律的形式形成社会关系，尽管这也应该指出。宣言同时也是具有效力的政治声明文件。以宣言这一用语强调纲领性，是一种正式宣告。宣言不仅关注被创建或被宣告的民族的地位，而且还关注民族的意识。

此外，与权利与自由有关的宣言，通常规定了与个人地位的原则和基础有关的、一般属性的内容。1789年经典的法国人权宣言便证明了这一点。按照人权宣言的风格，通过了包括1991年俄罗斯宣言在内的其他宣言。

　　问题是,宣言是独立的宪法法律渊源还是被其他的法律文件所涵盖呢?这不能一概而论。例如,1922年苏联成立宣言成了1924年苏联宪法的独立组成部分(而且进行了一定的修改和补充)。1977年苏联宪法通过和宣告的宣言是独立的文件。1991年俄罗斯人与公民权利与自由宣言没有作为独立的部分被纳入苏俄宪法,而是在其基础上制定了新的宪法规范。因此,尽管形式上是独立的文件,但是事实上该宣言已经被俄罗斯联邦宪法所取代,而且,在将宣言的内容纳入宪法时,宣言很多内容已经被进行了修改和补充。1990年俄罗斯苏维埃联邦社会主义共和国国家主权宣言被官方认为是一个独立文件,这一文件的通过日(6月12日)成了国家节日——俄罗斯日,尽管这一文件的内容被1993年俄罗斯宪法和俄罗斯联邦众多的其他文件所吸纳。俄罗斯各民族语言宣言,形式上也是独立的,但事实上其作用甚微。俄罗斯联邦宪法会议文件、修改俄罗斯联邦宪法的联邦法律、联邦宪法性法律、联邦法律是宪法法律的渊源。

　　俄罗斯联邦宪法会议文件是俄罗斯联邦宪法(第135条)规定的与审议宪法有关的规范性文件。目前,在宪法实践中相应的例子还没有。宪法会议还没有召开,关于宪法会议的联邦宪法性法律还没有通过。但是,在学术领域可以说这是宪法法律的渊源之一。

　　可以简要地回顾一下这件事(将在本书有关研究俄罗斯联邦宪法的第二部分进行详细阐述)。如果对俄罗斯联邦宪法第1、2、9章的规定提出修改建议,这些建议需要获得国家杜马、联邦委员会各院超过3/5的票数支持,并且按照联邦宪法性法律的规定,召集宪法会议。宪法会议,要么支持俄罗斯联邦现行宪法的不可修改性,这就意味着作出了自己的决定(如决议),毫无疑问,这一决定是规范性文件;要么起草新的俄罗斯联邦宪法,新宪法将由宪法会议制定(也就是说,将通过俄罗斯联邦新宪法的决议)或者进行全民公投(为此需要作出赞同宪法草案并将之进行全民公投的决议)。这也不排除宪法会议文件的其他称谓。例如,赞成不对现行宪法进行修改可以以决议的形式进行表述,宪法会议通过新宪法可以以宣言的形式进行表述,宪法会议赞同新宪法并将之提交给全民公投可以以决议的形式作出。无论在何种情况下,宪法会议的文件都具有规范意义,是宪法法律的渊源。

俄罗斯联邦关于修改俄罗斯联邦宪法的法律是一种特别的规范文件。在1995年10月31日俄罗斯联邦宪法法院的决议中,以对俄联邦宪法第136条解释的形式确定了宪法修改法的效力。进而,1998年通过了"关于俄罗斯联邦宪法修正案通过和生效程序"的联邦法律,以法律修正案的形式对俄罗斯联邦宪法第3至第8章进行修改。尽管很长时间都没有通过对宪法的修正案,但这却是宪法法律渊源的一类,而且这是继宪法会议规范性文件之后的第二类宪法法律渊源,并以这种形式在保持宪法整体效力的情况下,可以对宪法大量的章节和条文进行修改。最终,联邦会议两院通过,于2008年12月30日俄罗斯联邦总统签署了两部俄罗斯联邦宪法修正案,即"关于修改俄罗斯联邦总统和国家杜马职权期限"宪法修正案和"关于国家杜马对俄罗斯联邦政府监督权"宪法修正案。

联邦宪法性法律,这是就俄罗斯联邦宪法规定的、确定的问题通过的规范性法律文件。这些问题包括:全民公决,政府,俄罗斯联邦宪法法院,俄罗斯联邦司法体系,部分种类的联邦法院,国家象征(国徽、国歌、国旗),接受、形成和改变俄罗斯联邦主体地位,宪法会议,战争状态,紧急状态,俄罗斯联邦人权全权代表等。在法律结构中,联邦宪法性法律占有较大比重。在缺少宪法会议规范性文件、宪法修正案的情况下,联邦宪法性法律在规范性文件的层级中处于继俄罗斯联邦宪法之后的第二位。根据俄罗斯联邦宪法第76条第3款的规定,联邦法律不得与联邦宪法性法律相抵触。进而,俄罗斯其他所有规范性法律文件都应该与联邦宪法性法律相一致。当然,联邦宪法性法律本身应该与俄罗斯联邦宪法相一致(在下文的俄罗斯联邦宪法性法律的部分,将对宪法性法律进行详细阐述)。

就法律效力而言,联邦法律是宪法法律渊源的种类之一。在俄罗斯联邦宪法规定由联邦法律对社会关系进行调整的情况下,以及由于调整的社会关系的重要性,议会和其他国家权力机关认为应通过联邦法律对这些社会关系进行必要的调整时,通过联邦法律。

可以如下的联邦法律为例进行说明：1998年2月6日《关于俄罗斯联邦宪法修正案通过和生效的程序法》,2002年5月31日《俄罗斯联邦国籍法》,2002年7月25日《俄罗斯联邦外国公民地位法》,1995年5月19日《社会团体法》,2001年7月11日《政党法》,1997年9月26日《宗教团体和信仰自由法》,1999年1月4日《俄罗斯联邦各主体国际和对外经济联系协调法》,1999年10月6日《俄罗斯联邦国家权力执行机关和立法(代表)机关一般组织原则法》,以及联邦选举法律(2002年6月12日通过的《俄罗斯联邦公民选举权和参加全民公投权基本保障法》,2005年5月18日《国家杜马议员选举法》,2003年1月10日《俄罗斯联邦总统选举法》),等等。

联邦会议两院——联邦委员会和国家杜马的规范性文件也是俄罗斯宪法法律的渊源。议会两院就其组织和活动程序问题的规范性文件属于联邦法律首要渊源,如2002年1月30日联邦委员会条例和1998年1月22日国家杜马条例。还有一些关于议会机构的规定及其他规范性文件。

俄罗斯联邦总统众多的总统令和命令也含有宪法法律规范,这也部分或全部地成为法律的渊源。下述的总统令便是例证,如2000年9月1日"关于俄罗斯联邦国家委员会"的总统令,1996年5月23日"关于俄罗斯联邦总统、俄罗斯联邦政府的规范性文件和执行权力的联邦机关的规范性法律文件的公布和生效程序"的总统令,2004年3月25日"关于俄罗斯联邦总统行政机关"的总统令。总统令往往规定了相应问题的解决的机关和程序。我们可以以2004年4月6日俄罗斯联邦总统行政机关的总统令、2002年11月14日俄罗斯联邦国籍问题审查程序规定、1997年7月21日俄罗斯联邦提供政治避难的程序规定为例进行说明，2000年5月13日确定了联邦区自身是俄罗斯联邦国家结构组成部分的俄罗斯联邦区总统全权代表的总统令，等等。

原则上，俄罗斯联邦政府和联邦部委的规范性文件也可以是宪法法律的渊源。在多数情况下，这些规范性文件的出台是为了完善作为宪法法律渊源的法律，是因国家权力执行机关参与相应的社会关系而对这些社会关系进行的细化。俄罗斯联邦政府在信仰自由领域出台的决议便是例证。2001年6月30日确立了转移程序相应规则的"联邦所有的宗教财产移转给相应宗教组织的规范"，1998年6月3日"举行国家宗教鉴定程序"，1998年2月2日"外国宗教组织代表机构在俄罗斯联邦的开放和关闭的登记程序规范"。

联邦部委本着上述同样原则通过了相应的规范。例如，俄罗斯联邦司法部制定了政党、其他社会组织和宗教组织的国家登记规则。

上述宪法法律渊源的种类属于联邦层级。但是，在作为联邦国家的俄罗斯还有第二个层级的渊源，即联邦各主体的规范性文件。

属于宪法法律重要渊源的首先便是作为俄罗斯联邦组成部分的各共和国的宪法，作为俄罗斯联邦主体的边疆区、州、联邦直辖市、自治州、自治区的宪章。

此外，联邦主体拥有立法权。因此，联邦各主体的法律、其他规范性文件是宪法法律的渊源，在很大程度上，如上述所言，是需要考虑各主体的水平，他们管理的对象和职能（例如，被称作"俄罗斯联邦全民公决法"的联邦宪法性法律，如果是在主体层级上，该法律则成为俄罗斯联邦主体全民公决法或俄罗斯联邦主体中的全民公决法，也就是说，既可以是主体层级的公决法，也可以是地方自治层级的地方公决法）。没有上述的法律渊源，俄罗斯联邦宪法法律的实现是非常困难的，更何况这些法律是被俄罗斯联邦宪法和联邦法律所规定的。例如，俄罗斯联邦主体拥有自己的选举法、地方行政组织法。俄罗斯联邦的众多主体都拥有主体国家权力代表机关法、执行权力行政首脑法，以及规定执行权力机关的一般性法律，上述法律都属于俄罗斯联邦主体层级的重要宪法法律渊源。

当然，各主体法律的类型，是与主体自身（主体的立法积极性）和联邦立法者立场有关的。例如，1995年通过的联邦法律——《俄罗斯联邦地方自治组织一般原则》便规定，俄罗斯联邦各主体都有自己的自治法律，这些规范性文件是同时制定的。而2003年通过的相同称谓的联邦法律，便没有规定俄罗斯联邦各主体都有地方自治法律。因此，目前这一宪法性法律渊源在俄罗斯联邦各主体首先表现为制定法律的形式，但将来会是什么情况，这还是一个问题。

还可能存在着宪法法律渊源的第三种形式，即地方自治或地方自治机关的规范性文件。当然，与上述规范性调整的层级相比，这一宪法法律渊源调整的范围要小得多，但在宪法法律关系中却应该考虑到这一宪法法律渊源的存在。

首先便是地方自治机关——居民点、市政区、城市辖区的相应规范，这些地方机关既可以是地方居民通过地方公投的形式产生的，也可以是地方自治机关的代表机关——杜马、议员会议等选举产生的。上述机关的部分规章，如地方自治代表机关的规程、地方行政机关的规定、调整相应地区居民生活组织的必要规定等，也可能是宪法法律的渊源。

在阐述宪法法律渊源时，应该关注由俄罗斯社会关系的特点和对社会关系的发展极其重要的法律规范所决定的一系列的其他规范性文件。既然有这些规范性文件，我们就应该确定，他们是否属于规范性文件，是否属于宪法法律的渊源。

如前所述，在俄罗斯联邦同时存在足够普遍的俄罗斯联邦国家权力机关和其各主体之间的条约，在俄罗斯联邦不同主体之间也存在着条约，以及俄罗斯联邦各主体国家权力机关和地方自治机关之间的条约。在宪法法律科学上，这些条约通常被约定俗成地称作"国家内部条约"。例如，1992年3月31日的联邦条约形成了作为联邦国家的俄罗斯的现代属性，这一联邦条约也进入了俄罗斯的历史和宪法法律渊源的范围。这是三个俄罗斯联邦国家权力机关与共和国，自治州和自治区，边疆区、州、联邦直辖市之间签署的关于相互间管辖对象和职权的条约。随后，1992年4月10日、21日，这些条约被纳入了俄罗斯联邦宪法。自1994年开始，在俄罗斯联邦国家权力机关和俄罗斯联邦各主体国家权力机关之间签订了管辖对象和职权的双边条约（还出现了就部分问题对这些条约进行补充的附件）。

尽管多数条约基于双方的意愿丧失了法律效力，但还是要指出，这些条约是不是宪法法律的渊源呢？

很明显，这将取决于类似条约的内容。例如，根据俄罗斯联邦宪法第11条第3款的规定，在俄罗斯联邦的国家权力机关与俄罗斯联邦各主体的国家权力机关之间划分管辖对象和分权，由本宪法、联邦条约和其他关于划分管辖对象和分权的条约规定。显然，关于分权的条约是宪法法律的渊源。

在各主体间签署的就合作和某一共同程序的条约，未必是规范性文件。但是，此时如果某一联邦主体将自己处分某一财产的权利、自己代表某些利益的权利转让给另一联邦主体，此时，该条约便成了规范性文件。

如果俄罗斯联邦主体权力机关与地方自治机关签订了关于划分管辖对象和职权的条约，这将也是规范性文件。

因此，那些关于划分管辖对象和职权、转移相互特有的职权的条约，也就是包含了法律规范的条约，是宪法法律的渊源。

俄罗斯联邦法院及俄罗斯联邦各主体宪法（宪章）法院决议也是俄罗斯宪法法律的重要渊源。俄罗斯联邦宪法法院拥有俄罗斯联邦宪法解释权，具有解决俄罗斯联邦权力机关之间、俄罗斯联邦权力机关和俄罗斯联邦各主体权力机关之间职权争议的权力，还拥有其他一些重要的职权。进而，俄罗斯联邦宪法法院通过的规范性文件对宪法法律规范实质的理解和相应社会关系的发展具有原则性的意义，而且，往往这不仅仅是对现存的宪法法律规范的解释，还是在制定新的规范，在没有新规范的情况下，适用宪法法律规范几乎是不可能的。

可以对上述内容进行举例说明。读者可以发现，在宪法和宪法会议文件之后的法律渊源中，我们阐述了宪法修正案法。但这一法律渊源是如何出现的呢？俄罗斯联邦宪法第136条规定，对俄罗斯联邦宪法第三至八章的修改按照通过联邦宪法性法律所规定的程序进行。但这里还是不清楚，什么才是按照联邦宪法法律的程序通过的联邦宪法性法律或其他规范性文件呢？就国家杜马的问询，1995年10月31日宪法法院对宪法第136条解释的决议中确定，上述宪法性法律或其他规范性文件是指以专门的宪法修正案法律制定的，与联邦法律和联邦宪法性法律不同的，具有特殊地位的法律形式。在宪法法院决议中，这一特殊的法律文件被称作为"俄罗斯联邦宪法修正案法"。就实质而言，宪法法院创设了一种俄罗斯联邦法律的新形式，没有这一新形式联邦法律渊源的体系便不可能完备。

包含有新的法律规范的俄罗斯联邦宪法法院决议的清单非常之长。甚至在宪法法律渊源（和整个法律体系）分类中出现过的宪法法院的决议应该占何种地位的争论。鉴于在这些文件中经常出现对规范性文件与俄罗斯联邦宪法相应内容的对象是否相符的评价，以及从俄罗斯宪法规定的分权原则对国家机关职权的评价，而且考虑到在宪法法院的文件中有对宪法自身规范的解释，部分学者建议在位阶中将宪法法院的决议置于俄罗斯联邦宪法之后的第二位上。

甚至有观点认为，宪法法院决议的众多条款（尤其是解释部分）是与宪法效力相同的，因为要是没有宪法法院的解释，这些宪法规范根本不能适用。很明显，在这种情况下明显提升了宪法法院文件的作用。我们认为，与上述观点相比，不如提出另外一个问题，即解释的内容应该首先从宪法自身的规范中来寻找。但复杂性在于，修改宪法中的内容是非常困难的。

为评价宪法法律的渊源，便需要回答如下一个问题，即国际法律规范能否成为本部门法律的渊源？俄罗斯联邦宪法第15条第4款规定："公认的国际法原则、准则和俄罗斯联邦签署的国际条约是俄罗斯联邦法律体系的组成部分。如果俄罗斯联邦签署的国际条约规定的规则与俄罗斯联邦法律规定的规则有不同之处，则以国际条约中的规则为准。"因此，可以说应该承认国际法律规范可能成为宪法法律的渊源。但我们深信，国际法律规范应该尽可能地转变为国家的国内法，在俄罗斯则是宪法法律。要知道，宪法第15条中使用的"共同承认的"这一词组，应该仅仅理解为被俄罗斯所承认的。如果俄罗斯签署了某一文件或加入了某一公约，应该尽快对国内法进行修订。因此，上述宪法的规定多数发生在俄罗斯国内法与其承认的国际法律规范不符的情形。

其他的观点将会给包括俄罗斯在内的任何一个国家造成巨大的困难。试想一下，某些国家接受了与其国内法不同的、被国际社会公认的准则的情形。如果无条件地适用"国际法是国内法律体系的组成部分，进而相对于国内法拥有优先权"规则的话，不难想象，国际社会的某些成员将会对该国进行施压，甚至会使用武力以保证这些国际法规范在这一国家的实施，尽管该国并不认可这些规范。这便会造成法律适用上的混乱，甚至会直接造成国家主权的丧失。

在完成对上述问题的阐述后，还有一个重要的问题，即宪法法律渊源的相互关系和位阶。可能会有观点认为，宪法法律渊源是宪法意义的文件。如果在不能得出本部门法的任何一个渊源都处于宪法之上的话，这一结论是可以接受的。这种观点首先便与部门法的称谓有关，既然这是"宪法法律",这便会得出,任何一个渊源都可能是宏观的或微观的宪法这种结论。

事实却恰恰相反。宪法法律文件存在着一个独特的金字塔。俄罗斯联邦宪法是主要的文件。俄罗斯宪法是发展政治关系的基础。其他文件在其社会关系的领域内发挥各自的调整作用。这些文件只能在细化俄罗斯联邦宪法规范的意义上才能成为具有宪法意义的文件。

上述内容对俄罗斯联邦各主体所创设的宪法法律渊源也是适用的。俄罗斯联邦各主体的宪法和宪章,在成为各主体基本法律的同时,一方面它们源自俄罗斯联邦宪法并发展了俄罗斯联邦宪法,另一方面这些宪法和宪章也成为俄罗斯联邦各主体宪法法律渊源的基础。同样,对地方自治机关而言也是适用的,在其通过的规定中,首先便是俄罗斯联邦宪法、俄罗斯联邦主体的宪法或宪章,其次才是那些包含其管理的领域相应的规范。

在不考虑上述内容的情况下,还可以将宪法法律分为几个层次:联邦宪法性法律,联邦主体宪法性法律,还有某一城市的宪法性法律,直至某一居民点的宪法法律。同时,作为国家法律统一体系的俄罗斯宪法法律,具有跨部门性,甚至处在转型阶段,在这些不同部门形成过程中也是具有共性的。在区域层面上在对政治关系进行宪法调整时,在不否认存在独特性的同时,自然要考虑到宪法法律规范应该全国统一,即为民主和人民主权服务。况且,在宪法法律上,可以发现众多联邦法律和其他规范性文件起到了宪法调整基础的关键作用。其中一部分是有直接效力的规范性文件(俄罗斯联邦宪法、联邦国籍法、政党法等),另一部分既包含具有直接效力的规范性文件,也包括原则性的规范,这些原则性规范需要随后在俄罗斯联邦各主体的立法中予以细化[例如,《俄罗斯联邦公民选举权和全民公投权基本保障法》《俄罗斯联邦各主体国家权力执行机关和立法(代表)机关组织一般原则法》《俄罗斯联邦地方自治组织一般原则法》]。进而,作为为俄罗斯国家利益服务的部门法的宪法地位得以巩固。

参考文献

　　C.A.阿瓦基扬:《宪法法院决定的规范意义》《莫斯科大学学报(法学版)》2004年第4期。

　　阿尼奇根·耶·谢:《俄罗斯联邦的宪法立法:原因、类型和异质性限制》,巴尔瑙尔,2003年。

　　巴斯杰恩·伊·谢:《作为宪法渊源的俄罗斯联邦宪法法院的决定》,《车里雅库斯克大学学报(法学版)》2002年第1期。

　　巴斯杰恩·伊·谢:宪法法律渊源的概念和种类,《车里雅库斯克大学学报(法学版)》2002年第1期。

　　维特洛夫·德·米:《俄罗斯联邦宪法法律渊源的地方立法:问题与前景》,《车里雅库斯克大学学报(法学版)》2002年第1期。

　　维特洛夫·德·米:《俄罗斯宪法法律渊源体系构建的现实问题》,《车里雅库斯克大学学报(法学版)》2002年第1期。

　　维特洛夫·德·米:《联邦宪法关系体系中俄罗斯联邦宪法法律的渊源》,副博士论文,车里雅库斯克,2003年。

　　伊万诺夫·弗·弗:《俄罗斯联邦主义和国家内部契约政策》,克拉斯诺亚尔斯克,1997年。

　　伊万诺夫·弗·弗:《合同理论的一般问题》,莫斯科,2000年。

　　列克西恩·伊·弗:《俄罗斯联邦关系的契约调整:宪法法律问题》,莫斯科,1998年。

　　卡拉别佳·谢·阿:《俄罗斯联邦宪法法律的渊源》,副博士学位论文,罗斯托夫,1998年。

　　卡雷斯尼科夫·伊·弗:《俄罗斯宪法的渊源》,萨拉托夫,1998年。

　　科里亚日科夫·弗·阿主编:《俄罗斯联邦各主体宪法》,莫斯科,2002年。

　　科托克·弗·费:《社会主义国家宪法法律的渊源和对象》,《社会主义国家宪法》,莫斯科,1963年。

　　库塔芬·奥·耶:《俄罗斯联邦宪法的渊源》,莫斯科,2002年。

　　列可辛·伊·弗:《作为宪法法律渊源的国家权力机关间的契约》,副博士论文,莫斯科,2005年。

　　路基亚恩诺娃·耶·阿:《作为苏维埃国家法渊源的法律》,莫斯科,1988年。

　　路基亚恩诺娃·耶·阿:《俄罗斯的国家体制和宪法法律(1917—1993)》,莫斯科,2000年。

鲁奇恩·弗·奥:《苏维埃国家法律的来源(教科书)》,古比雪夫,1976年。

奥吉耶夫·特·特:《俄罗斯联邦体制中的宪法法律合同》,副博士论文,莫斯科,2004年。

萨里科夫·米·谢:《宪法法律的渊源:结构问题和内部矛盾》,《宪法法律科学问题》叶卡捷琳堡,1998年。

斯特拉舒恩·巴·阿:《俄罗斯宪法的渊源和结构》,《俄罗斯法杂志》1997年第4期。

斯特拉舒恩·巴·阿:《作为法律渊源的俄罗斯联邦宪法法院的决定》,《世纪之交的宪法研讨会论文集》,莫斯科,2002年。

哈罗什·恩·恩:《社会主义建立阶段苏维埃国家法的渊源:实质、内容、形式》,托木斯克,1986年。

史叶戈列夫·伊·巴:《立法体系和法律渊源体系中的宪法法律》,顿河畔罗斯托夫,2007年。

史伊拉波恩·奥·弗:《作为当代俄罗斯法律渊源的规范性法律合同》,副博士论文,莫斯科,2007年。

第六节　俄罗斯宪法法律的结构、宪法法律规范

一、宪法法律的结构:分支部门和制度

在阐述宪法法律的对象和宪法法律关系的本质时,我们应该关注俄罗斯宪法法律的结构。结构是指宪法法律条文的内在统一性和排列的连续性。部分学者用宪法法律体系这一概念来代替"结构"这一概念,或者与结构这一概念并用。在教材中,我们更倾向于认为两者之间并不存在区别之处。

按照"从上到下"的顺序,宪法法律可以依次分为分支部门、宪法法律制度、宪法法律条文。

(一)宪法法律的分支部门

具有相对独立性的、相应宪法条文的集合成为将宪法法律划分为分

支部门的基础。在阐述宪法对象时,我们可以将社会关系划分为四类。对宪法分支部门的划分还可以更细,因为相应宪法条文集合的调整对象还可以进一步细化。在宪法法律上,可以划分出如下几个分支部门。

第一,"宪法制度的基础"。这是规定建立在政治多元基础上的社会制度、俄罗斯国家属性、以直接民主和相应的权力机关为表现形式的政权制度(全民公决、投票选举和罢免议员及当选的国家公职人员、人民主动性等)、经济活动的宪法基础和财产所有制多元的宪法法律条文的总和。

第二,"俄罗斯联邦人与公民的宪法地位"。其包括:人与公民地位一般根据;国籍;俄罗斯联邦外国人和无国籍人的地位;难民地位,政治避难问题;被强制移民的地位;俄罗斯联邦对处于俄罗斯境外的同胞政策的宪法基础;公民在个人生活、社会政治和经济社会领域的基本权利、自由和义务;以及其他权利和自由的保护问题。

第三,"俄罗斯的国家制度"。其包括:国家联邦制度,俄罗斯联邦的地位,俄罗斯联邦主体的范围和一般地位,以及部分主体地位的特点;俄罗斯联邦及其各主体的管辖权限;俄罗斯的自治,即民族地域自治和民族文化自治;民族政策、少数民族和原住民少数民族地位的原则;区域政治的原则;俄罗斯联邦各主体区域行政制度。

第四,"俄罗斯联邦的选举法律和选举制度"。其包括:选举制度的原则,公民选举权及其实现的程序;国家筹备和举行不同选举的规则。

第五,"俄罗斯联邦总统"。其包括:所有规定总统地位、总统职权、实现职权的程序、保障总统命令得以实现的机构和个人的活动的所有规范(也即,不仅包括俄联邦宪法,也包括法律和总统本人颁布的总统令)。

第六,"联邦会议——俄罗斯联邦会议"。这部分规范具体涉及联邦会议整体的地位,组成联邦会议的联邦委员会和国家杜马的地位,联邦会议两院的职权、立法过程,联邦会议两院的内部组织和活动程序,联邦会议两院的委员会、专门委员会、公职人员和工作机构。

第七,"俄罗斯联邦政府和俄罗斯联邦执行权力的其他联邦机关"。其包括:确定执行权力的联邦机关的整个体系、政府和这一体系的其他机关地位的宪法法律制度和规范。

第八,"俄罗斯联邦司法和检察制度的宪法基础"。其包括:确立俄罗斯联邦法院和检察监督整个体系的俄罗斯联邦宪法、联邦宪法性法律、联邦法律的所有规范。这里应该强调指出,相应的规范首先是宪法法律规范,尽管其后在其他部门法中也有所规定。但在其他部门法中的规定则是指那些确定了相应机关体系的基础、组建的程序及关键性职权的规范。这些机关活动的程序尽管大致也可以看作是宪法法律调整的对象,但还是主要由相应的部门法进行规定的。

第九,"俄罗斯联邦宪法法院"(或者俄罗斯联邦宪法司法)。在我们看来,将宪法法院从上述的分支部门中分离出来,作为一个独立的分支部门的是完全合理的。理由是,从普通司法体系中划分出的宪法法院(宪法司法)具有特殊地位,宪法法院活动的领域甚宽,并且在国家宪法法律形成过程中宪法法院起到了非常重要的作用。

第十,"俄罗斯联邦各主体国家权力机关"。其包括:宪法规范具体规定:上述权力机关的体系;主体国家权力立法(代表机关)活动的组织和地位;主体高级公职人员和由主体高级公职人员领导的高级国家权力执行机关(政府和行政机关)地位的基础;各主体宪法司法的组织(表现为宪法或宪章法院的形式)。

第十一,"俄罗斯联邦地方自治的宪法基础"。其包括:确立地方自治组织、直接民主制度地位、地方自治中公职人员和机构一般原则的宪法规范。

宪法法律分支部门的连续性恰恰是宪法法律结构(体系)的特色。这种连续性是由俄罗斯联邦宪法所决定的,并在相应的社会关系中得以体现。实际上,在俄罗斯联邦宪法上并没有俄罗斯联邦各主体国家权力机关的这一章,但这可被认为是其创建者的疏忽吧。

当然，并不是所有的学者都在宪法法律上区分出了分支部门。但我们有理由认为，这样的划分是有实践意义的。当然，我们并不认为上述的划分就是完美的。可能，还可以划分出其他分支部门的种类，这将首先取决于相应研究者的个人观点和研究喜好。

（二）宪法法律制度

法律制度处于宪法法律划分的第二层级。与部门法和部门法的分支部门相比，法律制度是由调整对象的共性所决定的、相互联系、互相制约更为狭窄的（尽管这些规范的数量也足够多）法律规范的总和。在本部门法中可以使用宪法法律制度的概念。

对法律制度进行划分的第一方法是对法律分支部门的细化。例如，在第一个分支部门的范围内，可以划分出诸如全民公决、政党和其他社会团体的地位之类的宪法法律制度。宪法法律的第二个分支部门——俄罗斯联邦人与公民的宪法地位可以进一步进行划分，组成这一分支部门的有国籍、外国人和无国籍人的地位、公民在个人生活、社会政治和经济社会领域的基本权利、自由和义务等。属于每一个构成要素的规范的集合，恰恰可以评价为一个宪法法律制度。在诸如国家制度的分支部门中，可以划分出与俄罗斯联邦地位，联邦的每一个主体的地位，俄罗斯联邦及其各主体的职权，国家的象征（标志），俄罗斯联邦各主体地域行政机构制度，民族、区域政治的宪法法律依据等的具体制度。同样，对宪法的其他部门也可以进行如此的进一步划分。

还有对包括宪法法律制度在内的法律制度进行分类的第二种方法。这是由众多主体参与相似的宪法法律关系，并以大致相同的方式起作用所决定的。这还可以进一步划分出被称作为综合的和贯穿性制度。例如，作为俄罗斯宪法法律分支部门的选举法可以划分出诸如国家杜马议员的选举制度、俄罗斯联邦总统的选举制度等，也就是按照选举的层次进行划分的制度。但是，在所有种类的选举中都适用相同的选举法律和选举制度的原则，这些原则还可以被纳入综合性的原则制度中。进而，便出现了在一个分支部门中的贯穿性制度。这些贯穿性的制度是将宪法法律分支部门的规范连接起来才形成的。例如，在与联邦会议相关的分支部门的范围内，可以归纳出国家杜马议员制度；在俄罗斯联邦各主体国家权力机关分支部门范围内可以归纳出俄罗斯联邦主体代表机关议员制度；在与地方自治宪法基础有关的分支部门的范围内，可以归纳出地方自治代表机关议员制度。但上述所有的相应规范都可以被纳入统一的代表制度中，而不论其层次如何，在这一统一的代表制度中可以研究人民代表的一般性和特殊性的规定。

在宪法法律上还有一些综合性的制度，这些制度是通过将其他部门法规范融入本部门法中形成的。例如，俄罗斯联邦宪法规范和2002年7月25日通过的《俄罗斯联邦外国公民法律地位法》及本法律部门渊源的其他规范构成了在俄罗斯联邦外国人地位的基础。总的来说，这一制度是通过吸纳其他部门法规范形成的，如：涉及外国人逗留、登记、迁徙制度的行政法律，外国人的财产和从事商业活动的民事法律，外国人劳动就业的劳动法律，等等。

宪法法律制度形成的两个分支（也即，或者是通过对分支部门的细化形成的，或者是通过将宪法法律不同部分的规范联合起来形成的）不仅具有理论意义，而且还可以决定对调整的不同社会关系的不同调整方法。在联邦制国家的条件下，更应该考虑到这一点，即通过综合的中央集权的调整，为社会关系的统一发展创造条件。例如，通过"关于俄罗斯联邦公民选举权和参加全民公决权的基本保障"联邦法律，进而，这种综合性的、贯穿性的、在选举和全民公决领域的宪法法律制度的基础得以形成，而这些规范在不同类型的选举和全民公决中得到进一步的发展。在苏维埃时期，通过了概括性的规范性文件，即苏联人民代表地位法，随后又通过了苏维埃不同层级体系的地位法。现如今，类似的关于议员地位的联邦法律还没有制定，但在"俄罗斯联邦各主体国家权力执行机关和立法（代表）机关组织的一般原则"（1999年）和"俄罗斯联邦地方自治组织的一般原则"

（2002年）两部联邦法律中既对相应代表机关的组织，也对议员的地位规定了概括性的规则。

二、宪法法律规范

宪法法律规范是俄罗斯宪法结构中最终的一个要素。

法律规范是指正式确定了具有共同属性的、指向一定范围的法律主体并可多次适用的法律关系参加者的一定的行为规则。这一定义对宪法法律规范同样适用。

俄罗斯宪法法律规范可以依照下述的标准进行分类。

第一，按照效力的范围分类。根据这一标准，宪法法律规范可以分为整个俄罗斯联邦领域都适用的宪法法律规范，联邦部分主体适用的宪法法律规范，某一主体适用的宪法法律规范和在地方自治组织适用的宪法法律规范。例如，俄罗斯联邦宪法规范在整个俄罗斯联邦的领域上都有适用的效力；俄罗斯联邦主体的宪法和宪章规范，则只是在相应的主体领域上适用；而自治机关的章程，则仅在自治机关所在地适用。

第二，按照效力的时间分类。按照这一特征宪法法律规范可以分为如下两类：

一是长期有效的规范，也就是，在一定的效力期间有效，或者说，长时间地具有效力。大部分的宪法法律规范是这一类的。

二是临时生效的规范，也就是在确定的一段时间内有效（也被称作是有期限的，但这一词语有另外的一种含义，即刻不容缓意思，因而使用这一词语不是太准确）。这种生效的期限，可能在文件本身中被规定，也可能没有规定，而规范的临时性是由该规范的称谓决定的，如"临时规则""临时规章"等。如果规范（以及规定相应内容的规范性文件）是临时性的，这并不意味着生效的时间比较短。在俄罗斯有句俗语"没有比临时更永久的东西"，在宪法法律上也可以说：规范性文件（也可以说是规范)具有效力的时间足够长(例如,1996年议会通过的联邦委员会成员活动临时保护规定便生效了很多年)。

第三,按照规范制定者使用的法律形式进行分类。按照这一标准,宪法法律规范可以分为上述列举的法律渊源中所包括的规范形式,也即俄罗斯联邦宪法规范、俄罗斯联邦宪法修正案法律规范、联邦宪法性法律规范、联邦法律规范、俄罗斯联邦总统令规范、俄罗斯联邦各主体的宪法和宪章中的规范等。如前所述,在宪法上有着独特的、包含有本部门法律规范的法律渊源的形式,如宣言、国内条约以及由法律、总统令和决议确定的规章、规程等。

第四,按照立法的主体进行分类。宪法法律规范可以源自人民(全民公决的决议)、议会(国家的法律,议会及其两院通过的规范性文件)、总统(总统令及决议)、政府(政府的决定和命令),也可以源自部委、国家权力的地方机关和地方自治机关。

第五,按照法律的作用进行分类。按照这一标准,或者说,按照调整社会关系的作用,宪法法律规范可以分为如下四组:

一是实体性规范。这类规范确定了地位和职权,也就是,宪法法律关系参与者的权限(在此种情况下权能、权利和义务是不同含义的概念)。

二是程序性规范。这类规范确立了实现实体性规范的程序。宪法法律上存在着大量的类似规范,为表述这类规范,既可能使用确定了相应机关地位的规范性文件,也可能使用程序指令性文件,如联邦委员会、国家杜马、俄罗斯联邦政府、俄罗斯联邦宪法法院、俄罗斯联邦中央选举委员会、俄罗斯联邦各主体国家权力立法(代表)机关和其他机关的议事规程。

三是方法类规范。这类规范既确定了实体性规范适用规则,也确定了程序性规范的适用规则(例如,财政法规定了如何编制预算草案,以及预算草案中包含的具体内容等;国家杜马在其议事规则中则规定了向杜马提交的法律草案附随文件的要求）。

四是法律技术性规范。这类规范对具有宪法法律意义的一些行为的参数和文件进行了描述（例如，对议员的证明、证章进行描述，对议员办理旅行证件的程序进行规定等）。

第六，按照调整作用的属性进行分类。这一分类标准在法律上使用得非常普遍，并与法律规范对社会关系及其主体的影响特征相关。我们有时会因宪法法律规范的调整方法涉及这一问题，并通常会说，在对社会关系进行调整时，宪法法律经常使用允许、命令和禁止的方法。相应地，在宪法上可以划分出：

一是授权性规范。这类规范表明的是允许（例如，俄罗斯联邦宪法第104条第1款确定了立法提议权的主体范围，也就是，有权向国家杜马提出审议联邦法律草案的机构和个人，因此，这一规定作出了相应的授权行为）。

二是义务性规范。这类规范更多地使用命令形式（例如，宪法第114条第1款第1项规定，政府向国家杜马报告联邦预算执行情况，进而该规范确立了政府应编制并向杜马提交相应的文件的义务）。

三是禁止性规范。例如，俄罗斯联邦宪法第13条第5款规定：禁止建立其目的或活动在于用暴力手段改变根本宪法制度，破坏俄罗斯联邦的完整，危害国家安全，成立武装组织，煽动社会、种族、民族和宗教仇恨的社会团体，并不允许其活动。

因使用的方法，我们经常会涉及这一问题，这里再次强调，不能对这些分类的基础进行字面意义上的理解。并不是总能在规范上找到"授权"（给予权利）、"有义务"、"禁止"等词语。具体规范对社会关系作用的意义和属性是由规定的实质确定的，一个规定中可能同时使用上述三个术语，也可能会避免使用某些术语。例如，上述列举的俄罗斯联邦宪法第114条规定的俄罗斯联邦政府向国家杜马提交联邦预算执行情况的报告，同样不仅仅可以理解为义务，还可以理解为对政府的授权,甚至可以理解为禁止政府逃避履行宪法要求的义务。而且,这一规范还可以解释为对其他机关的禁止,即其他机关不可以代替政府提交上述报告。

第七,按照对一定行为规定的必要性程度进行分类。按照这一标准可以划分出如下的规范种类:

一是绝对规范。这类规范规定了一种行为方式,例如,只有俄罗斯总统有权提名俄罗斯联邦宪法法院法官职位的候选人;只有国家杜马有权对总统提出追究总统叛国或其他重罪的刑事责任的控诉,但不能追究其他违法行为的责任。

二是任意性规范。首先,这类规范给出了几个实现该规定的方案(例如,国家杜马制定的联邦法律,联邦委员会可以赞成也可以不赞成;在联邦委员会不赞成法律的情况下,杜马可以同意联邦委员会的意见,也可以抵制联邦委员会的否决权并按照自己起草的法律草案通过法律,此时已经不能是简单多数票通过法律,而是全体议员总数的2/3多数票通过法律)。其次,这类规范可以将同一职权赋予宪法法律的几个主体(例如,俄罗斯联邦宪法第104条规定了广泛的立法提议权的主体范围;按照联邦宪法性法律"俄罗斯联邦宪法法院法"的规定,联邦委员会成员、国家杜马议员、俄罗斯联邦各主体的立法机关、最高司法机关和联邦法律机构、全俄法律协会、法律科研和教学机构可以向俄罗斯联邦总统提出宪法法院法官职位的候选人)。再次,这类规范允许相对人决定实施还是不实施相应的职权(在上述的例子中非常明显,这包括,在最后一种情形之下,当总统受到了宪法法院法官候选人的建议后,总统个人考虑决定是否接受某人对宪法法院法官的建议)。

三是建议性规范。首先,这类规范是建议性的,形象地说,是以柔性的形式表现的(例如,可以规定也可以不规定自治机关首脑的职责,如果规定,应该在自治机关章程上予以体现)。其次,确定框架性调整标准的联邦规范性文件,常常是建议性的。这些框架性的标准对联邦主体而言是必须的。在这种情况下，这些框架性的规范和文件往往是形式重于实质。例如，"俄罗斯联邦公民选举权和参与全民公决权基本保障法"便规定，俄罗斯联邦各主体国家权力职能机关、俄罗斯联邦各主体确定的地方自治机关的任期不得超过5年。这一规则既是命令性的，同时又是建议性的。因为这一规范规定主体不得作出超过5年任期的决定，但又赋予主体在这一阶段内确定职能机关任期的选择自由。作为规范性文件种类的"建议"，在俄罗斯联邦中央选举委员会中被广泛使用，但这通常仅仅是作为选举关系主体的、常常是严格履行本职工作的下级选举委员会相应规范的外在表现形式而已。

第八，按照调整和产生宪法法律关系的意义分类。这一对包括宪法在内的法律规范的分类标准，并不是被所有的学者所采用。赞成这种分类方法的学者建议将法律规范分为基本的和补充的两类。

基本规范是指含有关键性规则，但关键性规则的实现却需要补充规则的规范。例如，宪法上有基本规范——可以罢免总统的职务，这一基本规范的实现，却需要国家杜马和联邦委员会议事规则中的那些补充规范；或者，国家杜马通过联邦法律是基本规范，但国家杜马关于法律草案的提议和讨论程序议事规则规范，相对于上述的基本规范而言，是补充规范的总和。

因此，基本规范必然决定补充规范的出现和调整社会关系的方式。同时，却不能认为：其一，补充规范是第二位的。每一个规范都有自己的作用。补充规范的从属性并不意味着其具有低级别的义务程度。相反，补充规范的缺失可能导致主要规范效力的丧失（例如，在苏联宪法上规定了罢免议员的可能性规则，但具体的罢免法律规范直到20世纪60年代还没有通过，这也就意味着，事实上罢免是不可能被实现的）。其二，不能将基本规范等同于实体规范，补充规范等同于程序规范。常常会有这种理解。有时一个基本的实体规范会附带产生一系列补充性的实体规范（例如，从宪法基本规范中能够推导出俄罗斯是联邦国家，还能够推导出调整俄罗斯联邦及其各主体地位的其他众多实体性规范）。其三，依据关系的重要性，一个规范可能会从基本规范变为补充规范，相反也是成立的。例如，就国家杜马审查联邦预算的权力而言，俄罗斯联邦政府提交预算草案的义务规范是补充性的；但就政府地位和政府与提交形成预算材料的机关的关系而言，这一规范又是基本的。还有例证，就联邦委员会任命宪法法院的法官权而言，俄罗斯联邦总统提名宪法法院法官候选人的规范是补充规范；但对总统的地位而言，这是一个基本规范，这一规范需要由有权向总统提出宪法法院法官候选人的主体范围的规范进行补充。

第九，按照结构进行分类。传统的法学理论，将法律规范分为三部分，即行为模式、假定条件和制裁。行为模式是指规范的主要内容，行为的规则；假定条件则是适用规则的条件；制裁是指对那些不遵守该规范规则的人适用的不利后果。在宪法法律中，没有这种经典结构的宪法法律规范：

有的规范仅仅是由行为模式组成。例如，俄罗斯联邦宪法第94条规定"联邦会议——俄罗斯联邦会议，是俄罗斯联邦的代议与立法机关"。

有的规范含有行为模式这一基本规则，也有适用这一规范的条件——条件假设。而且，通常可以找见"如果"这一用语，但是"如果——则"这一规则通常需要通过对法律的解释进行阐明。例如，俄罗斯联邦宪法第105条第5款规定："在国家杜马不同意联邦委员会的决定的情况下，如果国家杜马再次表决时有不少于国家杜马代表总数2/3的代表投票赞成，则联邦法律被视为通过。"这里很明显，使用了几个"如果"：国家杜马不同意联邦委员会的决定；国家杜马应当举行再次的表决；而且决定应该获得不少于2/3的议员的投票。在宪法第107条第1款中规定："通过的联邦法律应在5日内送交俄罗斯联邦总统签署和颁布。"这里的"如果"规则是与"通过的"这一词语相联系的，只有这种通过的法律才能提交给俄罗斯联邦总统。实践中就将通过的法律提交给总统是不是一个程序性规则,产生过诸多争议。

在宪法法律上有很多的制裁,这些制裁经常是以规则的形式表现出来的,要适用这些规则应该到宪法法律主体的实践中去寻找依据。

有不同的途径来保障宪法法律规范的效力。这是组织工作,是创造适用的条件和前提。诸如宪法法律责任这一范畴起到了重要作用。

参考文献

С.А.阿瓦基扬:《国家法律制度的概念和形成(基于苏维埃活动的分析)》,《苏维埃国家与法》1977年第2期。

基姆·阿·伊:《苏联的社会制度和国家法律制度》,《国立托木斯克大学成果汇编(法律类)》(第234期),托木斯克,1974年。

科兹洛娃·耶·伊:《苏联宪法和苏维埃国家法律体系的理论基础》,《苏联宪法和苏维埃国家法律的理论问题》,莫斯科,1981年。

科托克·弗·夫:《苏联国家法律的体系》,《苏维埃国家与法》1959年第6期。

列佩什金·阿·伊:《苏联国家法教程体系构建的理论基础》,《法学》1960年第2期。

卢基扬诺娃·耶·阿:《国家法体系与社会和国家制度立法的关系》,《苏维埃国家与法》1983年第8期。

波列宁娜·斯·弗:《综合法律制度和新部门法的建立》,《法学》1975年第3期。

斯特拉顺·博·阿:《俄罗斯宪法的渊源和结构》,《俄罗斯法杂志》1997年第4期。

季哈米罗夫·尤·阿:《国家制度和法律》,《苏维埃国家和法》1980年第10期。

亚库舍夫·弗·斯:《法律制度的概念》,《法学》1970年第6期。

С.А.阿瓦基扬:《国家法律规范和习惯:调整苏维埃活动中的相互关系》,《苏维埃国家和法》1978年第8期。

С.А.阿瓦基扬:《苏联国家法律规范的实现》,《苏维埃国家和法》1984年第1期。

贝尔金·阿·阿:《国家法律中的习惯和惯例》,《法学》1988年第1期。

波布洛娃·恩·阿:《国家法律规范实现的保障》,沃罗涅日,1984年。

戈尔舍涅夫·沃·姆:《社会主义社会法律调整的组织形式和方式》,莫斯科,1972年。

卢钦·沃·奥:《苏维埃国家法律上的程序规范》,莫斯科,1976年。

卢钦·沃·奥:《宪法规范和法律关系》,莫斯科,1997年。

穆哈乔夫·伊·沃:《宪法法律规范的概念和特点》,《法律与生活》1998年第16期。

涅德拜洛·佩·叶:《苏维埃社会主义法律规范》,利沃夫,1959年。

奥夫谢普扬·日·伊:《俄罗斯联邦宪法和习惯法的相互关系》,《俄罗斯的习惯法:理论、历史和实践问题》,罗斯托夫,1999年。

奥斯诺文·弗·斯:《苏联国家法规范》,莫斯科,1963年。

奥斯诺文·沃·斯:《国家程序法律规范及其特点》,《法学》1967年第4期。

彼尔特茨科·沃·阿、诗玛依拉娃·尔·普:《宪法规范的实现》,《苏维埃国家与法》1979年第5期。

第七节　宪法法律责任

一、概　　述

曾有观点认为,宪法(国家)法规范是通过组织的方式实现的。但在这一法律领域自身没有制裁,这一法律规范的履行,是以刑法、行政法、司法等其他部门法的制裁为保障的。这种观点即便是在包含责任规范、制裁措施还很少的宪法(国家法)规范的时候,在原则上也是错误的,更何况那时还是有制裁措施存在的。如果存在某一法律部门的话,那么首先该部门法便应该以包括责任措施、制裁措施在内的自身的方式保障其规范的实现,而后才是依靠其他部门法的措施来保障实现。

还有一种不是太公认的观点认为,法律上的制裁是处于部门法之外的,具有普遍性,是用以预防非期望性的行为并对这类行为进行制裁的。例如,实体责任自身并没有给出作为社会危害行为的相应行为的评价。

因不遵守民事法律合同或者在不遵守选举法要求的情况下提名候选人的企图是不可能导致刑事责任的。

那种认为宪法法律规范的效力是以其他部门法规范的制裁为保障的观点,没有考虑到上述制裁的适用并不是由于法律违法行为中含有宪法法律的构成要素(或者今天更常用的违法)而导致的这一点。实际上存在着两种违法的类型:第一类导致的是宪法法律责任,第二类导致的是部门法的责任。例如,选举过程中的弄虚作假会导致选举无效、选举委员会被解散的宪法法律责任,而有过错的人,则可能被追究行政或刑事责任。这可以被称作是混合式的违法构成,这类违法构成可能引起两种责任形式。这里谈到的不是对同一主体适用的两种刑罚。对那些被认定为无效的选举,选举委员会和候选人等没能保障选举合法性的人都是责任主体。第二种责任形式是对因实施相应的被评价为行政违法或刑事犯罪的具体个人适用的行政处罚或刑罚。

还有一个被认为是不存在宪法法律责任和制裁的原因,即宪法法律关系发展的限制。首先,在国家党纪严格的条件下,很难出现不符合宪法规范的行为,这也包括创建不符合相应官方意识形态或者不遵守法律规范的社会团体是不可能的。进而,当谈及是否存在类似社会团体禁止的规范时,便不自觉地会想到可能的政治多元化思想。其次,甚至是在产生责任问题的情形之下,尽管宪法法律(当时被称作是国家法律)制裁自身也存在,但在实践中没有达到正式的宪法违法的程度,也没有适用这种制裁措施。例如,尽管形式上规定了选民罢免议员的责任,但实践中如果出现必须罢免议员的情形时,也要强制议员写辞职申请,或者直到相应的政党机关承认候选人选择错误为止。有时事情也发展到非得罢免不可的地步,但这也不过是用来作为争取权利和民主斗争的方式而已。

在现代条件下,由于宪法法律关系数量众多及对宪法法律关系参加者的适当行为提供保障的必要性,宪法法律责任问题又变得非常迫切。

例如，因实行总统制度，而产生了包括罢免总统在内的总统职权的提前终止问题。如果出现了分权原则，也就意味着权力间存在着竞争，也就可以说存在议会两院被解散的问题，也就存在着作为宪法法律制裁的政府被解散问题。如果创建了宪法法院，宪法法院也就有权认定国家机关的文件无效，这也可以说是一种宪法法律责任。

二、宪法法律责任的界定

法律责任又是什么呢？法的主体对保障某件事、解决某任务等方面，对自己所起到的作用以何种方式进行自我评价（这是"我意识到自己的责任"的类型）？以何种方式对某人担任的任务进行追责呢？或者还是仅仅对作为不利的或者更清晰的哪些是违法行为的后果进行惩罚（制裁）呢？上述三种方案中的任何一个，都与"责任"这一术语相关。

在责任理论中，存在着三种观点：其一，在履行法规范要求时，法的主体对其自身义务的内在态度；其二，责任是相对于人而言的，是以因法的主体实施的行为，而对该主体进行追究的可能性为前提的；其三，对法的主体适用制裁（惩罚）是与对法主体行为的评价相关的。前两种观点是在积极责任的意义上使用的，第三种观点则是在消极责任的意义上使用的。

积极责任是对自己的良心或者是相对于可以对该法主体的行为进行评价的人而言的。也就是说，对大体上符合法律的行为负责，对行为的执行负责，也正是因此，责任在这种意义上是积极的。

如果行为被评价为对一定规范的违反，也就是说，是消极的，此时就会出现对该行为的制裁问题。这种消极责任，也被称作为溯及既往的（向后溯及），也就是因其之前实施的行为追责。

并不是所有的学者都赞同积极责任和消极责任这种划分方法。但这在很大程度上取决于具体的法律部门。例如，在刑法上，更多是指对实施的行为适用刑罚意义上的责任,也就是消极责任。但在宪法上,却有理由划分出消极责任。大概,那种以个人或者法的其他主体在解决问题时个人义务的履行程度为标准的责任概念(第一种观点)是可以放弃的。但却不能否定,在国家中、在权力关系中,存在着某人对某人的责任,这种责任赋予了某一主体对因另一主体履行职责而对其追究的权利(第二种观点)。俄罗斯联邦政府有责任向国家杜马提交联邦预算执行情况的报告和包括国家杜马质询问题在内的政府年度报告,这是积极责任的典型例证(俄罗斯联邦宪法第114条第1款第1项)。在国家权力机关和地方自治机关体系内,积极责任可能是相互关系中的结构性要素。

毫无疑问,消极责任是宪法法律责任的重要问题,也就是说,是不当行为的后果。这里有很多问题。

首先,什么是正当行为?非常想说,这种行为是符合法律规范的。但宪法法律关系参加者的行为完全不是仅由法律规范来事先决定的,这种行为经常受制于政治观念、评价和标准。毫无工作成效的政府,尽管可能没有违反任何法律规范,也将会被解散;工作成效显著的政府,也可能因某人的不满意,而被解散。可以说,这也是实现宪法法律责任的方式。法律责任是因违法而产生的。但这就会产生是否存在违法的问题。

当然,可以向法律规范中增加一些评价性范畴,进而认为是,因违反这些规范,也就是因违法才产生的责任。例如,可以规定政府应运行"良好""富有成效"等。进而,在解散政府时,可以宣称,政府违反了宪法的上述规定。或者,例如,俄罗斯联邦主体首脑的责权可以因丧失俄罗斯联邦总统的信任而提前终止。因此,法律规范要求俄罗斯联邦行政首脑为获得总统的信任而工作。但对于完善宪法法律责任而言,这却不能提供任何帮助。无论如何,事务性或政治性的理念还是处于首要地位的。因此,宪法法律责任,往往是政治责任,不过只是以宪法法律的形式表述而已。

在国家的平稳时期，尽量避免使用这种极端表述，但宪法法律责任措施的政治基础问题还是存在的。更何况，宪法法律责任往往与采取相应措施的道德伦理背景相联系。例如，就罢免议员、罢免被选举的公职人员的权利而言，除了这一规定是否有存在必要的争议外，诸如实施了有损议员名声的行为之类的责任的依据，将会在这一规范存在的所有时间都是会引起争议的。2000年6月7日的俄罗斯联邦宪法法院的决议明确规定，只要仅存在被法院正式认定的违法，便是罢免俄罗斯联邦主体行政首脑的依据。

但就"违法"概念的解释问题，还没有完全解决。实际上，在确定机构的命运时，可以采用与评价性范畴相似的规定。正如前文所说的那样，在法律上规定了对相应职责、岗位的道德伦理要求，进而将实际成效与个人的业务积极性相联系，在违反上述规范规定的情况下，便可以适用宪法法律责任措施。

俄罗斯联邦总统基于类似的动机决定解除俄罗斯联邦总检察长的职务的决定便是著名的例子。在1994年通过的"俄罗斯联邦宪法法院法"这一联邦宪法法律中，也有法官应该具有无可指责的道德声誉的规定。基于该理由而提前终止法官的职责是宪法法律责任的适用。

在最新的立法中出现了将事务性因素和违法性要素作为独立的标准，被整合为适用宪法法律责任措施的依据的情形。其中包括，2009年5月9日规定了罢免地方自治机关行政首脑的宪法法律责任措施。法律规定地方自治代表机构对行政首脑可以基于如下理由适用罢免的措施：其一，行政首脑的作为（不作为）导致了地方自治机关的消极财政后果；其二，存在着法院认定的违法的情形；其三，如果在向议员提交的年度工作报告被议员连续两次评价为不合格的话。

因此，可以发现如下的主要规则：应尽可能因违反法律的规定来适用宪法法律责任措施，但有时政治性、事务性和道德性的标准却处于首位。

其次，还有一个重要问题，即是不是在所有的适用强制措施的情形下，都可以说是宪法法律责任呢？答案不可能是唯一的，但一切都将取决于具体情形。例如，被允许参加选举的议员候选人或选举联盟（政党），没有获得选民一定票数的情况下，必须返还从选举委员会获取的相应部分的资金，如果不返还，将可能被强制收缴。当然，这不是制裁。如果由于权力的地方机关的纵容，发生了紧张局势并对居民的生命和安全造成威胁的话，总统在俄罗斯联邦某一主体的地域上实行紧急状态，总统的行为可以被认为是对相应的机构的制裁，因为紧急状态是地方机构违法活动（不作为）导致的后果。如果紧急状态是因自然灾害或大规模的人类疾病爆发所引起的，在这种情况下就不存在宪法法律责任和制裁的问题。

再次，还有一个问题，即是不是在出现任何消极后果的情况下，都应该谈到责任问题呢？当然不是。消极后果常常是因拒绝作出相应决定才导致的，但这不是制裁，也不是责任。例如，对没有向选举协会提供必要文件的议员候选人或选举联盟，相应的选举委员会可以拒绝征集支持他们的选民的签名或者拒绝进行登记（但此后，在提供相应文件的情况下，将被允许）。可能会拒绝改变下级举委员会的决定、拒绝加入国籍、宪法法院拒绝审理、宪法法院拒绝承认相应的文件不符合宪法，等等。在此类情形下，没有谁的责任，也没有对谁适用制裁，尽管对双方中的一方存在着消极的后果。

因此，在消极的宪法法律责任中，很明显，可以形象地说，存在惩罚的要素。至于承担责任的主体是否存在过错，却是另外一个问题（我们会经常谈到这一点，在后文中还会论及）。重要的是，被采取的措施在本质上已被看作为惩罚，作出决定的法的主体也正是如此看待这种被采取的措施的（例如，因未能提交所需文件而拒绝候选人登记，这并不是宪法法律制裁，但在发现文件造假的情况下，取消候选人先前的登记，则已经是宪法法律责任的措施了）。

三、消极宪法法律责任(制裁)措施的种类

如果不试图给出宪法法律责任措施(制裁)清单的话(哪怕是概述性的阐述),对宪法法律责任的研究就会过于抽象。受本书篇幅限制,对这一问题的阐述将不会是详尽的,尽管我们希望,消极宪法法律责任措施(制裁)的一般描述能尽可能明确。此外,为让读者更易于理解,我们还是试图将宪法法律责任的措施(制裁)进行分类。

(一)为保障国家和人民的利益对自然人和法人采取的措施

首先,对自然人适用的、有助于形成自然人与国家间正确关系的措施。其中包括,宪法法律上规定的诸如剥夺国籍的制裁措施。这种措施在苏俄时期的国家法中存在过。但根据俄罗斯联邦1993年宪法(第6条)的规定,任何人都不能被剥夺自己的国籍(有关拒绝剥夺国籍的合理性问题将在本书相关章节中予以阐述)。这里应该指出,从国家方面而言,剥夺国籍的性质是一种制裁,对个人产生的消极后果是非常明显的。

还有一个取消之前作出的接受加入国籍决定的宪法法律责任的措施。如果该人提交了虚假文件和信息,并获得了国籍和因此所产生的所有利益的话,这是可以的。取消国籍的决议不仅是使情形回归到最初的没有获得国籍时的状态,还是对有过错的人的制裁,因为这将终止该人与国家间形成的关系。

在这种意义上,这类制裁对难民也适用,即因在俄罗斯联邦领域上实施了犯罪的刑事判决、因提交虚假的信息,以及其他违反1997年俄罗斯联邦难民法规定的行为,将被剥夺难民地位。上述法律规定,赋予那些在俄罗斯联邦的非俄罗斯公民以临时的难民地位。相应地,便有一种制裁,即因与上述相似的理由而取消赋予其临时难民地位的,并剥夺其难民身份的制裁措施。

其次,对政党、其他社会团体和宗教组织适用的,以确保他们遵守

法律、忠于国家的措施。2002年7月25日通过的《反极端主义活动》和1995年5月19日通过的《社会团体法(修订和补充)》规定因社会团体实施不符合法律和社团章程的活动,而对社会团体作出警告的可能性,还规定了按照法院的决定暂停社会团体的活动,而自2002年起,可以根据司法机关或检察机关的决定而暂停社会团体的活动。如果这些措施没能发挥作用,就应该按照法院的决定撤销该社会团体并禁止其活动。2001年通过的联邦法律《政党法》,专门针对政党规定了宪法法律责任类似的措施。

这便产生了一个问题,即诸如司法机关以自己的决议取消社会团体的登记这类宪法法律责任措施可行吗?法律并没有规定这类制裁措施,也就是说,对政党、其他社会团体进行登记之后,司法机关只能按照诉讼程序解决政党、其他社会团体的撤销问题。

1997年9月26日通过的《良心自由和宗教团体法》和2002年7月25日通过的《反极端活动法》(2008年修订),这两部联邦法律也规定了包括暂停活动、禁止活动、撤销宗教团体之类的类似制裁,也可以看作是因实施了上述法律规定的违法行为而使用的宪法法律责任措施。

再次,对自然人、公职人员、国家权力机关和地方自治机关、社会团体适用的,确保其关心国家和居民利益的措施。其中包括,允许适用诸如认定自然人、公职人员、机关或社会团体的行为是违法的或是不符合法律规定的宪法法律责任的措施。这种行为的一般性否定评价,是为了让主体自己做出相应的结论并在法律的框架内活动。这种措施也属于宪法法律责任,因为这种措施与行为的消极评价有关。这是对随后可能出现的行为事实的确认。如果这种确认缺乏的话,国家的职能机关将采取其他宪法法律责任的措施或者其他部门法的性质的措施。

2003年10月6日通过的《俄罗斯联邦地方自治的一般组织原则》中的一系列条款恰恰规定了这一责任的关键类型。该法第70条规定,地方自治机关和地方自治的公职人员要按照联邦法律的规定,对地方自治的居民、国家、自然人和法人负责。该一般规则在这部法律中也得到了具体化。例如，按照该法第71条的规定，选举的地方自治机构的代表、成员，选举的地方自治的公职人员对居民承担责任的依据和解决问题的程序，根据联邦法律的规定，由地方自治章程确定；该条进一步规定，地方自治的居民有权按照本法的规定罢免选举的地方自治机关的代表、成员和选举的地方自治的公职人员。该法第72条规定了更为一般的原则：地方自治机关及地方自治机关的公职人员在违反俄罗斯联邦宪法，联邦宪法性法律，联邦法律，俄罗斯联邦主体宪法（宪章）、法律，地方自治机关章程的情况下，以及在上述机关和公职人员不恰当地履行赋予其的部分职权时，要按照相应法院的决定向国家承担责任。在该法第73、74条中，将对国家的责任进一步具体化：在地方代表机关颁布非法的文件或被确定为不具有工作能力时，将可能被解散；地方自治机关的首脑和地方行政机关的负责人，在发现实施了包括颁布非法文件在内的违法行为时，将被免职。如果发现自然人不具有获得奖励的理由或自然人之后实施的行为迫使国家必须收回奖励的话，可以剥夺自然人之前获得的国家奖励。这里所说的，是剥夺国家奖励和称号的宪法法律制裁措施。这一宪法法律责任的措施由规定类似奖励和称号的法律所规定。

（二）保障联邦和其他"垂直"宪法法律关系适用的措施

在联邦制国家中不可避免地产生联邦关系各方的宪法责任，或者如巴尔齐茨所言的联邦责任问题。但无论是在对责任属性自身的理解还是在责任措施的清单中，均没有完全清晰的解释。宪法中存在着众多的联邦干预地方事务的方式。一部分措施永远是制裁，另一部分措施，在考虑到适用条件的情况下，可能是制裁也可能不是制裁。例如，在暂停俄罗斯联邦主体权力机关活动的同时，成立临时联邦行政机关，这是在联邦主体领域中实施紧急状态的后果，这实际上也就意味着制裁。向联邦主体地区派遣部分武装力量或特种部队也可能伴随着制裁，或者看起来是保障社会秩序的方式。

还可以列出一系列联邦主体可能实施的、导致联邦干涉的违法行为：

（1）违反俄罗斯联邦宪法的规定，具体在通过的法律文件和（或者）实施的违反宪法规定的行为中表现出来；

（2）系统地或者（和）大规模地侵害人与公民的自由和权利；

（3）侵害俄罗斯联邦的国家主权和安全及其领土完整，这在包括通过的法律文件和（或者）联邦主体实施的单边退出联邦的行为中得以体现出来；

（4）单方并且不与俄罗斯联邦协商便自行改变俄罗斯联邦主体的地位；

（5）破坏管理对象的划分原则和俄罗斯联邦与联邦主体间的职权划分原则，这在联邦主体机关获得联邦职权中得以体现；

（6）侵害俄罗斯联邦国家主权的完整，这在联邦主体创建不符合宪法分权原则、不符合各联邦主体权力执行机关和立法（代表）机关的组织和活动原则的机关中得以体现；

（7）联邦主体单方限制联邦管辖权，禁止或阻碍国家权力联邦机关在该主体领域中的活动，擅自攫取上述机关或者其地方机构的职能，以及擅自将属于联邦体系的机关和机构纳入自己管辖；

（8）联邦主体的国家权力机关、高级公职人员系统性地破坏自己的职权，这在通过的法律文件和（或者）实施的超越其职权范围的行为中得以体现；

（9）在联邦主体领域上擅自实施特殊制度；

（10）在联邦主体领域上创建和动用武装部队；

（11）破坏联邦各主体平等原则，这在限制俄罗斯联邦其他主体权力和损害其利益中得以体现；

（12）侵害俄罗斯联邦各民族的平等和自决的宪法原则，这在对生活在俄罗斯主体领域中的部分人民、少数民族、不属于相应主体原住民的人以及那些在联邦主体领域上生活的具有民族或种族出生特征的人的歧视性措施中表现出来；

（13）在俄罗斯主体领域上禁止或阻碍人民主权制度的实施，这在全民公决、选举和其他的投票、讨论国民生活的重要问题中表现出来；

（14）对地方自治机关的合法活动进行阻碍；

（15）促使或纵容暴力改变宪法制度、侵害俄罗斯联邦领土完整、破坏国家安全、煽动社会的、种族的、民族的和宗教的仇恨。

与上述侵害俄罗斯联邦宪法制度的基础相关，相应地存在下述的联邦干预措施，这些干预措施同时也可能是宪法法律责任的措施：废除俄罗斯联邦主体国家权力机关和高级公职人员的法律文件和行为；暂停俄罗斯联邦主体权力机关法律文件的效力；对主体国家权力机关和高级公职人员进行发文警告；在主体领域内实施临时的特别制度；暂停主体高级公职人员职务的履行；提前终止主体国家权力机关、高级公职人员的职权；将属于主体管辖的部分事项划归联邦临时管理；在主体的领域全境或部分地区实施紧急状态；动用处于主体领域上的武装部队并向主体领域上派遣补充武装力量；采用物质或财政措施。

其中一些措施在俄罗斯立法中有所体现，其他措施可能会在将来出现。应该指出，在上述所采用的措施中，2001年通过的联邦宪法性法律《紧急状态法》允许在实施紧急状态的地区，可以完全或部分地暂停联邦主体（主体们）执政权力机关和地方自治机关的职权；在联邦主体国家权力机关和地方自治机关颁布的法律文件与实施紧急状态的总统令相抵触的情况下，暂停上述文件的实施；限制实施某些类型的金融和经济活动，包括货物、服务和资金流动；暂停政党和其他社会团体的活动。此外，按照宪法，在实施紧急状态的领域内，根据总统令，通过建立临时专门的管理机构或该境内的联邦管理机构，对该区域进行特殊管理。

俄罗斯联邦《预算法》中规定的对违反预算法的人适用的措施，其中也包括对俄罗斯联邦各主体和地方自治机关适用的措施，具体而言，包括警告不当的预算执行过程、冻结经费、取消预算及暂停信贷机构的账户交易等。2003年对1999年10月6日通过的联邦法律《俄罗斯联邦各主体国家权力执行机关和立法(代表)机关的一般组织原则》进行了修改和补充,规定了为恢复联邦主体的财政和状况,可在俄罗斯联邦主体内实施临时财政管理。

法律还规定了诸如在主体立法机关和高级公职人员的行为违反联邦法律、侵害公民的权利与自由的情况下,且上述机关不对其通过的文件进行必要的修改的话,可以解散俄罗斯联邦主体立法机关,提前终止其职权,可实施解除俄罗斯联邦主体高级公职人员的职务之类的措施。

至于联邦关系,我们至少应该抽象地回答与宪法法律责任有关的一些"敏感问题"。特别是,能否有这样的制裁,即将主体从联邦中除名?在车臣共和国的艰难时期,俄罗斯报纸曾经刊登出将车臣从联邦成员中开除出去的建议。实际上,这样的制裁是难以想象的,因为类似措施意味着,在国际社会眼中国家抹黑了自身形象。通常国家不会开除其成员,而是"准许"成员分离。

在俄罗斯历史上,有过这样可悲的事件,即撤销自治实体。例如,关于伏尔加德意志人的自治共和国、克里米亚共和国等。尽管从官方而言这些事件是有国家法律依据的,并且看上去像是对整个民族的惩罚,谈论类似宪法法律制裁的存在——即使是在制裁被实施时——也是没有根据的。何况,在当今时代条件下,这种情况也是不可能的,任何涉及改变联邦主体宪法地位的问题,都应由俄联邦与其主体相互协商解决(《俄罗斯联邦宪法》第66条第5项)。

在俄罗斯历史上曾经有过对整个民族(克里米亚鞑靼人、车臣人等)或更大群体的驱逐(立陶宛等)。当然,这很武断。谈论以往的或现今的这类制裁存在的可能性都是没有必要的。当阐述宪法的渊源时,我们谈到了国内条约,这些条约可能是关于俄罗斯联邦国家权力机关与其各主体之间的国家权力机关,各主体国家权力机关与地方自治机关之间的分权问题和权力的再分配问题。与这些条约相关,可以论及另外一些宪法法律责任措施,即如果某一机关不当行使权力的话,可以暂停所赋予(所授予)的或撤销(撤回)所授予的职权。在"俄联邦主体——地方自治"的纵向关系中可能存在如下的制裁,即根据俄罗斯联邦主体相关权力机关的决议,提前终止地方自治代表机关、地方自治首脑、地方行政机关负责人的职权。

(三)与俄罗斯联邦公民选举权的实现和选举过程的组织有关的措施

第一,要论及宪法中存在的诸如剥夺或暂停公民的选举权或剥夺或暂停积极的选举权和消极的选举权,或者仅仅剥夺或暂停消极的选举权的制裁措施。剥夺选举权(对那些宪法和法律上规定的人,以及按照法院决定所确定的人适用)的这种措施在苏维埃政权的最初年代,以及此后的几十年中都存在过。现在不存在这样的措施。但是,俄罗斯法律规定无行为能力人和根据法院判决在监狱服刑的人员不能参加选举。关于第二类人员范畴,在剥夺自由期间,可以说是暂停其选举权,而不是剥夺。有人认为这不是制裁,而仅仅是缺少行使权利的机会。但是,在任何剥夺自由的执行地都可以组建选区,或是派去选举委员会成员(正如在隔离侦讯室举行的投票那样)。因此,在这种情况下,可以谈谈这类制裁问题。

那么,暂停选举权与剥夺选举权有什么不同?其一,作为这种措施的剥夺,应由国家机关或法院以专门的决议才能作出。其二,作为一种措施的剥夺选举权,在取消剥夺选举权之前一直适用。有三个条件可以取消剥夺选举权:规定的剥夺期限已满;国家机构的决议被取消;法院判决撤销具体个人选举权的剥夺——或法院判决已经执行完毕或判决已经被取消。暂停选举权是有期限的,例如,该期限与法院判决确定的剥夺自由的期限相同。在公民获得自由后,他自动拥有的不仅是积极选举权,而且还有消极选举权。除此之外,法院在审理刑事案件时,决定将在一定期限内禁止从事一定职业作为附加刑的话,消极选举权将被暂停。相应地,如果这些职位是通过一般选举产生的,在刑罚执行期间,这些人将无权参与选举。

第二,法律规定了认定议员选举和公职人员的选举无效的宪法法律责任的措施。在发现违反选举法并无法认定投票结果的情况下,上级选举委员会或法院可以做出这一决议。

第三,上级委员会可以撤销下级选举委员会不合法的决议,并作出解决问题的实质性决定。任何选举委员会的决议都可以被法院撤销。

第四,法律规定了与选举委员会众多参与者的行为或活动相关的其他制裁。例如,在发现候选人或选举集团提供虚假资料和其他严重违法行为时,可以作出撤销之前由相应选举委员会作出的接受候选人登记或其候选名单的决议。还有解散选举委员会的制裁措施。根据2002年联邦法律《俄罗斯联邦公民选举权与参与全民公决权基本保障法》的规定,在侵害公民选举权并造成投票结果或选举结果无效的情况下,根据法律规定的主体的请求,法院可以作出解散选举委员会、公投委员会的决定。在选举过程中,可以根据候选人、选举集团的决定,适用提前终止选举人和选举集团授权的人员的职权的制裁措施。在选举委员会成员、观察员违反选举法,并对投票的客观结果造成影响的情况下,法律规定可以将他们从投票地点强行带离。该措施由相应的选举委员会实施。

(四)因国家权力机关、地方自治以及议员和公职人员的行为,所采取的措施

这可能是因机构活动的停止、机构被撤销或重新组建而采用的措施,诸如解散、终止职权、解体、机构重组、终止相关人员的职权(解职、免职)之类的宪法法律责任措施。例如,俄罗斯联邦宪法规定俄罗斯联邦总统存在解散国家杜马的可能性。联邦委员会在国家杜马指控总统犯有叛国罪或其他重罪的基础上,也可以罢免总统。

根据联邦主体最高公职人员的法令,联邦主体的立法机构也可以被解散。根据1999年10月6日通过的联邦法律《俄罗斯联邦各主体国家权力的立法(代表)机关和执行机关的一般组织原则》(2009年修正)的

规定,如果俄罗斯联邦主体立法(代表)机构通过的主体宪法(宪章)和法律及其他规范性法律文件与俄罗斯联邦的宪法、联邦法律相抵触,而且在法院判决生效的6个月内立法(代表)机构没有废除这些法律规定,那么上述人员有权决定提前终止立法(代表)机构。

2000年上述法律的修正案规定,在类似情况下,俄罗斯联邦总统可以对联邦主体立法(代表)机构适用责任措施,为此,总统可以向国家杜马提交关于解散该机构的联邦法草案。通过关于解散的类似联邦法律就是对上述机构的制裁。2004年12月11联邦法的修正案强化了俄罗斯联邦总统的地位。其中规定:如果由于未执行法院决议而对俄罗斯联邦宪法法律的实施造成阻碍,对联邦宪法性法律和联邦法律赋予的联邦政府、地方自治机关的职权造成影响,对人与公民的权利与自由、对法人的权利与合法权益造成侵害,总统应先向俄罗斯联邦主体立法(代表)机关发出警告(以总统令的形式作出)。如果自发布警告之日起3个月内,上述机构没有采取措施来执行法院的决议,那么总统有权解散俄联邦主体的立法(代表)机构。因此,现在总统已经没有必要向议会提交有关解散的法律草案了。基于相似的原因,总统有权罢免俄罗斯联邦主体的最高公职人员。

俄罗斯联邦立法机构和执行权力机关的行政长官,可以决议的形式提前终止地方自治代表机构的职权、罢免地方自治机关选任的公职人员。

为落实2009年5月7日总统提出的倡议,对2003年通过的《俄罗斯联邦地方自治机关的一般组织原则》补充了第74.1条,即"罢免地方自治组织负责人"的规定,该规定也是宪法法律责任措施。按照规定:根据联邦主体地方自治机关议员或俄罗斯联邦主体最高行政长官的提议,地方自治机关代表机构有权罢免地方自治机关的首脑。罢免地方自治机关首脑的理由:地方自治机关首脑的决议、行为(不作为)导致了地方自治机关拖延履行自己的预算义务,并且超过财政年度40%的预算任务,或者不按照预算目的使用资金,或法院认定有违法行为存在;在3个月及以上期间内,未能解决当地重要问题和(或)未能保障某些国家职能的实施;地方自治代表机关对地方自治的行政首脑向地方自治代表机关提交的年度报告,连续两次给出不合格的评价。

由一个机构对另一个机构(例如总统——政府)或自己的职能部门(例如,杜马改组主席团,如果设有主席团的话),在这些机构工作消极的情况下进行一般的重组和制裁。

此外,也可能临时免除职务。例如,根据俄罗斯联邦总检察长的建议,俄罗斯联邦总统可以罢免俄罗斯联邦主体执行权力的行政长官。这一措施的最终结果:或者临时免除职务的措施被废除,进而行政长官恢复职务;或官员被罢免职务,辞去职务,因法院的有罪判决而终止其职权。

作为责任措施的撤销机构也不能被排除适用。这可能是对该机构活动直接或隐秘的负面评价的一种方式。例如,总统可以取消除政府外的任何联邦行政机构。在对相应机构的工作作出消极评价的情况下,这将是宪法法律责任的承担方式。

在宪法法律上,还存在诸如暂停机构活动的措施。此项措施可以由法律直接规定或者由创建并对之进行监督的部门从其一般的管理权限中推导出来。

在一般情况下,与废除、终止和暂停活动及解散有关的制裁,较为合适的方案是:这些制裁直接被法律所规定,而不能仅仅是被法律所暗含。此外,应尽快确定制裁的依据。否则,就会出现关于作出制裁的人权限问题的争论,进而导致决定是否合法的疑问。

议会对政府的不信任,拒绝信任是宪法法律制裁的一种。这一责任措施实现形式可能是各种各样的:只表达不信任,由此可能产生也可能不产生法律后果。例如,根据俄罗斯联邦宪法第117条第3款的规定,国家杜马有权表达对政府的不信任,但总统可以不接受,政府将继续开展工作。如果杜马在3个月的期限内再次表示对政府的不信任,总统必须选择或者解散政府,或者解散国家杜马并举行新的选举(无论哪一种都是制裁);表示不信任和罢免(俄罗斯的代表机关,通常,没有这样的可能性);表示不信任,从而迫使官员辞职,机构解散。

1999年10月6日通过的联邦法律《俄罗斯联邦主体执行权力机关和代表(立法)机关的一般组织原则》规定了这一方案,俄罗斯联邦主体议会可以对联邦主体执行权力的首脑、政府提出不信任案,此时,联邦主体的首脑、政府必须终止自己的职权并辞职。然而,在2004年12月11日新修订的该部法律中规定,俄罗斯联邦主体行政长官对主体议会不信任的决定应向俄罗斯联邦总统报告,并由总统来决定俄罗斯联邦主体执行权力机关行政首脑的命运——行政首脑可能被免职。

一些学者倾向于认为,对政府表达不信任并不是制裁,而是相应国家机关政治关系问题。但很难赞同这种观点,如果在执行权力的活动中未发现违法,议员只能根据活动效果的必要性以及作为分权体系分支之一的议会的要求对这些宪法的一般原则做判断。此时,对政府工作的负面评价是议会自己的反应,这将给政府和总统创造性地开展工作造成拖累,同时也给议会自己制造"麻烦",即议会的要求合理性不足,或执行权力行政长官不同意议会的意见,都可能导致议会职权的提前终止。

前文说的解散政府,可以被视为制裁,也可以不这样认为。政府部分成员以及非政府组成人员的执行权力机关领导的辞职,也可以是宪法法律责任的措施。通常,国家元首作出解散政府、或政府部分成员及执行权力部门机关领导的决定。但是,在此之前政府本身或者相关人员会提出辞职的申请。因对政府、政府相关领导的工作或对政府实施的政策不满而导致的非自愿辞职,可以被看作是制裁。

可以想象,在事件和指责的压力之下,代表机构的议员"自愿"辞职的情形。这一措施可以看作是宪法法律责任。在这方面,该措施与强制解散政府、解职政府官员是一样的。

在宪法法律中，也有罢免议员和选举产生的公职人员的规定。将这一措施看作为宪法法律责任的一种，很少引起人们的怀疑。更多的争论在于，在民主法治国家，这一措施应否存在。俄罗斯的实践证明，随着苏维埃国家时代的结束，曾经放弃废除罢免。但随着社会关系的发展，罢免具有必要性。工作的成绩（未履行职责的状况）以及非法情形是恢复罢免制度的主要动机，而绝不是意识形态的原因。

法律规定，在法院的有罪的生效判决的基础上，根据相关代表机关的决定，可以终止议员和选举的公职人员的职权。在这种情况下，也可以说是宪法法律制裁。问题不在于被定罪是否被剥夺自由，也不在于是否被判处了无需剥夺自由的刑罚，而是在于因实施犯罪而被法院判处刑罚并执行刑罚的人不能履行职务。不幸的是，这一原则遭到了破坏。但这个问题迟早会有唯一的解决方案——不会对这些人有利。

不排除这样的制裁，即如果议员没有恰当地履行其职责，可以根据代表机构的决议会终止议员的职权。如果宪法、宪章、代表机关或者有关代表机关议员的规范性文件规定了这种制裁的话，这种制裁措施就是可以被适用的。在实践中，有类似决议的例子。例如，1995年10月6日国家杜马通过的决议，根据1994年联邦法律《俄罗斯联邦联邦委员会成员和联邦会议国家杜马议员地位法》第6条第2款和第4条第2款第2项"因违反了议员活动的条件"而提前终止国家杜马某一议员的职权。

还存在因代表机关的工作产生的程序性制裁。这些程序性制裁包括对议员提出警告、进行批评，在议员偏离讨论主题或使用侮辱性词汇时剥夺其发言权，关闭话筒，驱逐会场。上述措施也可以对参会者或位于会议大厅的人适用。

俄罗斯联邦议院两院有自己特有的制裁。例如，如果会议主持人违反了会议的议事规则，根据联邦委员会的决议，在讨论问题结束以前，可以将会议主持的职责转交他人（2002年联邦委员会议事规则第47条第6款）。1998年国家杜马议事规则（第18条第1款）规定，在无需说明理由的情况下，杜马便可以决议的形式将议员联盟（党团、议会小组）除名。

在议会中，允许以剥夺议员一定期限报酬的形式对议员进行处罚。在国家杜马中，一次因议员经常不参加议会的会议，就适用过相应的措施。

宪法法律的制裁还可能是一个机构撤销另一个机构的决议。例如，根据俄罗斯联邦宪法第115条第3款的规定，俄罗斯联邦总统有权撤销与俄罗斯联邦宪法、联邦法律和总统令相抵触的政府的决议或命令。

机构自身否决机构领导人的法令也是制裁。例如，国家杜马、联邦委员会有权撤销议会主席的命令。

认定法令与宪法相矛盾，进而由颁布机构自己撤销该法令；在颁布法令的机构不撤销的情况下，则由上级机构撤销该法令，这也是制裁的一种特殊方案。例如，苏联宪法监督委员会有权认定法令和其他规范性文件与苏联宪法相违背，颁布机关应当废除法令。如果颁布机关不废除法令，监督委员会可请求上级机关撤销法令。俄罗斯联邦宪法法院有权认定一系列联邦和其主体的规范性文件与俄罗斯联邦宪法相违背，进而从宪法法院作出决议的那一刻起，这些规范性文件或其部分条款丧失法律效力，并应由颁布机关予以撤销。法院撤销国家机关或地方自治机关的决议，这大体上也可以看作是一种宪法法律制裁。但是，就该制裁而言，并没有完全明确的宪法理论依据。一方面，不仅宪法法院，而且普通法院也有权认定相应的规范性文件无效，进而规定其丧失法律效力。另一方面，宪法法院明确表明，法院对规范性文件的否定性评价并不意味着规范性文件被法院撤销。撤消规范性文件的决议应由颁布该规范性文件的机构作出。这个规则体现在对2001年俄罗斯联邦宪法法院联邦法律的新修订的内容中。这种观点引起了一定的争议，并在实践中产生了很多问题。

四、宪法法律责任主体和过错问题

几乎所有宪法法律关系的主体都是宪法法律责任的主体。但是，仍有一些很难做出结论的主体，即对这类主体能否适用上述责任的措施。这些主体是指人民、民族、国家。毫无疑问，他们担负着最高级别的、积极的宪法法律责任，即这个责任的基础是宪法法律的主体意识到自己肩负着政权、国家和人民的命运。但很难令这些主体对其他宪法关系的主体承担积极的责任，消极的宪法法律责任就更不用说了。前文提到诸如驱逐民族(人民)的措施，应该指出，这种措施可能会以法律的形式得以确定。但这是一种非法的措施，并没有被纳入文明宪法法律责任的框架。

很多学者在谈论国家责任的可能性问题。在援引俄罗斯联邦宪法法院的某些决议后，这些学者认为国家责任是可能的。但是，这里有两点需要说明：

一是作为国家机关的宪法法院未必有权确定国家自身的责任。由人民自己通过的国家宪法，或者相应的国家权力机关——议会、以国家或人民名义的成立(宪法)会议才可能这么做。

二是产生了国家承担何种责任的问题。有物质性的责任，但宪法法律责任是物质性责任吗？有责任及国际法上规定的制裁，但这又是国际法律责任而不是国内宪法法律责任的问题。因此，国家责任的问题可以归结为国家对就其自己的政策、义务还有对自己国家机关的活动所承担的、特殊的积极责任。

该问题的第一个方面——代表责任主体的个人存在过错。这在一些情况下，过错会以具体故意和法律对行为评价的形式而存在(当俄罗斯联邦主体执行权首脑签发的法令被法院认定为与俄罗斯联邦宪法相抵触时，联邦主体执行权首脑甚至没有按照总统的建议废除该法令，其结果是总统将其免职)。

在其他情况下，存在着这种行为，但很难找到法律意义上的过错。例如，尽管议员尽心尽力，但还是很难胜任议员的职责。这可以在法律上规定因工作成效不佳而免职的条款。也可以拒绝一个类似的罢免理由，即让一个失败者承受成百上千选民的痛苦。

或者，例如，有这样的情况：在一个选举区举行选举时，议员候选人把自己说成是某个政党的成员，并因此而当选，随后，该当选的议员从竞选时所代表的党派退出，并转而加入另一党派。尽管在议员的行为中不存在类似的过错，但在法律上应该禁止将议员的行为评价为选区罢免其宪法法律责任的理由。但因该议员的政治立场是其战胜其他竞争对手的关键因素之一，因此，法律可以禁止这类议员转而加入其他政党的行为。

还有更为复杂的情形。例如，当依靠政党名单当选国会议员后，但就某个问题该议员的立场与其所在党派的立场不一致，如果基于这一原因该议员退出了议会党团，进而导致议会作出终止其议员职权决定。尽管在实体法上不存在过错，但不遵守关于政党和党团纪律的法律的要求也是过错。

该问题的第二个方面，在确定集体主体的责任时，过错该如何确定？例如，在撤销权力代表机关的非法法令时，该违法法令通过自身就是违法行为。也可以说成是通过法令的那些人的集体过错。而且，如果有问题的规范性法律文件没有被撤销或者被改正的话，撤销该机构是不是一种作为"惩罚"的制裁呢？但是，通过非法法令的这一事实，并没有导致追究那些与法令的通过有关系的人的个人责任。

问题的第三个方面——如果在主体行为严格遵守法律的情况下适用制裁，过错该如何确定？例如，国家杜马3次未通过政府总理的任命，那么根据俄罗斯联邦宪法第111条第4款的规定，俄罗斯联邦总统将解散国家杜马。因为什么？杜马犯了什么错误？或者国家杜马两次对俄罗斯联邦政府表示不信任，要严格按照俄罗斯联邦宪法第117条第3款的规定，国家杜马会再一次为自己招致被俄罗斯联邦总统解散的惩罚。问题还是——因为什么？当然，并不是因为违反宪法，而是因其政治路线的后果才导致的。如上所述，宪法的主体以一定的方式行使并引起相应的法律关系时，应当预见包括基于对其行为政治评价在内的后果。换句话说，政治和法律责任的关系问题以及对严肃的政治行为适用法律责任问题是由来已久的。

问题的第四个方面——如果对一个主体进行制裁，而后果会涉及其他主体，此时过错该如何确定？例如，因选举委员会和部分选民的过错而导致选举无效的情形。这种后果会涉及所有的选民。确实，在这种情况下可以总是说，你们的过错在于间接纵容有关情况的发生（例如，你们选民不能在你们的选区，以及周边的选区保证违反选举立法情形的发生）。但是，这是很牵强的，这就如孩子犯了严重的罪行，谁也不能追究其父母的刑事责任一样；还可以举一个宪法法律的理由，即如果某一政党的候选人在某个具体选区选举时作弊，却不能因此而禁止其所在的政党。

问题的第五个方面，正如我们之前所提到的那样，并不是所有的不良后果都会导致过错，而且被视为制裁。这也使得我们再一次深思宪法关系"惩罚性"因素与单纯负面后果之间的关系问题。

参考文献

C.A.阿瓦基扬:《苏维埃国家法上的制裁》,《苏维埃国家与法》1973年第11期。

C.A.阿瓦基扬:《国家法律责任》,《苏维埃国家与法》1975年第10期。

C.A.阿瓦基扬、阿尔布茨金·阿·姆、阿利宁·阿·恩:《联邦干预：联邦法律观念和草案》,《莫斯科大学校报（法学版）》2000年第6期。

巴尔齐茨·伊·恩:《联邦责任：宪法法律的观点》,莫斯科,1999年。

博布罗娃·恩·阿、兹拉热夫斯卡娅·特·德:《宪法规范保障制度的责任》,沃罗涅日,1985年。

维诺格拉多夫·弗·阿:《宪法责任：理论问题和法律调整》,莫斯科,2000年。

维诺格拉多夫·弗·阿：《宪法和法律责任的概念和特点：俄罗斯问题与外国经验》，莫斯科，2003年。

维诺格拉多夫·弗·阿：《宪法制度保障机制的责任》，莫斯科，2005年。

维特路克·恩·弗：《法律责任的一般性理论》，莫斯科，2008年。

加路金·阿·夫：宪法违法问题，《宪法与市政法》2007年第18期。

扎弗亚罗夫·德·尤：《作为法律责任特殊类别的宪法责任》，法学副博士学位论文，伏尔加格勒，2002年。

兹拉热夫斯卡娅·特·德：《苏维埃国家法上的责任》，沃罗涅日，1980年。

科洛索娃·恩·姆：《俄联邦宪法责任，违反宪法立法的国家权力机关和其他主体的责任》，莫斯科，2000年。

康德拉舍夫·阿·阿：《联邦各主体的宪法法律责任：俄联邦理论和法律调整问题》，克拉斯诺亚尔斯克，1999年。

康德拉舍夫·阿·阿：《俄联邦的宪法法律责任》，莫斯科，2006年。

С.А.阿瓦基扬主编：《宪法法律责任：俄罗斯问题与外国经验》，莫斯科，2001年。

列夫琴科·特·戈：《选举法上的宪法法律责任：比较法的视角——以俄罗斯、英国、美国为例》，法学副博士学位论文，莫斯科，2008年。

鲁琴·弗·奥：《宪法违法》，《国家与法》2000年第1期。

谢尔盖耶夫·阿·尔：《俄罗斯联邦宪法责任》，《宪法和市政法》2003年第1期。

苏戚林·阿·斯：《俄罗斯联邦各主体国家政权机关的宪法（宪章）责任：国家法律问题》，莫斯科，2003年。

舍杨·阿·恩：《俄罗斯政府责任制度》，法学副博士论文，伏尔加格勒，2007年。

雄·德·特：《宪法责任》，《国家与法》1995年第7期。

什图尔涅夫·阿·伊：《俄罗斯联邦选举违法的宪法法律责任》，伊尔库斯克，2004年。

第八节　宪法法律在俄罗斯联邦法律体系中的地位和在当代条件下宪法法律中的前景与作用

在俄罗斯联邦法律体系中，宪法占据着主导地位。这首先是因为在俄罗斯宪法制度、国家的作用、公民社会的形成和发展、人与公民地位的巩固、人民主权的实现方面，宪法规范起到了奠基性作用。或者说，宪法确立了多元政治利益表达的重要的国家和社会机制，这是俄罗斯联邦生活各方面的主要前提条件。相应地，宪法法律的基本规定在所有部门法中得以发展，考虑到各部门法自身的性质，这些规定同时也有助于巩固宪法制度和国家中现存的整个国家政治关系体制。

但是问题不只是在政治因素上。俄罗斯宪法法律规范规定了俄罗斯经济和社会体制的基础。宪法是宪法法律的主要渊源，宪法规定了俄罗斯联邦的所有制形式，宣布保障企业及其他法律不予禁止的经济活动的自由，赋予每个人自由发挥自己能力并且为此而使用财产的权利。这些宪法法律条文被民法和其他部门法的数以百计的规定所发展，它们规范商品和服务的流通、详尽阐述了处于某种所有制形式中的财产的类型、土地及矿藏所有权的特点、保护相应关系当事人的权益，等等。

俄罗斯联邦宪法规定劳动自由和每个人有权自由处分其财产的权利、选择活动类别和职业的权利。这一部门的另一些宪法规范在劳动法和其他保护俄罗斯公民劳动权利的部门法中得到了进一步的发展。

在宪法上规定，俄罗斯是社会国家，其政策旨在创造保障人有尊严的生活和自由发展的条件。相应地，众多部门法规范体现出旨在保障居民就业的国家支持政策，体现出对家庭、母亲、父亲与儿童、残疾人和老年人的国家支持政策，体现出支持社会服务和其他社会保障的国家支持政策。以宪法在保护公民休息权、健康保护权、受教育权和文化机构利用权的基础上，进行了大规模的医疗帮助、受教育权相关的立法，进行了大规模的文化、体育等方面的立法。

在俄罗斯联邦，宪法保障人与公民的权利和自由，宣布每个人都有权利用各种法律不予禁止的手段来捍卫自己的权利与自由，在追究个人的法律责任时，要遵守法律的规定，确保每个人获得公正司法的权利。这套宪法规范是调整追究个人刑事和行政责任程序的依据。

因此，正是宪法规范规定了所有部门法的基本原则。

宪法的这种地位往往是其得以巩固的根本，似乎在宪法和其他部门法之间没有明确的界限，似乎宪法已经融入其他部门法之中。但这一结论是没有依据的。当然，在各个部门法之间不能制造难以逾越的障碍。同时，宪法法律的任务是把俄罗斯法律的所有价值目标融合在一起。

毫无例外，俄罗斯法律的部分价值目标直接体现在宪法中，另一部分价值目标则在实践中长期孕育发展，起初可能部分地在部门法之中得以体现。但是，随着在部门法中形成的俄罗斯法律价值目标在国家、个人的地位和权利保护中的关键性地位变得日益显著，这些法律价值目标地位也不断地提升，也就是说，最终将被规定在宪法法律规范之中。这不只是调整层级的形式上的改变。法律价值目标在宪法法律上尤其是在俄罗斯联邦宪法上的体现表明，相应的稳定法律状态体系的形成，也就是说，该价值已经整体上成了体系的有机构成的要素，并最终在宪法上得以确立。

可以举例说明。在苏维埃社会，劳动不仅仅被看作是个人的权利，还更多地被看作对社会的责任和义务。因此，这并不仅仅是劳动法律关系，更是社会和国家法律状态的要素。当今俄罗斯则认为，劳动是自由，并由每个成年人自己决定以何种方式从物质上来保障自己。这种情况在整个法律关系中也都存在，而不仅仅只是在劳动关系中存在。这一点在相应的宪法法律规范中有所体现。再比如，私有财产并不只是在商品流通上有所体现，而且还成为俄罗斯现实状态的关键性因素。正因如此，私有财产制度在俄罗斯联邦宪法上，首先是在与巩固宪法制度（第8—9条），随后是巩固个人权利（第35条）的规定上得以体现。

根据上述内容，便很容易理解在当代俄罗斯条件下宪法法律的作用和前景了。

在巩固宪法制度的基础、俄罗斯国家的作用、人民主权制度、人与公民地位的基础的同时，宪法成为所有现代政治关系和进程的根基。应特别指出，依靠市民社会制度尤其是依靠创建社会团体活动的基础，宪法法律调整的对象实质性地得到拓展。在宪法法律的基础上，国家制度领域的关系、国家、民族和宗教政策得以建立和发展。

需要进一步指出，宪法在巩固现代俄罗斯经济体系基础方面的作用，尽管没有使用"市场经济"的概念。但宪法却包含了所有与市场经济有关的典型特征，即所有权形式的多样性，鼓励竞争，经济活动自由，禁止垄断，商品、服务和财政资金的自由流通，等等。尽管如此，我们还是应该诚实地指出：在俄罗斯联邦宪法中，与经济制度、政治、所有权、经济生活（广义而言）、金融、物质资源方面社会关系参加者之间的相互关系有关的宪法法律规范还不够完善（在这些方面，可以把现行的瑞士宪法看作典范，并可以与之进行比较）。

宪法规范成为国家和地方自治机关活动基础和框架是宪法的作用和前景的决定性因素。

上述所言，并不意味着当今俄罗斯宪法不需要完善或者修改。这里的一些任务，可以形象地说，是取决于从"全球化"的观点来看待宪法法律现象和制度的。

这些观点的第一个层次是由现有的宪法法律调整的完善决定的。此时，其前景在于：第一，通过还不算健全的法律规定；第二，消除这些法律规范之间的冲突；第三，制定宪法规范的实施机制，也就是使俄罗斯宪法成为能够适用的法律。

这些观点的第二个层次可以解释为，对宪法法律进行局部的、有时需要进行实质性的改革。例如，修改宪法，以扩大俄罗斯联邦会议两院对联邦执政权力机构形成的影响，拒绝"全能"总统；在联邦宪法中规定俄罗斯联邦各主体国家权力机关组织的原则；将选举制度一章纳入宪法，制定俄罗斯联邦联邦会议法、俄罗斯联邦总统法；等等。

这些观点的第三个层次是由被列入俄罗斯联邦宪法的众多原则性的决定及其在实践中的不完善性决定的。进而，可以提出宪法法律改革分两个阶段的建议。

第一阶段，可以在现行宪法框架内进行，扩大联邦主体，从而减少其数量，并使联邦更加便于管理；放弃俄罗斯联邦及其主体共同管理的对象，并明确规定，哪些对象归联邦管理、哪些对象归联邦主体管理；在联邦主体基本地位方面加强联邦的管理，强化中央集权和垂直的权力体系，强化特殊情况下联邦政府干预主体事务的能力，同时也要强化联邦主体在宪法和联邦法律范围内管理自己事务的独立性，调整不同权力分支体系间的关系；等等。

第二阶段，因为改革要以宪法第一章为支柱，而要修改第一章，就只能采用通过新的俄罗斯联邦宪法的方式进行。因此，可以将通过新的基本法律视为宪法法律改革的前景（此时，可以考虑一些原则性的要素，例如，可以将联邦制修改为单一制，或者在保留联邦制的前提下，更加强化中央集权；统一俄罗斯联邦各主体的称谓；放弃现行俄罗斯联邦宪法所允许的双重国籍；修改国家权力机关之间相互关系的模式，把地方自治机关纳入俄罗斯联邦国家权力体系之中）。

第二个阶段与下述情况有关，在具备俄罗斯联邦宪法改革的足够的依据时，最好不要进行部分改革，而是通过新的宪法，这也意味着俄罗斯宪法法律发展中的一个新的阶段。

但是在宪法法律改革的所有方案中，现行的、建立在权力民主组织、政治多元、财产所有制多样和经济自由之上的俄罗斯宪法（社会）制度仍然是不可动摇的。

参考文献

安列克谢耶夫·斯·斯：《苏联法律体系的理论问题》，莫斯科，1961年。

科科托夫·阿·恩：《俄罗斯法律中的宪法：概念、职能和结构》，《法学》1998年第1期。

克纽赫娃·伊·阿:《国际法与宪法:相互作用的理论与实践》,莫斯科,2006年。

库塔芬·奥·耶:《宪法法律的对象》,莫斯科,2001年。

奥斯诺文·弗·斯:《苏维埃国家法在法律体系中的地位和作用》,《法学》1972年第5期。

萨米古尔林·弗·科:《后苏维埃法律体系中宪法法律的作用》,《学者文集》(第1卷),圣彼得堡,2005年。

第二章
作为科学的俄罗斯宪法法律

第一节　科学的任务

宪法法律科学是下述知识的总和,即关于作为部门法的现行宪法的知识,构成宪法法律规范性文件总和的知识,宪法法律规范对社会关系作用的规律性和既考虑到现有的规范,也要考虑到社会中现存的并对宪法法律现象产生作用的观点、观念的宪法法律调整对象形成的规律性的知识。

在作为科学的宪法法律和作为部门法的宪法法律之间存在着密切的联系,与此同时它们也有其各自的职能。作为部门法的宪法,调整(确定)社会关系,作为科学的宪法法律研究相应的规范和在规范中体现出来的与规范相关的规律。但科学的任务更广泛。我们尝试对之进行系统性阐述。

正如我们所见的那样,宪法法律科学的首要任务是对作为调整政治社会关系并包含宪法法律规范的那些规范性文件总和的现行宪法法律进行研究。这似乎是对静态的,也就是今天现存的宪法法律进行研究。完成这项任务可以说具有足够的创造性。但与此同时,以现行法律为基础的科学的集中性,但这也会因将科学局限于现行法律进而蕴含着将科学变为注释学的危险性,同时也具有用信息解释的规则来代替科学研究分析的风险。

宪法法律科学的第二个任务是发展宪法法律科学理论。宪法法律科学理论的范围极其广泛。首先，正是科学，创造了作为部门的宪法法律科学理想模式。换句话说，正是科学形成了宪法法律的调整对象，回答了社会关系的哪一部分可以或者应该受宪法法律规范的作用问题。此外，科学还能够帮助确定，在何种规范性文件中进行规定比较好，即在宪法中、在法律中还是在总统令中等。但科学没有回答如下问题，即在宪法法律规范调整社会关系时，使用何种方法最好，例如是使用一般性规范（也就是仅创建规范的基础）还是使用对这些关系的参加者（主体）进行详细的规范，是使用命令性规范还是使用建议性规范，为关系各方的行为指出一种方案还是多种方案等。

因此，总的来说，宪法法律科学揭示的是在宪法法律调整中和在这一部门法规范中的客观要求。科学似乎创设一个宪法法律的"周期表"，进而向立法机关建议，应该通过哪些法律规范以填补"周期表的空格"，进而消除宪法法律体系中的缺陷。

但科学还有更高的目标，即创建有关宪法法律、宪法法律关系及其特点、规律性和演变、宪法法律渊源和规范的学说，总之，创建有关该国家社会生活领域的现象总和的理论。在立法之前，掌握这些科学理论的总和是极为重要的。例如，宪法法律科学不可分割的组成部分，即宪法理论——宪法本质、社会政治职能、对象、结构、规范及其制定、宪法中涵盖的社会关系的范围等。就此而言，谁对本领域有模糊性认识，该人便最可能起草有缺陷性的规范性文件。关于国家机关及其体系的理论——权力分立理论、议会和整体上的代议制、总统、宪法法院等——是宪法法律理论的组成部分。科学形成了关于社会和国家中个人的地位、关于人与公民基本权利与自由的范围的完整理论。但遗憾的是，理论和实践并不总是一致。但也正是因此，宪法法律科学这一任务不会丧失其本身的意义。

与前文所述有关，宪法法律科学还有一个重要的任务，即对国家建设的现实实践进行研究，揭示宪法法律调整的要求，制定宪法法律发展的建议，起草规范性法律文件的草案，分析现行法规的效果并提出保证法律实施效果的建议。如前所述，科学不仅能够创造出俄罗斯宪法法律的理想模式，还能够对现行宪法法律进行研究。在此基础上，总是可以发现现实生活中存在的不足。

宪法法律科学既可以是立法者的同盟，也可能对立法者表达异议。我们不可忽视的是，在科学自身之上，远不是每一个问题都达成了一致。原则上而言，这是一个明显的辩证过程。当某一规范性文件增加采纳一个观点，却放弃其他观点时，生活却证明这种方案的不合理性。有时，通过规范性文件的积极性结果非常明显，但附随的（平行的）消极后果却也显现了。有时寄希望于后果是中性的，但却并不能总是如人所愿。还可能出现，完全用不同的路径来解决问题。在所有类似的情况下，宪法法律科学性提出自身的建议并对结果进行评价。

宪法法律科学还实现另一个功能，即研究国内外宪法法律制度产生和发展的历史。非常轻率地看待宪法法律的现实，如同未曾有过先例并且无论是俄罗斯国内还是国外，人们都不再试图寻找解决问题的路径。联邦国家的建设便是例证。从1922—1991年，苏联在包括中央职能的确定、联盟和各加盟国家间权限的划分、创建全联盟的和加盟共和国的部委等众多关系方面积累了极其有益的经验。今天，当（如果）俄罗斯联邦部分主体将其利益绝对化，甚至将主体的利益置于国家整体之上，对包括履行联邦职能在内的问题上拒绝对联邦提供支持，怎能不令人想起苏联时期的经验呢？同时，需要强调的是，在完善俄罗斯联邦关系的同时，应当借鉴德国、美国、比利时和其他联邦国家的经验。

宪法法律科学的另一功能是形成宪法法律的世界观。公民、国家机关、地方自治机关、社会团体、公职人员，在参与宪法法律关系时，要对宪法法律关系的一般发展和对这些关系产生的法律影响的规律性应当有所了解。

　　社会上的众多不幸，其原因便在于那些对这些规律认识模糊的人在从事政治和国家治理，尽管如此，这些人却认为，应该用新的规范对这些规律性进行修订；而且，新出现的规范可能以其他方式来调整政治社会关系，但却违背了这类关系的一般属性，进而，早晚注定是要失败的。例如，现在一些当权者坚信，议会只能制定法律，不应该对现实国家建设进行干涉；进而，这些试图将议会限制在某一职能之内，同时摆脱议会的影响。但这仅仅意味着，这类人的宪法法律世界观是扭曲的，因为正常的、受到良好宪法教育的活动家不应忘记，没有监督功能、没有参与国家和人民政府事务的管理职能，这个议会是很难想象的。

　　最后，宪法法律科学还具有形成概念并创建作为法律科学之一的、论据科学充分的俄罗斯宪法法律教程的功能。概念处于规范性文本之中。在这种情况下，更需要对概念的权威性解释。而且，如果这些概念没有在规范性文件中进行解释，而是作为科学范畴而存在的话，这样的解释就显得尤为重要。例如，在阐述俄罗斯联邦的管辖范围时，应该先从作为联邦国家的这一本质开始；而在论及自治州或自治区的问题时，应该先弄清楚在俄罗斯法律中"自治"这一术语的含义。这也是俄罗斯宪法法律科学的任务之一。

第二节　俄罗斯宪法法律科学的发展

　　根据不同时期的国家与社会制度，俄罗斯宪法法律科学的发展史可划分出几个阶段。其特点是，在各个阶段大部分学者划分的根据是制度标准的不变性和不触及体制根基的、制度形成的可能性。那些以制度根本变革为划分标准的学者非常少，进而，这些人便面临着被列入"不守规矩"之列和丧失学术活动前景的风险。通常,政治家或曾经为政治家(或迁居国外)的学者是现有制度的批评者和对其他国家与社会组织模式的拥护者。

一、君主制时期

俄罗斯国家法律科学形成于19世纪,并在很长一段时间内处于萌芽状态,特别是,如果考虑到严格的、一般的独立国家法律的依据的话,应该认为国家法律科学还不存在。在那一时期,通常将法律部门和科学称作为"国家法"。国家政权建立在严格的官僚主义集中制及执行机构的专权之上。君主是国家元首、立法者、中央集权管理机构的领导人;个人只能作为臣民而存在;法院也是代表着君主并以君主的名义进行审判。教授法律课程的教育机构寥寥无几,也几乎不存在学术研究机构。在教授的课程中,关于国家、君主及国家机构的理论交织在一起,也就是说,常常是在一门课程中混杂着后来被划分出的国家与法的理论、国家法和行政法。

受过教育的人士当然熟知一些西方国家的经验,首先便是制定通过了宪法,建立了全国意义上的议会和地方代表机关,建立了独立的法院并已经开始进行权力分立,在人与公民权利宣言中宣称的人人生而自由平等的法国和美国的经验。英国将国王的权力和执行机构的权力与议会相结合的经验,也已经被熟知。

尝试着制定宪法,建议与君主权力相结合的选举制度,也就是说,俄罗斯尝试过的君主立宪制。但是,这些努力都无果而终。

只是到了19世纪六七十年代,在社会制度、管理组织和司法系统中才开始进行根本的变革。农奴的解放及工业的发展既促使农村法律上的自由农民和城市法律上的自由工人的快速增长,也促使俄罗斯工业企业和商人阶层的数量快速增长。上述阶层以及落魄贵族和城市小市民阶层的子女充斥着俄罗斯知识界，尽管知识界从事教育、卫生保健、司法和管理等，但劳动仍然是知识界的主要工作。全国性的改革促成了地方自治。法院获得了一定的独立性，经常变为个人权利保护机关。

这些成绩在包括国家法在内的法律整体发展中得以体现。正如从前一样，国家法仍然是以国家管理为表现形式的、主要是关于国家权力和国家组织的部门法。在没有全国性的常设议会，人民的利益及人民代表制度在全国性的会议中却有所体现的国家中，地方（全国性）选举体系也存在并获得了广泛的传播，这些都成了多方面的学术研究对象，并促进了国家法律科学的发展。此外，在学术及文学作品中，对政治自由，居民、部分阶层和团体的政权权力划分，吸纳社会力量参与政治生活问题进行了探讨。

君主专制经常被解释为"开明君主制"，也就是对国家秩序、社会福利和人民教育而言必须的建设性力量，尽管也存在俄罗斯实行立宪君主制的观点。

在19世纪70—90年代出版了俄罗斯国家学者鲍·诺·奇契林、阿·德·格拉多夫斯基、诺·马·卡尔古诺夫、伊·艾·安德烈夫斯基、阿·谢·阿列克谢耶夫、弗·弗·伊万诺夫斯基等的著作。很多著作至今还是国家法和市政法的经典。

不仅国家公共政治的发展，而且还有科学，都为20世纪初的国家根本的改革做了准备。当然，在1905年沙皇诏书宣布赐予人民基本政治权利与自由、创立全国权力代表机构——有立法权的国家杜马、颁发全国性的法律——俄罗斯宪法的雏形之后，学术著作变得更多。国内成立了各种政党及所有可能的团体和联盟。相应地，在俄罗斯法律科学上，像过去一样广泛地探讨君主制问题，但已经在立宪君主制的范围内进行讨论了。有关公民社会的形成、作为宪法政治模式的民主、个人权利、包括工会在内的政党和社会联盟、良心与宗教团体自由、选举权、议会和议会制度方面的问题开始被探讨。

20世纪初期,阿·谢·阿列克谢耶夫、弗·马·凯斯新、瓦·弗·伊万诺夫斯基、鲍·阿·基斯甲科夫斯基、马·马·雅瓦列夫斯基、夫·夫·科科什金、恩·马·科尔古诺夫、恩·伊·拉扎列夫斯基等对俄罗斯国家法的发展做了重大贡献。他们中的很多人为俄罗斯议会制、国家杜马的发展,以及国家法的法律和其他渊源的起草做出了实践性的贡献。由于俄罗斯的国内制度以及多民族并存的原因,开始讨论联邦主义和自治问题。上述学者和作为政治活动家(马·阿·巴库宁,弗·伊·列宁等)的革命前的其他学者的著作,在当今对宪法法律制度的研究的价值都是无法估量的。

二、苏维埃时期

在苏维埃时期,我们的研究对象被称为"苏维埃国家法"。今天,经常有观点认为,那时的国家制度是极权主义的,是建立在政权的恣意之上的,而国家法律科学只是对之进行辩解而已。我们认为,需要进行一定的澄清,尤其是要按照新国家的发展阶段进行澄清。首先,在苏维埃条件下,理想及其体现的方式是不相符的。当时的理想是崇高的,即人民的幸福,摆脱贫困。国家为此做了许多努力。逐渐地在苏维埃国家建立起了强有力的国家经济,消除了失业,建立了有效的人民的社会保障体系(免费教育、免费的幼儿园、免费的托儿所、免费的医疗服务和退休保障等)。如何做到的,却是另外一回事儿。除了具有牺牲精神的苏联人民的劳动(而这是个事实)外,还采用了命令性的领导办法、计划经济及一些强制性的决定。

当权者认为,在国家落后并受到资本主义包围的条件下,没有严格的管理措施是不可能的。但在不同阶段,国家与权力并不是等同的。

1917年的十月革命是在人民政权为人民的旗帜下发生的。弗·伊·列宁正是如此理解新政权的。新政权的政治形式是无产阶级专政，而无产阶级专政并不完全是专制与暴力，而首先是被压迫阶级的政权，这一政权坚定地实行包括在旧剥削阶级抵抗新政权的情况下对之采用暴力的方式剥夺其政权的新的社会关系。苏维埃形式的政权（工兵农代表苏维埃）就其名称而言是作为人民（这里指劳动人民）的政权而存在的，而以前的富裕阶层不包括在内，并被剥夺了选举权。私有制被以国家所有为表现形式的公有制所取代，并在这种意义上成了全体劳动人民的财富。

十月革命前大批学者——国家学家、历史学家、政治学家、哲学家等移居国外。在西方国家，他们发表了许多批评俄罗斯新的政治制度的论著。但是这些学者的论者直到20世纪90年代前还不被我们熟知（例如，伊·阿·伊里因、马·雅·奥斯特洛果尔斯基、巴·马·米留科夫等人的作品）。尽管就评价当时的宪法政治事件而言，上述的论著具有无可估量的价值，但却很难说这些论者是国家法（宪法）科学名副其实的组成部分。

当时留下来的学者，同样是十月革命前的那一代人，新学者还没有成长起来，如果这些人承认苏维埃政权的话，就撰写了大量的作为劳动人民政权的新的社会主义政体体制优越性的论著，这些论著将无产阶级国家与资产阶级国家进行了原则性的区分。理论与现实的社会制度的快速背离，执行权力机构的快速建立并将作为新型代表机关的苏维埃置于第二位，政权的官僚化与中央集权化，这些都被学者所见，并遭到了他们的批评，而且希望可以对体制进行修正。一些似乎不想成为体制的直接辩护者，而是保持中立的学者，他们建议采纳已经存在的国家法律的那些思想。但是，那些处于官方立场，并在国家法律中占主导地位的学者，他们坚信科学的任务是展示新制度的优越性并促进新的国家法制度的发展。

在与党内政治对手进行了尖锐斗争并以斯大林获胜而告终，斯大林掌握了政权，以及同经济崩溃作斗争并发展经济的必要性。此外，逐渐形成了对人民和社会生活的各个领域进行全面的国家监督（极权主义的说法由此而来）的体制。

此种政治现实通常导致了法律研究的停滞，苏联也不例外。尤为典型的是，在此期间国家法律科学发展得极其缓慢。在20世纪三四十年代，无论是学术著作还是有关国家法问题的文章发表得都相当少。但国内仍然有一批（从过去重新回归学界的）学者发表了对国内宪法政治改革给予肯定的评价的著作。由阿·亚·维辛斯基主编的苏联国家法教科书成了那时独特的"时代宣言"。书中在斯大林"社会主义建设胜利条件下继续进行阶级斗争"的论调基础上，对强化国家镇压政策的必要性进行了论证。

与此同时，新的苏联宪法——1936年的基本法正在制定之中。统治集团将新宪法作为强大的、操控民众并影响外国的意识形态工具。在专制、无法无纪和镇压的现实实践中，但就宪法而言，体制看起来却是民主的，反映了国家为之服务的、公民获得的权利与自由。

当然，当时可能只存在官方的国家法，而且，国家法是为这一最为先进的制度做辩护的，有很多学者成为当时新国家法律规范的忠实宣传员。但当时很多学者似乎只从事学术性的国家法律研究，对现实消极的方面避而不谈。当时，不对官方意识形态进行恭维简直是不可能的。与此同时，出现了一系列书籍和文章，大部分出版于第二次世界大战后，为国家法律科学做出了令人瞩目的贡献。此处指的是弗·达洛金、伊·达·列文、谢·列·洛宁、谢·亚·阿谢洛夫等人的论著。

在60年代中期，共产党和国家新的领导层采取新措施终止了俄罗斯历史上这段可悲的时期，对包括全体人民在内的政治受害者进行了平反，向社会生活、创作自由的民主化迈出了新的步伐，对国家权力代表机关的活动进行了完善，同时至少还在纸面上完善了对国家管理机关的监督。党和国家阐述了劳动人民参与国家和公共事务的必要性。

因此，在20世纪60—80年代，国家（宪法）法律的快速发展绝不是偶然的。这一时期的国家法学者可以被认为是苏维埃社会主义制度的拥护者，按照这些学者的观点，苏维埃社会主义制度是人与人之间关系的一种模式，这种模式是以法律上的平等、由劳动人民组成的均质社会、社会中无对抗性矛盾、每个人都为社会的物质财富作出了贡献（"劳动是每个人光荣的事业"）、国家是建立在关心个人并为个人的幸福生活创造社会保障制度义务的基础之上的。但是，绝对不能认为这一时期的国家法学者将为过去辩解看作自己的任务。

当时出版了一系列的教科书，对部门法的对象问题进行了积极的探讨。部分作者（斯·斯·克拉夫丘克、阿·伊·列别什金、阿·赫·马赫年科、布·弗·谢继宁等人）建议保留其原有的称谓——"国家法"，另一部分作者（弗·夫·科多克）则认为，整体而言，"宪法法律"这一称谓更能体现这一部门法的本质和任务，在民主改革阶段更是如此。出版了（阿·伊·列别什金、弗·谢·阿斯诺文、谢·马·拉文、伊·叶·法尔别尔等人）关于国家（宪法）法律对象的众多基础性著作。出现了有关最为复杂的问题之一，即社会制度的研究成果（奥·叶·古塔分、弗·阿·尔热夫斯基）。个人的宪法地位、权利与自由的理论迅速发展（恩·弗·维特鲁克、尔·德·沃耶沃金、恩·伊·马杜佐夫、格·弗·马里采夫、弗·阿·巴久林等）。民族国家体制、联邦制、自治、国家与民族主权问题是学术研究的重要方向（格·弗·阿列克谢桑得连科、德·尔·孜拉多波利斯基、伊·马·基斯林岑、科·德·柯尔克马索娃、尤·格·苏德尼岑、马·阿·沙费尔、弗·斯·谢弗索夫等）。有关苏维埃制度整体及制度层级方面的研究（伊·阿·阿佐夫什金、格·弗·巴拉巴采夫、布·恩·加布里奇杰、阿·阿·别佐格洛夫、尔·阿·格里高林、伊·恩·库兹涅佐夫、奥·耶·古塔分、阿·伊·卢康诺夫、弗·阿·别尔特奇科、科·夫·希列米特等人），有关选举权方面（阿·伊·凯姆、布·阿·斯特拉顺等）研究都得到了积极发展。

不论是官方的党和国家学说，还是国家法律（宪法）科学都为1977年的宪法的改革奠定了基础，进而，出现了国内历史上最为民主之一的一部宪法。宪法中的很多规定都是相应学术观点的反映，例如：全民国家取代无产阶级专政,引入"苏联人民"这一范畴,确立政党、国家、社会组织和劳动集体统一的"社会政治制度"及作为工人、农民和知识分子牢不可分联盟的"苏联社会的基础";将个人地位移到了宪法规范的第二部分,将宪法对相关内容的调整增加了两倍多;规定了"全民国家制度"这一范畴和苏联解决民族问题所有国家形式地位的基础;为苏联所有权力代表机关及所有的国家机关奠定了基础;等等。

总之,俄罗斯在20世纪20年代、30—50年代、60—80年代,远不是相同的景象。我们这一部门法的"形象"与各个时期相符。只是到了90年代,国家才变为了另一番景象。就其本质而言,国家自身为新型社会关系的发展打开了闸门,并最终导致被与这些新的社会关系相符的新的国家所取代。为了形成新的关系和国家,在本部门法的任务中宪法的重大意义被体现出来。因此,如前所述,在绝大多数的教学科研机构,这导致了部门法名称的改换,即改变为宪法法律。

第三节 当代俄罗斯宪法法律科学

俄罗斯当代宪法法律科学的发展十分迅速。这是与要求宪法法律形成的动荡的政治进程,以及在国家生活之前的阶段不为人知的宪法政治制度的建立有关的。读者可以从本书的前述部分了解到很多相关内容,这里不赘述。只需注意的是,在俄罗斯制定宪法法律规范实践的过程中形成了一系列新的科学概念和理念。例如,在1989—1993年,在国家与社会改革的过程中,对1978年俄罗斯联邦苏维埃社会主义共和国宪法的众多修改;由宪法委员会、俄罗斯联邦总统、政党及各种运动制定的宪法的不同草案;虽然并不都是那么尽如人意,但对宪法法律科学的发展都做出了一定的贡献。

与此同时，这些规范性法律文件本身也不是凭空产生的，因为，宪法法律科学在俄罗斯联邦拥有很大的潜能。在宪法法律科学领域，俄罗斯十月革命前的经验，苏联时期国家建设的实践经验，在很多方面都极具借鉴性（哪怕是为了避免以前犯下的错误和非民主性的决策），而且还有众多外国的经验。

今天，立法实践继续给予宪法法律科学以发展的动力。就宪法法律科学而言，有关联邦国籍法草案、政党法草案、联邦宪法会议法、加入俄罗斯联邦的程序以及俄联邦成立新主体等的各类讨论，都成了重要的理论来源。俄罗斯联邦宪法法院的决议在宪法法律科学概念和观念的形成过程中发挥着重要作用。俄罗斯联邦总统向议会提交的总统咨文在很大程度上促进了宪法法律的发展，在总统咨文中提出了通过新的宪法法律文件或者对之前通过的宪法法律进行完善的建议。

如果说决定当今宪法法律科学发展的条件和动力，这将是一个漫长的话题，但可以以提纲的形式总结如下。

第一，宪法法律科学所有理念都是建立在作为政治制度和直接有效法律的俄罗斯联邦宪法的基本作用的基础之上的。

第二，宪法法律科学致力于促进公民社会的形成，而公民社会是在政治多元和多党制的条件下——最重要的是，在和平与稳定的环境下——生活的具有政治意识并互相尊重的个人所组成的社会。

第三，宪法法律的出发点是，俄罗斯国家的现在和将来都将是人民意志表达的最主要的工具，都将是巩固国家统一的因素。

第四，宪法法律科学促进各种各样的人——个体、社会政治体、经济生活的参与者——的形成，这些人的权利由国家与社会予以保障并受到全面的保护，但是以个人建设性参与解决社会与国家面临的那些任务为前提。

第五，宪法法律科学还在阐明并表达社会意见方面对民主制度、国家权力及地方自治机关提供帮助。

宪法法律科学不能也不可能脱离在社会和国家中已经发生和正在发生的政治进程，在这个意义上，宪法法律科学永远都是政治科学。现如今，俄罗斯宪法法律科学，或许，与国家历史上的其他阶段相比，更加变得政治化。我们的部分同行，尽管数量不是太多，支持并赞成俄罗斯新的、后社会主义政权的所有宪法政治决定，而可能的错误和有争议性的决定，被认为是转型时期所不可避免的。还有一部分学者，尽管数量较少，依然怀念苏联时期的国家法。

但是，大部分的宪法学者更倾向于不走政治极端，而是科学地、建设性地、批判性地评价现实和相应的宪法文件或法律草案，进而能够使之有益于社会和国家。或许，在俄罗斯当前的发展阶段，宪法法律科学的主要价值作用就在于此。

参考文献

阿瓦基尼·斯·阿：《现阶段国家宪法和地区自治的发展及教学问题》，《宪法和市政法在教学中的问题》，莫斯科，1999年。

阿弗托诺莫夫·阿·斯：《宪法法律分类的系统性》，法学博士论文，莫斯科，1999年。

博格巴诺娃·娜·阿：《苏维埃国家法律科学：历史理论研究》，莫斯科，1989年。

博格巴诺娃·娜·阿：《宪法法律教学新理念》，《国与法》1994年第7期。

《宪法法律科学的概念：体系构建的分析综合观点》，《莫斯科大学学报（法学版）》1999年第5期。

博格巴诺娃·娜·阿：《宪法法律科学的体系》，莫斯科，2001年。

格斯辛·弗·姆：《国家法律科学历史概述》，《圣彼得堡工业学报》（第16卷），圣彼得堡，1896年。

耶列梅恩科·尤·普：《苏维埃国家法律科学方的方法》，《国家法律和苏维埃建设发展中的迫切理论问题》，莫斯科，1976年。

耶列梅恩科·尤·普：《苏维埃国家法律科学的对象》，《法学》1980年第6期。

兹拉热弗丝卡娅·特·德：《宪法法律教学中科学实践功能的发展》，博格巴诺娃·娜·阿主编：《国家宪法和市政法的教学问题》，莫斯科，1999年。

卡贝舍夫·弗·特：《后苏维埃的俄罗斯宪法法律科学历史问题：第1、2、3、4、5部分》，《俄罗斯宪法的发展：学术会议论文集》，萨拉托夫，2004年、2006年第6辑、2007年第7辑、2007年第8辑、2008年第9辑。

基科米·弗·阿：《宪法法律科学的对象及方法》，《国家法律和苏维埃建设发展中的迫切理论问题》，莫斯科，1976年。

卡拉斯诺亚尔斯克：《宪法：内容和教程结构》，1999年。

克鲁斯·弗·伊：《关于宪法法律科学较低自我评价、客体和对象问题》，《宪法与市政法》2007年第15期。

库普里茨·恩·亚：《苏维埃国家法律科学史》，莫斯科，1971年。

库普里茨·恩·亚：《俄罗斯十月革命前国家法律思想史》，莫斯科，1980年。

列别别夫·弗·阿、基列耶夫·弗·弗：《社会转型期宪法法律科学的工具性作用》，《宪法和市政法》2007年第22期。

列佩什基·阿·伊、乌曼斯基·亚·恩：《国家法律科学与苏联建设的关系》，《法学》1976年第5期。

穆哈舍夫·伊·弗：《俄罗斯宪法法律科学的问题》，莫斯科，1998年。

奥弗谢普皮杨·日·什：《俄罗斯宪法（国家）法律教学新理念研讨》，《国家与法》1996年第12期。

《苏维埃国家学的建立与发展：对20年代学者的研究（第一部分——政权问题）》，莫斯科，1990年。

《苏维埃国家学的建立与发展：对20年代学者的研究（第二部分——宪法与民族国家建设研究综述）》，莫斯科，1990年。

谢米宁·布·弗：《国家法律科学的对象》，《苏维埃国家与法》1972年第10期。

第二编

宪法学说和俄罗斯宪法

第三章
宪法学说的基本理论

第一节 概　　述

宪法是一个国家的根本大法，它能够反映全体人民或某一社会阶级的意志，并确立与之利益相符的该国社会制度以及国家机构的重要准则。

宪法就其形式而言——主要表现为法律文本，即法律法规。它们是由直接选举产生的专门的宪法大会制定并颁布的国家根本法，因此现行宪法具有国家强制力和最高效力。也就是说，宪法在国家立法中占据着至高地位并且囊括了国家法律体系的根本原则。从宪法的本质和内容角度来看——宪法表现为国家和社会的法律文本。换句话说，宪法是一种政治性法律文本（关于宪法内容的主要涉及政权、所有制形式、个人地位以及国家构建的相关问题，宪法性规范对国家机构、政党、其他社会团体、国家公职人员、本国公民、在本国境内的外国公民以及无国籍人来说都是最基本的行为准则）。

宪法制定应首先考虑社会经济性和政治性因素。宪法应首先反映在当今社会存在着的所有制形式和经济活动的组织形式，并体现公民对之的态度。其次，宪法确立了公民在社会和国家中的基本行为规范，以及他们最重要的权利、义务和自由。最重要的是，宪法确立了国家权力系统、国家的根本任务、职能和权限、内部结构、国家机关职权以及地方自治的原则。

在分析宪法的实质问题和其产生的原因时有两种主要观点,即阶级政治论和唯理论。

阶级政治论的实质在于:宪法确立了社会关系中所谓的统治阶级(这种情况下关于宪法的调整对象这一问题没有争论),反映了制定时的阶级力量对比关系。拉萨尔在表述这一关系时经典地引用了这样一句话:"宪法是真实存在的国家间的社会力量对比关系。"列宁的主张在这一问题上是最清晰的:"宪法的实质在于——国家的一切基本法律和关于选举代表机关的选举权以及代表机关的权限等的法律,都体现了阶级斗争中各种力量的实际对比关系。"当然,可以质疑阶级一词的概念,但不可以否定一个不争的事实——在社会关系中存在着不同阶级力量和团体,有时他们之间并不友好,并且常常进行公开的斗争;甚至可以说"阶级斗争"的含义并不恰当,但斗争确实存在——这是不可否认的事实。不仅从历史经验和国外实践中,而且从现行宪法事件中都可以明显发现,由于宪法的颁布,阶级斗争显得尤为激烈。

唯理论的支持者不否认社会政治因素在宪法产生过程中的作用,但也不绝对肯定它。在他们看来,宪法作为有效文本,其公务角色处在首要地位,它确立了国家机构以及人身地位的基础,调整了社会关系并促进他们向前发展。这里所指的处于首要地位的宪法是法律文本,即国家的基本法律。

在研究宪法产生的原因及其实质时,应考虑两种主要观点的依据。

一方面,显而易见,在社会大变革的过程中常有不同的力量为争夺权力进行斗争,而斗争最终产生的最主要后果之一就是新宪法的产生。这是否就是"阶级斗争"与"社会力量"的对比——这个问题留给每一个研究者和读者来思考。但很清楚的是,武装冲突和肢体冲突可以没有,但社会内部稳定离不开斗争。此外,这种斗争可以不存在于那些在社会力量的排位中处于不同地位的阶级之间(例如资产阶级和无产阶级),斗争也可以在同一阶级之间,但对于未来社会来说是不同的阶层。有时,退让和某些明显的对抗问题在社会平稳进入自身有序的发展阶段时就需要宪法来解决。

另一方面,不可否认宪法的结构作用——要知道,随着新的基本法的出现,在社会中形成了新的关系,因此也有了基本的国家法律基础。同时,宪法也的确引起了新的社会政治生活方式的出现,并使其成为必然,这其中也包括那些与之相悖的因素。随着宪法的颁布和实施,国家机构开始运行,宪法性法律文件逐渐产生,形成了程序化政治制度。

研究宪法的实质通常应首先对其特征和分类加以分析,这也是研究者首先应该谈到的问题:

第一,宪法的法律形式不同,也就是说,根据它的外部表现形式进行分类,可将宪法分为成文宪法和不成文宪法。成文宪法是指具有统一法典形式的宪法,并且以这种形式存在的宪法得以接受和实行。不成文宪法,即几部关键性法律的汇编(其中包括宪法惯例,每部法律的作者会分别标注,但这个问题存在争议),它的主要特征在于反映了国家和社会政治组织的意志。同时,不成文宪法这种法律的汇编——与其说是国家立法者与国家元首在宣布立法,倒不如说是国家生活的实践和(或者)科学与政治理论作用的结果。英国是典型的不成文宪法国家——英国的立法者在宪法中囊括了出现相对较早的法案——1999年《上议院法案》、1978年《下议院法案》、1999年《地方自治法案》、2000年《人民代表法案》、2000年《北爱尔兰法案》,以前宪法的渊源中还包括更早,甚至100年前出现的法案——1215年《自由大宪章》、1628年的《权利请愿书》、1679年的《人身保护法》、1911年的《国会法》。

可以说,在很多国家的实践中可以发现这样的情形,新的统一法典中会保留之前某些法令的部分规范,或适用新的关键性法令,这些法令与其基本内容相衔接,并与其一起组成统一宪法典。例如,正如1789年《人权宣言》中所说,在法国实行的1958年宪法,其序言中写道,法国人民庄严宣布对人权和国家主权原则的尊崇,这一部分重申并补充了1946年宪法的序言部分。相应地,这两个文件被视为该国现行统一宪法的一部分。

现今德意志联邦共和国实行1949年基本法,但第140条指出,该法的组成包括1919年8月11日生效的《日耳曼帝国宪法》的第136—139条和第141条。这些条文涉及宗教自由以及国家与教会的相应关系。

瑞典的基本法是1974年宪法,同时也将1810年《王位继承法》、1949年《新闻自由法》、1974年《政府法典》作为其中一部分。

梵蒂冈城国有1929年6月7日的基本法,但作为宪法法案,它也被视为教廷与意大利王国间自1929年2月11日起生效的合同,1929年的法律中涉及权力来源、公民权利、居住权、行政建设、经济、贸易及专门组织以及公共安全这些问题。

在俄罗斯宪法历史中有个有趣的事例。1944年10月11日,图瓦人民共和国被列入俄罗斯联邦自治区,并作为苏维埃社会主义共和国联盟的组成部分,众所周知它是不可以有自己的宪法的。1961年图瓦自治州被升格为图瓦苏维埃社会主义自治共和国,其他共和国都有自己的宪法,但图瓦苏维埃社会主义自治共和国的最高苏维埃政权并没有颁布宪法,而是颁布四部宪法性法律,它们反映的问题涉及制度、国家组织和权力、管理、司法监察机关以及共和国的形态,并且该自治共和国宪法已经替代了这些文件。

俄罗斯联邦现行宪法1993年宪法是具有统一法典形式的宪法。因此,俄罗斯联邦是具有成文宪法的。后来我们曾触及过像联邦宪法性法律这一类法令,在某些国家这样的法律或其中单独的某一部分法律是不可以作为宪法的组成部分的。正如下文所述,在俄罗斯联邦,宪法性法律不作为宪法的组成部分。

第二,20世纪20—50年代,根据宪法的制定方法不同将宪法分为钦定宪法和民定宪法。钦定宪法是在君主制国家以君主的名义制定和颁布的宪法。然而国会逐渐承担起制定和颁布宪法的职责,君主作用却仅限于形式上的核准通过。在多数共和国都实行这种方法来颁布宪法,即由议会决议或者召开专门的宪法大会进行全民公决来制定宪法。在当代的俄罗斯,正如下文所述,新的宪法的制定既可以通过全民公决,也可以通过专门的立宪会议的召开。

第三,根据在宪法中宪法修改(宪法改革)的方法可将宪法分为刚性宪法和柔性宪法。这种分类的依据在于修改宪法条款的难易程度。通常,刚性宪法的确立以能够促进巩固相应的社会关系作为逻辑基础,宪法越难修改那么在它基础上产生的社会现象则越稳固(实在地说,这个理由不足以使人信服,在俄罗斯,聪慧的人民早已发现:如果无法超越法律,那就避之重新来过)。正如读者所看到的,俄罗斯结合了刚性和柔性的因素,即如果宪法的修改涉及第一、二、九章,就需要制定新法,若想修改其他宪法性法律——修改机制虽不是最简单,但只需要有这一过程参与者的愿望仍能实现。

第四,从宪法的形式和内容的角度有时也可将宪法分为法律宪法和事实宪法,或者是现实宪法和虚拟宪法。严格来说,与其说这是宪法法的分类,不如说是其政治基础的分类。事实宪法并不是指基本法的条款,而是指政治生活中实际存在的社会关系。同样,现实和虚拟这一范畴并不意味着在宪法中没有某些宪法规范——这些规范是可能存在的,只是它们的实现不令人满意。就俄罗斯联邦宪法而言,可以承认,其中包含了能够引起这样那样的生活实践的规范,因此将宪法第15条称为直接效力宪法也并非偶然。但很多宪法规范的效力仍有待提高,甚至有时会让人们误以为不是现行法律,而是某种宣言。

第二节 宪法的作用

由上述内容可以大致归纳出宪法的基本作用。在研究宪法的作用时,应该考虑到宪法的作用是其任务的不同表现形式,也反映了宪法在政治、社会和公民生活、国家活动方面的基本作用。任何一个国家的宪法,无论处于哪一种社会体系,都有如下的作用:确立职能、组织职能、对外政策职能、意识形态职能、法律职能。

一、确立职能

这一职能的实质在于,宪法的出现是社会生活发生根本性变革的结果,宪法恰恰成了社会向下一个历史阶段发展的政治和法律基础。"确立"一词应该这样理解:宪法,要么巩固那些作为人类活动的结果已经存在的社会关系,要么为新的社会关系创造可以在社会中逐渐成熟的前提条件,而这些社会关系在缺少宪法的制定和实施这一必不可少的法律基础的情况下是无法产生的。因此,宪法的确立职能既可以通过社会(政治)制度整体表现出来,也可以通过具体的国家法律制度和机构表现出来。

上述内容可以说明宪法其自身的历史经验的真实性。每一部宪法都标志着社会政治发展迈入新阶段,宪法也因此完成了它的确立职能。当然,从宪法自身的角度来看,它也同时实现了权力。

同样,俄罗斯联邦第一部宪法的确立职能在于承认了社会革命的成果并且最重要的是实现了政权的更替,按照当时的术语——政权属于工人阶级和贫困农民。俄罗斯联邦宪法第9条中写道,它的主要任务在于,确立城市和乡村无产阶级作为强有力的全俄苏维埃政权的专政制度,其目标是"镇压资产阶级,消灭剥削,建立社会主义"。

社会主义建设的成果和经济基础,在同敌人的斗争中建立的新的苏维埃国家(教育和发展苏联加盟共和国)和国家机构的社会主义形象中体现出来。包括1936年苏联宪法和1937年俄罗斯联邦宪法在内的宪法,使得与许多已经建立的宪法体制和政治现实之间不符的差异得以发展。尽管这些基本法出现时国家中存在着大量不法行为,但宪法宣扬劳动者的权利,民主权利和公民自由。

尽管如此,但从法律形式方面来说,这些宪法完成了确立职能,例如:确立了创建农业系统的新体制的经济基础,即基于统治地位的国有制和合作社——集体农庄所有制;实行普选法,苏维埃劳动代表大会代替了直接选举理事会大会,苏维埃中央执行委员会代替理事会,新的苏维埃最高国家权力机关——最高苏维埃,等等。苏联1977年宪法也完成了确立职能,同时已经构建的宪法与俄罗斯联邦1978年宪法完全相符。

1977年苏联宪法在俄罗斯实现人民主权和民主政治的前进道路上起到了至关重要的作用。它作为法律章程,从立法上确定了苏维埃国家的本质属性,即苏维埃国家是全民的,代表工人、农民、知识分子,是各民族劳动者的意志和利益的国家;宪法扩大了苏维埃作为上述各社会阶层不可侵犯的联盟的社会基础,把国家政权转移到苏维埃人民代表手中。随着国家经济增长,宪法使国家经济向统一的国民经济综合体转变,宪法团结了共产党领导下的苏维埃社会政治体系中的所有国家和社会组织的力量。

当然,确立职能是俄罗斯联邦1993年现行宪法特有的,尽管被编入其中的一系列早期宪法性法律规范由于俄罗斯联邦1978年宪法的修改补充不止一次地发生改变。

总之,俄罗斯联邦宪法的确立职能在于它完全彻底地使俄罗斯告别了社会主义发展道路并走向新的发展轨道:在政治方面——实行了全民民主制度和政治多元化;在经济方面——实行多种所有制形式,其中包括私有制、自由经营活动(企业主)和市场经济。除此之外,这部宪法的确立职能还在于,它确立了联邦等级上的新政权的权力隶属关系,划分了俄罗斯联邦和它们的主体,以及地方自治机关之间的权限。

二、组织职能

宪法这一功能不仅仅在于它取得了成就并在社会、国家和人民面前确立了新目标，更在于它刺激了政治积极性，使国家机构、社会团体、全体公民致力于与新法相符的事业。宪法应进行相应的定位，同时，其品质也应合乎宪法本身。

宪法自身重要的组织意义在于新宪法的颁布。或许，宪法中的很多内容反映的是现有的生活，巩固的是前期的基本规范，其中也包括颁布对现行基本法的修正案。新宪法的产生对于社会和国家机关充分调动一切力量发挥组织意义。

除此之外，宪法是具有直接效力的法律文本——这常常在其法典中被强调出来。宪法典的开篇指出，大多数公共关系直接产生于宪法基础之上。

上面所述完全属于俄罗斯宪法，其中包括1993年宪法。它的组织功能常见于很多关系中。但需要特别强调的是，在社会经济领域，宪法致力于事业，致力于正当竞争和市场经济；在政治领域，宪法致力于自由创造不同的社会团体和政治多元论；在国家领域，宪法实现权力划分，针对那些对我们而言相对新的制度确立牢固的规则和传统，而不是早期的宪法体制。

三、对外政策职能

宪法的这一职能在于，它不仅仅适用于国家生活内部，同时也是国家外交活动的基础。宪法中列入了关于外交和国防的专门章节（例如，1977年苏联宪法、1978年苏俄宪法）。但原则上，这些章节也不一定出现在1918年俄罗斯联邦宪法中，1936年苏联宪法中和大多数国外宪法不存在类似的章程。俄罗斯宪法的本质在于——不仅仅源于国家的和平外交政策，寻求合作和睦邻友好的关系，而且宣告公认的国际法原则和准则以及组成俄罗斯联邦法律制度的部分国际条约。

除此之外，俄罗斯宪法的对外职能也是国家之外的重要信息来源。

它为其他国家的人民提供了解的机会,也能使其他国家和国际组织了解俄罗斯的社会政治、国家结构、俄罗斯联邦主体和中心的相互关系,基本的宪法性宗教和民族政策,俄罗斯的人身地位,等等。

通过了解一国宪法中的社会经济和政治制度的概况,其他国家即可对该国发展前景具有一定的认识。请不要忽视,宪法宣言与其实践的步伐不总是一致的。然而,若要了解一个国家不可不知道该国宪法的本质。

四、意识形态职能

任何一部宪法都具有这一职能,1993年俄罗斯联邦宪法亦然。尽管俄罗斯联邦宪法第13条表明,在俄罗斯联邦承认意识形态多样化,不得将任何意识形态作为或强制其成为国家意识形态,然而这种说法也是有足够依据的。那么,俄罗斯现行宪法——难道看起来似乎是非意识形态化的文本,但又不合法地载明宪法意识形态功能吗?不是这样的。事实上,宪法的意识形态功能可能在于确立某种政治学说作为指导思想。

然而在另一种宪法构想中不可以没有意识形态——从世界观的角度。要知道实际上宪法中的每一句话都表达了对国家社会政治制度的期望和梦想。难道一种意识形态绝对地反对私有制还不够明显吗——苏维埃宪法做到了这个,与之完全对立的——在宪法中确立私有制和多种所有制形式(即1993年宪法)。

苏联1977年宪法中确立了苏联共产党领导的一党制度;相反,在1993年俄罗斯联邦宪法中确立的是政治多元化和法律面前所有社会团体一律平等——这里不仅指政治的组织方面也指公共生活的思想基础。

不同的观点直接体现在国家权力系统中坚持代议机关的领导地位至上的原则,并且和其他国家机关有向其援助的义务和分权原则中彼此相互影响的职能（俄罗斯联邦宪法）。

事例还有很多，但结论很清楚——每一部宪法都有自身的社会价值体系，这一社会价值体系致力于在其基础上培养持该观点的每个社会成员。

五、法律职能

宪法的这一功能的实质在于：它可以成为国家新的法律制度和法律秩序的基础（或者成为国家发展过程中的新阶段，其前提是这些法律制度和秩序确实存在并且得以保存下来）；它可以自发调节公共关系，并且它作为具有直接效力的文书可以直接对其起源产生效力。

它为立法进程和制定新的法律规范提供了推动力，并体现出宪法的统一思想和其他法律规范的不同地位。

上述内容是完全符合俄罗斯联邦现行宪法的——宪法在俄罗斯联邦法律体系中是纲领性文件，解释宪法需要近600个标准法令，同时还需要必要的准备。保障宪法的直接效力这一问题具有很强的迫切性——人们常常忽视基本法的这一特征，并且由于其中包含了一系列有益的思想，却不存在具有直接法律效力的规范，所以人们常常将其视为圣经，仅仅是祈祷却完全不付出任何行动。

第三节 新宪法产生的原因

部分读者收到的关于新宪法出现原因的回复，主要是通过分析前宪法的本质和职能得出的，然而这并不包括出现新的基本法的不同原因的专业性概括。这些原因整体上取决于国家在相应发展阶段的具体情况，主要包括以下几点：

（一）新国家的产生

当然在这种情况下，不存在其他因素，基本都与政治、社会经济和人的发展呈一致性。这里的人主要指生活在该国领土上，并得到该国国籍的人。总之，国家的建立是新宪法出现的首要原因。

在俄罗斯历史上有相关例子。1922年12月30日苏维埃共和国联盟第一代表委员会首次通过关于成立苏维埃社会主义共和国联盟的宣言和条约。随后，1924年制定并通过了苏维埃社会主义共和国联盟宪法，确立了新国家的基本地位及其机关，重点关注社会经济自然建设和人的权利地位等问题，首先规定加入苏维埃社会主义共和国联盟的联邦结构形式，其中也有1918年俄罗斯苏维埃联邦社会主义共和国宪法的内容。

国家还可能出现新的推动因素通过新宪法，就是国家间的联合。苏联成立后于1924年颁布了宪法，确立了苏联的基本法律，反映了苏俄加入苏联的事实。

（二）在相应国家中形成了新的社会经济和政治制度，甚至存在新国家只是在形式上产生，而实际仍然是由前领导集体接任

例如，1918年苏维埃共和国宪法，在形式上适用新国家基本法，这些新共和国从前就是俄罗斯帝国的一部分。国家宪法居于最高地位，宣布新的社会经济和政治制度——社会主义，工农联盟取得政权，资本家和地主被赶下台，致力于废除私有财产、实行公有制，等等。

我们也可以针对同样的原因探讨1993年的联邦宪法。该宪法是由社会主义向非社会主义制度过渡的一部宪法，并明确宣布建立民主社会国家，尤其是实行多种所有制经济制度并存，保障财产私有制，采取实行政治多元化、多党制，设立常设议会机关等措施。

（三）国家形式，政体形式和政治制度的变化

例如，国家由从前的君主制变为联邦制，这是新宪法的基础。反之，同样也有从联邦制变为君主制或君主制复辟。单一制形式的国家一般

变为联邦制。还有由联邦代议制变为总统共和制；反之，或由代议制取代总统共和制，政体具有混合性。顺便说一下，经济和社会基础在此时大体上没变，或者只改变了一点点。

政治制度变化不仅会影响新宪法的出台，有时甚至能同时改变国家和政体的形式，及产生新的权力相互关系。但在出现新的政治制度前不会引起上述结构的变化。这就意味着不同类型的君主制度可能变为民主制，当然也可能变为专制制度。形式上的联邦总统制可能变为代议制国家权力机关政体，一党执政条件下，可能产生正式一党制或者正式多党制，其他政党要充分发展非常受限制。

（四）宪法的性质在不断地演化而直至终结

每部宪法都有其具体目标。如果它们的实施，只是为社会发展带来很小的益处，甚至变成了阻碍社会发展的因素，那么宪法就应该进行修改或被新宪法所替代。

在这个方案中新宪法标志社会和国家发展的新阶段，如果是自然变化那么就是和平演化。1936年苏联宪法，标志着社会主义的完全胜利，没有剥削、以公有制为主导、扩大公民社会经济权利等。没有谈及现实的国家制度，国家得到了切实的巩固，国家财产的增长不仅靠对私有财产的掠夺，而且还建立了新的工厂和制造厂，建立了农村经营管理体系。

1977年苏联宪法伴随着社会主义经济基础的不断巩固，从而进一步巩固无产阶级专政和社会政治体系，统一社会阶层等。

宪法运行的周期，主要有两个途径：严格来说，法律形式，即宪法本身规定它的实行期限，研究新的基本法；抽象来说，在现实中很少提出准确的宪法实行期限。

更要详细说明的是，在宪法学理论和在国家实际建设中，有一个名词叫过渡时期，在过渡时期要解决的主要任务，会被编入宪法中，被称作宪法的潜在目的。通过推理"过渡期"这个词语，之后应该会通过新的或固定的宪法。但由于过渡时期的不确定性和条件性，拥护者支持传统宪法能够延长这个阶段到更长时间，可以断言的是会形成新的社会关系；甚至出现了所谓"变革"理论，宪法规范本身不变，但现行文件和政治实践要与实际相适应。

当然该阶段也恰恰是危险的，因为在整个"过渡期"社会生活呈现紊乱状态，稳定的政治和经济关系还要等几年才能实现。但如果把一切社会建设都拖延到10年后"过渡期"结束，那么初期经验只能保留一些不切实际的社会关系，此时的宪法很大程度上是虚拟宪法。

上述是可能出现新宪法的原因：经过共同讨论和重新编订，并没有通过新的宪法，而只是在原有宪法的基础上进行修改和补充，然后移植到现行宪法中——这是第一步，之后再通过新宪法，实质上仍然要经历很多次改革。

然而绝不只是形式上通过新宪法，有时甚至要吸收早期实施的宪法的改革内容，通过新宪法是激进的政治行为和意识形态方面的行动，它以巩固国家和社会制度为目的，相信公民在新的社会秩序中拥护宪法，使宪法稳固和恒定。不管怎么说，新宪法基本内容改革前的准备阶段，人们都会与新宪法出台联系在一起。

第四节　宪法调整的对象和范围与宪法的内容和结构

宪法调整的对象是特定的社会关系，宪法规范影响主体关系，确立了他们的根本地位和先决条件，以达到规定的职能规范。

宪法政治目标应当反映当今国家政体，并成为其进一步发展的基础。但是，宪法作为法律文件以它固有的法律活动和法则达到规定的特殊目的。

此外，宪法的自然属性起到重要作用。首先，社会中存在的政治目的，按照这种观点，可以为编制新宪法提供很多方法。所以，也就产生了选择的问题，因为宪法得以运行才是最根本的。其次，宪法应该以集中简明的形式发挥作用。

因此，每部宪法都是主观性和客观性交织的结果。客观性是宪法必须巩固社会经济基础和国家结构，保障人和公民在国家中的法律地位，政治权力机制等，并且要有简明扼要的表现形式。主体性是对具体的人和国家以及社会在本阶段发展情况做出规定。

一、宪法调整对象和范围的规定要素

以下是影响宪法内容和宪法调整对象的原始因素的总结：

（一）这种政治观具有所有制本质和权利本质，其法规有着这样或那样的使命，具体划分为两大类

1.第一类直接与社会经济相联系（也就是之前提的阶级），相应的社会规范逐渐被掌握后，也就选择了接受还是拒绝

例如，否定私有制作为社会经济基础（不要混淆存在私有财产本身的可能），建立马克思列宁主义的公有社会发展理论。私人财产被认为是导致工人和农民贫穷的根源，属于人剥削人的现象。公有制能够打开通往光明之路，管理国家的权力要掌握在劳动人民的手中。相关言论主要出现在1917年革命中。反映了苏联宪法的意义，1918宪法中许多法令（国有化）征用私有财产。

反对态度中基本观点，更倾向将私有制加入国家和社会的成分中，使所有社会关系和宪法调整对象都受这些因素影响。

在这种对立情况下，便产生某种中和的状态，出现了向往社会和平、和谐、多元所有制形式和经济活动的号召。最后，最好达到宪法规定的复杂混合机构——例如俄罗斯现行宪法第8条规定在俄罗斯联邦，对私

有制、国家所有制、市政所有制以及其他所有制形式予以同样的承认和保护。

但有时会用某种方法取得胜利，其中不排除发生激烈冲突，甚至为了某种观点的胜利使用武力手段。不应该妄想这些因素会像某种没落文明随着社会的发展逐渐消失。它们可以被改造，其实并不像法律要求下台的某个权力阶层一样。不过，不管在过去、现在还是将来，以上因素都可能成为宪法的研究对象，权利归属的开放程度划分了社会阶层，并通过宪法将这些因素表现出来。保障权力的社会政治制度，巩固民主建设，保障民主权利和利益，不仅对外宣布实际权利归属，还明确了当局经济寡头统治阶层及其代表。

因此，社会总体制度因素对宪法的内容起决定性作用。国家本身当然是第一位的。比较有说服力的例子就是，在苏联权力体制下国家起着甚至可以说夸张的作用，国家是经济上占统治地位的阶级进行阶级统治的工具，以管理社会和满足人们的日常需要，广义上指家长式统治模式，这些都是宪法编制的基础。随着人民拒绝实行家长式的国家管理模式，逐步引向了多元的所有制形式，国家在满足人民物质文化需要的前提下，将国家和人民的私人力量进行必然联合，逐渐发展成人民配合国家进行自主管理的模式，这个方案也成为当代俄罗斯宪法中的内容。

2.第二类以政治法律因素的有效性和其余的实际宪法法规为条件，这种社会手段是要推迟到后期的计划中

例如，确立代议制还是联邦总统制。总统具有强弱性，建立以他为元首的政府或者独立于以总统为元首的政府、议会实行两院制还是一院制、是否建立宪法法院以及赋予它怎样的职权——所有这些问题属于相同类型的社会民主问题，当然也有不同的解决方案。这些方案往往是已确定社会类型建设和政治关系的拥护者和反对者博弈的结果。

典型的例子是，苏联宪法检查和监督机构制度的发展。苏联的态度是积极成立该机构，从而反对那些认为监督职能应该由议会来完成的观

点。因此,议会对这些事项采取由其他机关决定的态度,其内部的文件则要由最高议会做出,以摆脱任何一种监督和检查,不再采取职权下监督和检查。然而实践逐渐显示出,议会无法充分履行宪法监督和检查的任务,由此出现了设置专门机构来完成该职能的观点。宪法监督委员会机构最终成为苏联和共和国的产物。其有权用不同的规范性文件来进行评定,包括最高国家权力机关,并且不能认定这种行为无效。

那么新的斗争阶段就会立即开始,就要对宪法监督机关拥有的这些权力进行划分。不过应该放弃纯监督职能,但苏联在实际上没有设立联邦宪法监督委员会,而设立了宪法法院。

然而,对于这个机关的态度似乎并不单纯。1993年9月21日俄罗斯总统法令解散了人民代表大会与联邦最高委员会。宪法法院认定该行为属于违宪行为,总统中止宪法法院的活动。宪法法院是否应继续存在,或是宪法法院的职能由最高法院委员会代替。但是宪法法院最终保留下来,成为当今俄罗斯联邦宪法机构之一。

宪法在原则上要与实际社会关系相符合,否则宪法就可能形同虚设。列宁曾在这方面有以下言论,直到今天仍然有参考价值:"虚拟的宪法,当法与现实脱离;不虚拟的宪法,当法与现实相结合。"

不良的宪法是有时滞后于社会的发展,有时又过于超前,包括其法规不能真正实施。在这方面,对于宪法的特点就要像前文说的要辩证地看待。

一是稳固社会关系,宪法为其后续发展提供基础保障。例如,1993年宪法,在俄罗斯权力属于人民,这不单单仅是恒定存在的宪法原则,而且要求在实践中得到具体落实。

二是一些法规还未成熟,不能在实践中得到实施。只是确立其形成的必要性,随后并没有更多的行动。法规本身会编入宪法的相关条款以及章节中。例如,在没有宪法法规的情况下,将一院制议会转变为两院制议会,设立宪法法院、总统等行为就是不合理的。

三是相关规定编入宪法相应条款中，在很大程度上是依社会发展情况来编制的。尽管使用宪法规范的语言，但更多的像是政治纲领和宣言的风格，这就提出了关于宪法名称替换的问题。

这也就表明，宪法是根据当前的发展情况来编制的，要符合实际条件。因此应该回答这样的问题：应该怎样设置"存在"和"应当"的比例，还是说在现实中应该采取多大的比例能正确地编入宪法中，产生的社会关系在多大范围内能够得以实现。

在许多情况下，宪法的编制要参考社会实际存在，其实这是非常复杂的过程。宪法要尽可能符合相应程序化关系，并按照这样的拟定使他们能在原则上得以实现。但是，有些范围不能解决，规定起来很困难甚至不可能实现。

如前所述：首先应当将相关条款编入宪法，随后确保宪法产生的关系。那么会有这样的问题：宪法的内容有多少能得以落实，它的保护对象，谁将为宪法的落实负责？例如，俄罗斯宪法规定，当地政府通过实施直接选举或其他市政机关以公民投票、选举或者其他形式来直接表达自己的意愿。公民以直接参与的方式解决地方自治问题的情况是为数不多的，更常见的参与人员是机关和地方政府官员。然而，宪法规范旨在社会主体共同参与的相应社会关系。

社会意识的水平直接影响宪法调整的对象和特点，当然这些因素的表现是不同的。在新宪法开始起草时，民主制国家中的执政者应制定反映人民地位和关注人民需求的宪法草案，这样的宪法才会得到支持。当然，宪法中也包括受社会生活水平影响的社会意识的内容。应该让大多数的人能够理解法条的内容，甚至是受教育水平很低的人。事实上，大多数公民（大约95%的公民）不仅没有读过宪法，甚至碰都没碰过宪法法典。但是他相信权力，相信国家编制的法律，甚至可以在宪法全民公投投票原则上相信权力。

同时，宪法本身也是社会意识形态的表现。最细微的表现就是宪法法规内容，比如提升国民教育水平，其在很大程度上取决于社会意识形态。最明显的表现就是严肃的宪法思想"内容"，这是宪法固有的特点。例如，苏联宪法的重要内容是打击剥削（当时）、解决文盲问题、实现妇女平等、解决民族差异等。此举得到绝大多数民众的响应。随后宪法注重加强人民对社会的责任感，将个人利益和国家利益统一起来，当然这也符合社会意识形态。俄罗斯现行宪法强调：人的权利和自由是至高无上的，国家实行民主制、意识形态和政治多元化是宪法制度的重要特征，原则上这也是现代社会意识的特征。

所以，社会意识形态是检验不同观点、议案和裁决等生命力的形式。当然，其中也包括宪法的内容。如果宪法得到接受和支持，将公众意识作为某些规律性的社会存在，宪法将会更具合理性和全面性。

应该为宪法编制具体的任务，否则，很难理解，宪法为什么详细地调整一部分社会关系，而对其他方面几乎不涉及。例如，1924年苏联宪法的主要目的是巩固苏维埃联盟的形成，因此几乎没有涉及社会建设、公民权利和自由。这些问题成为苏联宪法的研究对象。因此，了解一部宪法的任务，就能掌握它的特点，也就可以和其他法律做具体的区分。

在评价宪法调整对象和主体时，一些相当重要的因素，如：相关机关的意志、裁定、提出的议案、编制的宪法条文，以及全民公投等提案，在一定程度上赋予公民参加议案讨论的权利。可以坦诚地说：宪法的产生具有历史客观性，反映社会和国家发展的普遍规律。

例如，在同等的社会政治条件下可供选择的解决方案也很多。因此，1992年4月21日在宪法改革中俄罗斯承认联邦由共和国、边疆区、州、市、自治州等组成，并承认其重要地位。于1992年3月31日签订该条款，联邦条约纳入宪法规范中，同时宣布其为宪法密不可分的组成部分。在1993年5月的提案中，俄联邦总统将提交的新宪法草案中个别章节作为联邦条约，他保留了该草案，于1993年7月审定和批准宪法。1993年12月对最后的法条定稿进行了全民公投。联邦条约我们已经找不到了，因为纯粹规定俄罗斯联邦条约的并不多。法条曾承认的是其合理性。

在1993年宪法中,很明显将权力向俄罗斯总统倾斜,他有比联邦会议更高的职权。其原因在于,这种调节是为了平衡在俄罗斯宪法中对俄罗斯总统的职权和个人权力的首次"削弱"。不得不说这种做法是在加强总统权力。

(二)作为政治法律文献,宪法内容和对象的确定要受宪法自身属性的影响,作为国家的根本大法其更关注社会关系

作为根本大法宪法必须包括实现社会、政治和国家法律职能的法律规范,其符合世界宪法历史的演变过程。19世纪末20世纪初的资产阶级宪法,其作为法律文献比国家和国家机关体系更有优越性。社会经济体制、公民权利和自由是其最基本法规。随着苏联对宪法对象的调整和变化,与国家建设一样,宪法增加了新的章节,是关于社会、政治、经济制度、公民的地位等内容。

宪法调整的范围扩大,逐渐吸取外国宪法的精华——扩展了公民权利和自由的范围。

这种原则下宪法调整对象的立场在当今俄联邦宪法中也得以保留,在宪法中有很多法规涉及法治国家建设、公民的权利和自由等。但是这不能认定为宪法最后调整的对象——比如在俄罗斯宪法草案准备阶段,主要由宪法委员负责,重点关注公民社会及其结构要素。这个宪法草案只有一部分得以保留在提案中。宪法作为国家的根本大法,不仅影响国家,还有社会及政治生活,在许多方面有自主权力,因此不排除扩大宪法的调整对象范围的可能。

二、宪法结构

每部宪法都有自己的组成部分,主要根据其部分和法条的排列划分章节,从而表现出不同国家编制本国根本大法的独特性。

对于出台新根本大法的评价和看法,这些可以在宪法的组成部分中反映出来。例如,1936年苏联宪法关于公民的基本权利和义务这章被安排在宪法条文中比较靠后的位置,该法典一共13章,其位于第10章,当然并非偶然。

当然,我们可以说,社会价值观的解释是会间接影响宪法的结构形式。更主要的是,它会融入宪法中。而且,宪法的出台不能过于细枝末节,有的法规只具有象征性意义,甚至起草者并没有考虑好。

如果在政治意见领域保持现状,最大可能是因为宪法调整的连贯性制约了宪法法律制度的逻辑性。

在实践中大多数国家都将序言作为宪法开端,也可以叫前言,一般叙述政治方向等内容。序言的存在是为了阐明国家所走的道路,阐述当前社会发展及其社会性质和国家本质及其主要任务,最后叙述颁布宪法的目的并宣布其正式生效。

序言的主体部分往往就能体现出整个文本的风格和意识形态。例如,1977年苏联宪法准备的时间较长,主要原因是新的社会制度刚刚建立,国家的职能还不是很明确。经过论断苏联实行社会主义,属于社会主义国家的发展模式,决定将社会和国家所有特性在序言中体现出来。虽然序言不是很长,但是意识形态在1978年联邦宪法的序言中也体现出来了。

1990年12月15日宪法改革。苏维埃联邦社会主义共和国人民代表大会议员曾说,对宪法的序言进行大量缩减,只留下较少的一部分。他们意识到了要对俄罗斯的历史命运负责,要尊重所有人民的权利。加入苏联后,同样代表苏维埃联邦共和国人民的意志,肯定了苏维埃联邦社会主义共和国的主权,表示决心建立民主法治国家并更名为苏维埃社会主义共和国。在1992年12月9日宪法改革时,在彻底宣告苏联解体时补充了承认、遵守和维护人和公民的权利与自由是国家的责任的内容。

1993年俄联邦宪法。精简的序言如下,它写道:

我们,在自己土地上由共同命运联合起来的多民族的俄罗斯联邦人民,确认人的权利和自由、公民和睦与和谐,维护历史形成的国家统一,依循普遍公认的各民族平等和自决的原则,缅怀将对祖国的热爱与尊重、对善良与正义的信念传递给我们的先辈,复兴俄罗斯主权的国体并确认其民主基础的不可动摇性,努力保证俄罗斯的繁荣和昌盛,基于为自己的祖国而对当代和后代所承担的责任,意识到自己是国际社会的一部分,特通过俄罗斯联邦宪法。

尽管文本部分精简集中,但其包含了理性和意识形态的内容,序言部分规定人和公民的权利与自由具有至高无上的价值,它起到调整社会和谐,呼吁人们不要在对立的基础上,维护国家统一等一系列反映复兴俄罗斯主权国家及人民平等和权利自决的思想,强调要向增加人民福祉和实现俄罗斯现在和未来的繁荣而努力,并追求和平的世界大环境。

因为在一个国家中,关于权力、国家建设、社会政治结构、所有制形式等问题是非常关键的。一般把它们编制在宪法的第一章或者第一部分。当然也会进行缩减。例如,1936年苏联宪法第一章"社会建设"一共12条。然而,这完全可以编写成几章的。1977年苏联宪法"社会建设的基础与苏联政策"包括5章:"政治制度""经济制度""社会发展与文化""对外政策""维护社会主义国家"。

俄联邦宪法第一章"根本的宪法制度",指出了更高程度的问题,巩固内部更重要的内容也就是民主建设,俄罗斯联邦国家属于全体人民;承认个人权利和自由具有至高无上的价值;民主在俄罗斯是最基本的政治制度和生活方式,俄罗斯实行政治制度和政治思想的多元化、经济活动自由化和多元化、多种所有制形式并存等制度。

在宪法组成中巩固公民合理的人身地位、基本权利、自由与义务等内容。这样编制是因为:一方面,在民主社会和国家中,个人利益具有首要地位;另一方面,不能过早地将关于人身地位的法规定为宪法建设的基本内容，因为它们会制约宪法的建设。保护每个公民的利益是国家政策、社会政治制度体系、所有制经营管理形式的发展方向，因此要赋予公民权利和自由使其积极影响国家和社会的进程。

在宪法规范内部关于赋予公民权利、自由与责任等内容，它们的关联性主要来源于对个人地位态度的观念。例如，在苏联时期个人主要体现在三个方面：个人是实现国家政治经济和社会发展的参与者；个人是管理国家和社会公共事业的参与者；个人是集自身利益和精神世界为一体的个体。因此，不管是苏联宪法还是之后的联邦宪法，都注重巩固公民权利和自由，比如体现在社会经济领域和社会政治领域，保护个人的隐私和自由。

当今在领会个人地位的基础上，在宪法中以另一种方式具体体现。首先，居于首位的是人的生命、安全和自由；其次，国家为个人提供参与社会生活和管理国家事务的机会；最后，允许个人参与推动经济发展及社会进程。1993年俄联邦宪法中就体现了这种关联性。公民的权利包括：基本人权和公民权利与自由，当然为保障其他公民的权利和自由，公民同样也要尽相应的责任和义务。

从宪法原始规范来看，宪法规范可以通过国家内部结构特征表现出来，之后把各部分分为具体的章节进行详细规定。宪法这部分称为国家建设、国家政体及联邦建设等。

宪法编制多少章及每章的具体命名由制定者决定。例如，1978年联邦宪法。第三篇"民族国家和联邦行政区域建设"，并在篇内划分独立章节，如自治共和国自治区、自治州等。为反映新的联邦性质，在1992年4月21日对俄罗斯联邦宪法进行补充，增加关于边疆区、州等内容（1992年9月增加联邦直辖市）。1993年俄联邦宪法这些问题被编入第三章"联邦建设"中，以更集中的形式反映联邦的性质和结构问题。

以下宪法部分论述国家中央机关。按照逻辑上的分权原则将权力划分为立法权、行政权和司法权。宪法章节编排的顺序如下：首先是议会,然后是政府,最后是司法机关。但是除了分权也使用了其他的管理形式,如总统共和制的政体形式、议会共和制或其他不同的混合形式。由此,在宪法中有总统这章,其后章节是关于议会或者反之。

俄联邦宪法不称俄罗斯为总统制国家。但是按照宪法调整的合理性,总统是所有国家机关的元首,总统保障国家权力机关协调的行使职能并相互协作(第80条第2款)。因此,在宪法中按照总统、联邦会议、政府、司法机关的顺序编排。

在宪法构成中,通常在俄罗斯联邦总统、立法机关和执行机关这三章后编制司法权这章,具体分为法院和检察院。俄罗斯宪法的前一部分中有关于审判、仲裁、检察监督的部分,有两章是关于法院、仲裁和检察院。比较有特点的内容是:例如,基本人权保障和司法客观公正的内容被编制在司法机关这章。俄联邦宪法所有规范都集中表现人权和公民权利与自由等内容。在仲裁法院体系中仲裁制度这些年进行了改革。1993年宪法,有一章是关于司法机关,其中包括规范司法组织以及俄罗斯联邦检察院,最后该部分引起关于宪法结构合理性的争议,建议分出检察院独立建章。

国家其他部分领土权力机关体系基本建设也是宪法的调整对象,但在很大程度上要取决于选定的方案。例如,在苏联从苏维埃最高委员会到村委会所有机关,其执行委员会都要由国家来实行,因此他们的基本工作不仅由共和国宪法进行规范,同样也受联盟的规范。俄罗斯是联邦制国家,不会在联邦各主体权力机关中设置负责人。俄罗斯联邦诸主体依据俄罗斯联邦根本宪法制度和联邦法律规定的组织国家权力机关和国家权力执行机关的一般原则独立规定。然而,许多学者认为,联邦主体的权力机关组织是重要的基础,应该上升到宪法规范的层面上。

如果国家放弃在所有地域都设置国家机关的想法,并提出同意在城乡居民点或在另一些基层地方实行地方自治,那么宪法中就会新增地方自治这一章,联邦制国家也不除外。各主体领土内机关问题是主体内部事务。此外,在第一章"宪法的根本制度"第3条规定地方机关是人民行使权利的渠道之一。俄罗斯联邦,承认和保障地方自治(具体详见俄联邦宪法第八章)。

宪法的正文结尾部分通常是宪法附则和补充条款。俄联邦宪法第九章是"宪法修正和宪法审查"。

通常,大多数宪法最后结束部分,都是"附则和过渡性条款"或简单的"过渡性条款"。其目的是说明宪法于何时通过以及正式生效的日期,还有旧宪法的效力存废问题,以及在新宪法生效前,旧的立法如何适用、现有机关和重新设立机关工作的运作等问题(详见1993年俄罗斯宪法"附则和过渡条款")。

经过对该问题的研究,我们能发现,宪法的调整对象和宪法的结构并没有某种特定的定律,大多都取决于一个国家中何种社会政治制度的实际状况。真理总是源于实践的。

关于宪法对象和结构的问题在很大程度上都与其编写者的法律素养有关。如果他有足够的知识储备,了解宪法的本质和作用,理解宪法内部调控的逻辑性,可以很好地对政治和法律现象进行预期,就会制定出更完善的文本。

第五节　宪法的主要特征

宪法的主要特征在于政治法律法规与社会的发展,是与社会关系中的起因和影响特点相联系的。宪法的角色体现在国家现实生活进程中。俄罗斯联邦宪法的主要特征可以从基本特征、人民性、现实性、稳定性方面来看。

一、基本特征

俄罗斯联邦宪法的基本特征是它调整最重要的社会关系,宪法乃是社会历史进步的基础。除此之外,宪法调整具有概括性的特征。宪法的任务是发现和巩固最主要的社会关系,是所有法规的最低限度,是能够清晰明了地反映社会关系的本质。这些法规为以后的立法的原则性内容提供方向和判断。

当然,在最重要的社会关系范畴中,宪法的反映具有客观的、主观的因素。客观的事实是,基本的社会关系与国家、权利、个人、所有形式和经济组织关系相联系。但是主观的方式是创造新的宪法。因此,在巩固社会关系中宪法不可以作为审理的绝对观念。在社会关系形成发展的某一阶段,宪法构成的某些内容可能会有所变更。这意味着,一些法条将从宪法中废除,另一些法条将编入到宪法中。总之,宪法的基本特征——这是宪法的抽象价值,但是无论怎样都不能反映"永恒"具体的基本法律。

二、人 民 性

宪法的人民性特征是反映人民利益的特征。如果更具体地讲,宪法的人民性有以下几个因素:

第一,人民自己创造,是新宪法出现的客观前提,也就是说巩固宪法的社会关系——这是人民创造活动的成果。

俄罗斯联邦宪法取决于这些内容:社会力量改变国家生活;人民根据成熟的客观条件和要求选择自己的道路。在生活中宪法性改革存在很多困难,这并不是偶然事件,因为这是在创建新的社会体系。总之,俄罗斯联邦宪法的人民性在于:它对新社会人民的创造作出了总结,它从人民利益角度提出了任务和发展前景。

第二,宪法的人民性表现在,人民可以直接参加到审查和通过新基本法的过程中。

最主要的是,1936年和1977年通过了全民讨论的苏联(苏维埃社会主义共和国联盟)宪法草案。大概,任何一个读者都可以讲述在社会建设阶段民主制机构的形式特征和1977年全民讨论的宪法方案。当然,这是有一定基础的。但是任何法规都要通过该种观点进行审理。这个计划很难否认,在全民讨论阶段人民认识宪法文本存在困难。也就是说,不仅能够作为政治文件审理,而且能够为劳动和生活提供现实支撑;由此,居民中感兴趣的人将进入宪法委员会。

1993年俄罗斯联邦宪法全民讨论方案未被通过。但是宪法委员会提案和俄罗斯联邦总统提案在报纸上刊载,发行数量成千上万。因此公民可以了解文本并提出自己的意见。

宪法的人民性特征体现在,它采用全民投票。1993年12月12日,全民投票实现了。在这次投票中共有58 187 755名登记的选举人,即54.8%选举人参加。宪法颁布共有32 937 630人投票,参加投票的人数占总人数的58.4%。

三、现 实 性

现实性作为宪法的一个特征,与现实性相联系的最主要的是现行社会关系中的基本法律。在这种思想中俄罗斯联邦宪法的现实性取决于它符合社会的要求,国家公民的利益。

宪法早期的现实性是保障组织者的工作——首先国家和它的机关,但是很大程度是社会联合组织,包括许多政治团体。组织者需要动用国家有权机关和个人作用,实现宪法规定,并且按照宪法开展自己的活动。

任何宪法的现实性,包括俄罗斯联邦宪法,都需要保障社会经济、政治和组织发展。因为基本法中优秀口号和地位没有多大益处,不具有现实观点,应该追求的是它的创建和巩固。

还有一个宪法现实性的前提——社会心理。每个公民都应培养尊重宪法、维护宪法的感情。在社会中宪法缺少权威性,它将不再具有现实意义;而相反,相信宪法的不可违背的原则可以在基本法规中修正真实性。

四、稳 定 性

稳定性作为宪法的一个特征——这是宪法具有的持久效力,而不会轻易修改。宪法的稳定性是以坚定不移的社会体系为基础的,在这个前提下宪法通过和生效。稳定的形态——稳固和结构;形态出现在创建阶段,过渡到另一个阶段——很快可以对宪法修改的阶段。或是进入不愿意发生的阶段——宪法停留在纸上,而与社会关系脱离甚远,而这也就是基本法规没有达到宪法水平。

总之,在宪法中与稳定性一起还存在长期的动态问题。原则上不应该回避修改宪法,因为任何体系的国家都经历过这些。但是在开始宪法调整的动态中,需要宪法是具有直接效力的法规。的确,动态主义帮助宪法具有稳定性,也就是说保证以后或多或少长时间不改变效力。

宪法稳定性的创造者不少经验来源于保障基本法律中对复杂秩序的改变。1993年俄罗斯联邦宪法选择的是这条路。但是这样的选择对宪法的稳定性几乎没有用处。俄罗斯国家级教授恩·姆·科尔库诺夫说过:"任何经验在改变国家结构的形式和期限上都应认识到完全的无根据性。改变国家结构没有个人的创造,而是社会生活条件的改变。新的强大的社会需求的发展总是会克服法律,宪法复杂的落后的形式在国家强制改革扩大的实践结果中发生改变。"

第六节　宪法的法律属性

宪法的法律性质——这是作为国家法律基础的特征。

一、宪法——国家的基本法律

任何一部宪法都表现在法律法规之前,是法律和所有法规的底线。

俄罗斯宪法是一种法令。在宪法性(国家)的法律科学中宪法是一种基本的法令,被称为"成文的宪法"。如果一个国家没有统一的法令,而且宪法的意义只是早于法令几年,那么通常总称为"不成文的宪法"(例如,英国)。

宣布宪法的文本作为国家的基本法。一些政治和法律的文件不能够具有这样的名称。俄罗斯宪法出现之前正是这样。但是说俄罗斯联邦宪法是基本法律的观点未必正确。虽然该法令的名称仍然是"宪法"。

俄罗斯也可预见这样种类的法令,作为宪法性法律。在俄罗斯联邦法律中称为联邦宪法性法律。

因为"宪法法律"引起的问题,还停留在简单的层面上。针对宪法法律存在不同观点。针对宪法法律分类,这个问题最宽泛的观点,法令决定可以列出以下至少一个观点:在宪法文本中做出修改和补充;从宪法文本中废除某些规定;是对宪法的补充和宪法一起生效(作为独立的法令,不是触犯宪法);取代任何宪法条款,也就是说代替它们生效;再次通过宪法并宣布它的效力;直接采用宪法的指示和调整它指示的社会关系;接受宪法法规的发展,即使它们并没有直接提到需要这些法规,但是这些法规在巩固人民的统治,社会经济机构、国家机关地位的确定,联邦主体之间的相互关系中起到作用——在这里隐含的意思，特别是关于民主的立法机构，要依据法律法规（即，关于这些机关的法规）。

在这种条件下预见官方（即法律形式）宪法法律作为专业的标准法规分类并不重要。重要的是，有这样的法律所调整的对象。

我们认为，俄罗斯联邦宪法的法律就必须遵循以下指导：

首先，宪法可直接预见宪法性法律。如果国家没有正式宣布该种法令，不能将宪法水平的提高归因于法令独特的属性，宪法本身的意义，甚至宪法法律禁止使用的名称为相应的法令。

其次，如果宪法性法律正式规定，这本身也还没有什么可说。所有为了相应法令调整用途和主体原因是源于它的法律力量。即如果法令作为补充进入宪法，那它们的总和将成为统一的成文宪法。当宪法法律代替部分宪法法规时，有这样的理由认为，宪法重新生效并得出了国家有关的宪法法律水平的数据资料。俄罗斯联邦中联邦性宪法法律不具有相似的任务。

宪法解释的理论水平还可以提高到修改和补充宪法中，宪法规定的例外，但必须看到法令的未来——修正宪法法规，它们实现自己的公务作用和耗尽自己，事实上是重新实现。俄罗斯联邦相似的宪法法律不能规定；俄罗斯联邦宪法修正案做出修正法案——我们所说，关于宪法权利的来源，这是独立标准法令，虽然联邦宪法按照程序可以接受。

可以从理论上讨论宣言或是关于宪法公告，关于它的效力的引言作为用途使得其接近宪法。但是是否读取宣言，宪法文本的部分法规与宪法性法律相连接——取决于如何具体解决采用宪法。例如，1922年12月30日苏联教育宣言的一些调整，在1924年进入苏联宪法；因此，它被记录，然后成为宪法重要部分。1977年10月7日不仅通过苏联宪法，而且苏联最高苏维埃通过宪法公告，宣布实行苏联宪法秩序。但是这个文件中部分宪法没有宣布。而俄罗斯1993年宪法第二部分是"附则和过渡性条款"程序实行。因此，有关规范可能包括宪法部分文本或个别法规，宣布宪法秩序，按照意义实行它的接近宪法范畴的法律。

最有争议的问题是，是否认为宪法的法规是采用正在发展的宪法。对于宪法法律的拥护者，相应法令的目标是实现宪法的法规。宪法是否实现其规范法令，并不是那么重要，只是联邦法律和实现宪法法规采用类似法律。

对此可以不要进行争论，如果不是这种情况。宪法法规的发展是一切法令解释的力量支柱。可以回顾一下关于宪法和宪法法律关系的两种观点：

一些学者认为，宪法性法律是宪法下位的法律文件，也就是说应当与宪法相符合而不能与宪法相矛盾；另一些学者认为，由于宪法性法律只是起到了补充宪法、调整社会关系的作用，因此可以更为形象地说，它是依照宪法的"授权"才达到了类似宪法的法律位阶，并与宪法一道形成了所谓的宏观宪法。

然而，将某些法律法规提升至宪法位阶带来的危险是显而易见的。第一，宪法调整的对象遭到了破坏；第二，宪法可能被"篡改"，在需要时可以通过某些法令抵消宪法的作用。《俄罗斯联邦宪法》规定了不得对联邦的宪法性法律进行任意解释。

联邦的宪法性法律，它只解决宪法本身的问题；它是宪法的下位法，不得对宪法进行修改；可以被判定为违宪。

俄罗斯宪法法院已经审理过此类案件（2002年9月27日通过了对1995年联邦宪法法律全民公决法的修改和补充；2002年联邦宪法法律在俄罗斯联邦宪法法院被质询，并被2003年6月11日的决议认定为与俄罗斯宪法相符；2004年联邦宪法法律《俄罗斯联邦全民公决法》通过后，它的部分条文被俄罗斯宪法法院认定为与俄罗斯宪法相符——2007年3月21日宪法法院决议）。

俄罗斯宪法规定了一些法律问题，应当通过宪法性法律处理（解决)。然而俄罗斯宪法又规定了另一些法律问题,禁止通过宪法性法律处理(解决)。为了得出直观性的结论,这里列举一些应用俄罗斯宪法性法律处理(解决)的问题:

(1)俄罗斯联邦新主体的组成和加入程序(宪法第65条第2款、第137条第1款)——2001年12月17日联邦宪法性法律通过(2005年10月31日修订);俄罗斯联邦主体宪法法律地位修改程序(第66条第5款、第137条第1款)——目前该法未被通过。

(2)接纳新主体加入俄罗斯联邦(第65条第2款、第137条第1款);在俄罗斯联邦成立新主体(第65条第2款、第137条第1款)——2004年3月25日通过第一部联邦宪法法律《俄罗斯联邦新主体在联邦组成机构中出现,结果是彼尔姆州和科米彼尔米亚克自治区组织》(新主体是彼尔姆州),效仿联邦宪法法律出现了——克拉斯诺亚尔斯克边疆区,泰梅尔(多尔干—涅涅茨自治区)和埃文基自治区(2005年10月14日,新主体——克拉斯诺亚尔斯克边疆区);堪察加州和科里亚克自治区(2006年7月12日,新主体——堪察加边疆区);伊尔库茨克州、乌斯季奥尔登斯基和布里亚特自治区(2006年12月30日,新主体——伊尔库茨克州);赤塔州和阿加布里亚特自治区(2007年7月21日,新主体——外贝加尔边疆区);修改宪法法律地位确定联邦主体(第66条第5款、第137条第1款)——目前还没有这类法令的实例。

(3)俄罗斯联邦国旗、国歌和国徽的描述和正式使用程序(第70条第1款)——2000年12月25日三部独立的联邦宪法法律(分别于2001年3月22日、2003年11月30日、2008年11月8日进行修订)。

(4)关于俄罗斯联邦全民公决(第84条第3款)——2004年6月28日联邦宪法法律(2008年4月28日修订)。

(5)关于军事法规(第87条第3款)——2002年1月31日联邦性宪法法律。

(6)关于特别法规(第56条第2款、第88条)——2001年5月30日联邦宪法法律（2005年3月17日修订）。

（7）关于俄罗斯联邦人权全权代表法（第103条第1款第5项）——1997年2月26日联邦宪法法律（2008年6月10日修订）。

（8）关于俄罗斯联邦政府（第114条第2款）——1997年12月17日联邦宪法法律（2008年12月30日修订）。

（9）关于俄罗斯联邦诉讼制度（第118条第3款）——1996年12月31日联邦宪法法律（2005年4月25日修订）。

（10）关于俄罗斯联邦宪法法院（第128条第3款）——1994年7月21日联邦宪法法律（2009年6月2日修订）。

（11）关于俄罗斯联邦最高院（第128条第3款）——未通过。

（12）关于俄罗斯联邦最高仲裁法院（第128条第3款）——未通过。

（13）关于司法体系各个部门（第128条第3款）——俄罗斯联邦基层法院、仲裁法院（1995年4月24日联邦宪法法律，2009年5月7日修订），俄罗斯联邦军事法院（1999年6月23日联邦宪法法律，2009年6月29日修订）。

（14）关于宪法委员会（第135条第2款）——未通过。

因此，俄罗斯联邦宪法通过的联邦性宪法法律有18个，4个未通过。

通过上述例子可以发现，将"联邦宪法法律"正式引入俄罗斯宪法的一个原因可能是：强调某些问题的重要性，在保障绝大多数人利益的前提下，由俄联邦会议通过这些法律，目的是使这些法律更加稳固。

宪法的重要特征便是宪法是规范的法律行为。

第一，所有宪法规范都是合法的，也就是说它们具有所有法规共有的特征：针对特定的对象、具有强制力、可被重复适用等。许多宪法法规具有政治色彩。由此可以提出疑问——它们是不是真正的法律，特别是宪法的序言部分，那是一些宣言性的内容。当然，在不排斥其政治色彩的前提下，重要的是发现法律调整规范的目标。

第二，通常情况下，绝大多数宪法规范都具有高度概括性。

第三，宪法作为法律，不丧失其规范作用。如前所述，俄罗斯宪法有着直接的规范作用。许多宪法规范有着直接影响现行法律法规发展的地位。

第四，对其他法律而言，宪法具有最高法律效力。

不过俄联邦宪法规范内部（的效力）按照一定的次序排列。俄罗斯宪法内部规范排列次序如下：

（1）一些规范是重要的，是引起其他宪法性法律内容的前提条件。最新俄罗斯联邦宪法的第一部分"宪法制度的基础"指出："① 现行的宪法法律是俄罗斯联邦宪法制度的基础，不能够改变现行宪法的秩序。② 任何一个现行宪法性法律不得和俄罗斯联邦宪法相违背"。因此，俄联邦宪法的第一部分法是俄罗斯联邦所有法律的前提。

（2）宪法性法律的重要性体现在它的变更程序比其他法律更复杂。这种特性在俄罗斯宪法中不仅一次体现。第二部分"人与公民的权利和自由"中第64条指出："这章法规体现俄罗斯联邦个人基本法律地位，不能够作为现行宪法法律程序进行改变"。但这是共同宣言。第九章"宪法的修正和审查"中指出，俄罗斯联邦宪法第一章、第二章和第九章的任何改变要求审查并通过新宪法，与此同时校正其他章节，实现对生效宪法的修改（即它被认为是延续了1993年宪法的内容）。

遗憾的是，俄联邦宪法第一章第一节序言部分和第二章附则部分没有以任何方式表明其具体法律效力。学者们就宪法序言和附则的意义有不同的观点——从否定宪法序言（及附则）与宪法本身一样具有最高法律地位，到肯定序言（及附则）与宪法地位相等，同样具有最高法律地位。序言（及附则）体现（立法者）所有的政治意图，因此其规范性显而易见——就是因为它明确说明了订立该部宪法所依据的基本原则以及该部宪法的适用范围。因此，对序言及附则的修改应根据修改宪法的程序进行。宪法附则的修改，以使这些条款规范性价值更加确定。

二、法律效力最高

宪法的至上地位体现在：它在一国所有法律法规中具有最高法律效力。在俄罗斯联邦，这些法律法规包括联邦法律和联邦宪法性法律。

宪法的法律至上地位通常强调的只是宪法本身。根据俄联邦宪法第15条第1款的规定："俄罗斯联邦宪法具有最高法律效力，在俄罗斯联邦全境范围内适用。俄罗斯联邦的其他所有法律法规，都不得与俄罗斯联邦宪法相抵触（否则，将因违宪而无效）。"

一项法案有可能通过最高立法机关成为宪法的一部分，也有可能通过其他立法机关成为普通法律，但是同一项法案不能同时通过成为普通法律和宪法。这样说有点抽象，因为这个问题涉及宪法的一些本质特征，即宪法在一个国家所有法律中具有最高法律地位。如果说几个层级不同的立法机关同时通过了同一项法案，那么此时哪部法律才具有最高法律地位呢？同一项法案不能既是裁判员，又是运动员，这显然与开始说的宪法具有最高法律地位是矛盾的。这样的文字游戏使得法律陷入了诡辩的进退两难境地，为了避免这样的情况，当然要从一开始就要避免这样的事情发生了。

之前我们说过联邦宪法的特征，正因如此，我们注意到了联邦宪法性法律没有与俄罗斯联邦现行宪法一道形成宏观宪法，宪法性法律可以由俄罗斯联邦宪法法院评估是否可以被宪法吸收。

确切地说，评估联邦宪法性法律是否可以被宪法吸收需要考虑两个方面：第一，这些法律是根据联邦宪法的程序通过的，有关对俄罗斯联邦宪法修正的法律；第二，是关于通过新增内容以及改变主体地位的法律成为俄罗斯联邦宪法。这两个方面的改变都为俄罗斯联邦宪法注入了活力，引入了修正现行宪法规范的内容。由于这一切都按照宪法本身规定的方式进行，那么俄罗斯联邦宪法法院是否可以质疑宪法性法律本身呢？这存在两方面回答,且每种回答都有其自身合理性。一方面,当宪法性法律进入宪法后,它本身的属性丧失了,它成了宪法的一部分,宪法法院不可以审查宪法本身;另一方面,宪法的修正案需要由各级议会逐级通过,在联邦会议各院中投票获得修宪所需的票数,然后修正案进入俄罗斯联邦各主体会议中批准通过。在这个过程中如果存在违宪的法律,俄罗斯联邦宪法法院可以(应当)对这些行为提出质疑。根据联邦的宪法性法律《关于俄罗斯联邦宪法法院》第86条的规定:关于国家当局修正联邦法律,应当按照俄罗斯联邦宪法规定的签署、通过、公布、生效的顺序依次进行。

在科学范畴内,各种汇编文件的组成使用书面概念"宪制性法律"来表达宪法性法律的含义。这里有一些疑问:"宪制性法律"是否有存在的必要呢?毕竟不是所有国家都有成文宪法;在何种情况下可以使用"宪制性法律"这一概念;"宪制性法律"与宪法有什么关联?

如果用"宪制性法律"统筹所有宪法性法律,那么在这方面即使没有任何科学的解释说明,也不会有人对这个外延提出疑问。在这种情况下(一国立法应当选用这个外延怎样的内涵)首先考虑的是被调整者利益最大化。因此,如果选择有利于国家行政机构、立法机构及司法机构之间关系的内涵(即有利于立法者)来解释"宪制性法律"在一国法律中的含义,这样的做法应该坚决摒弃。

三、现行立法的基础

一国的宪法是该国各项法律法规的基础,该国各项法律法规又体现该国宪法的思想精神。各项法律法规来源于社会生活,这也就完善了宪法的内涵,宪法也真正进入了社会的方方面面。

当前制定的宪法规范必须包含社会公共关系管理内容,通常,宪法会采用不同的方法来实现这个目的,采用宪法指导订立其他法律的思想。俄罗斯联邦宪法通过以下方法做到这一点:

明确规定了联邦的宪法性法律的类型以及对某些具体问题进行详细立法活动。宪法专门规定了具体的联邦法律——关于公民权（第6条）、关于兵役制度（第59条）、关于替代性公务员制度（第59条）、关于俄罗斯联邦首都的地位（第70条）、关于组织代表的一般原则和俄罗斯联邦各组成实体的国家权力执行机构（第77条）、俄罗斯联邦总统选举程序（第81条）等。

《俄联邦宪法》规定：某些公共事务受"联邦法律"管辖，宪法中并未作出具体规定。例如，第36条第3款，保障土地私有权，"使用土地的条件和程序是根据联邦法律确定的"。第37条第5款，保障公民权，"关于雇佣合同中的工作时长，（工作中）休息和节假日休息，带薪年假问题受联邦法律调整"。

宪法强调，通过法律（在本案中为联邦法律）对公共关系的监管优于其他类型的监管行为；就法案的外部形式而言，宪法在这方面并不明确——上述规定实际上反映在法典（土地、劳工）中，但它们只是一种联邦法律。

谈到对公权力进行进一步的监管及为当前立法活动的参与者提供保障，宪法授权其他规范及机构解决这些问题。例如，《俄罗斯联邦宪法》第43条关于公民的受教育权，俄罗斯联邦"建立了联邦州的教育标准"，当然这些权力需要被监督（以确保宪法的公正地位）。

如何行使监督权，约束权力、救济被损害的权利、保障宪法的公正地位，法律通常规定如何行使救济权这样的内容。例如，《俄罗斯联邦宪法》第46条，"公民可以对国家机关、地方自治机关、社会团体和官员作为（或者不作为）的结果上诉到法院"，显然，宪法规定的情况是没有特别法律保障的（作为权利救济的最后手段）。

在宪法保障公民权益的多数情况下，国家机关、地方自治机关、社会团体和官员作为（或者不作为）的结果受到法律的约束，这并不意味着宪法直接采取具体行动保障某些权利的法律行为，而是暗示宪法授权给具体法律予以保障。例如,第35条第1款,"法律保护私有财产",这里没有保护私有财产的具体做法,只是将权力授予保障私有财产的所有法律,给予这些法律正当性。

因此,宪法与现行立法的关联是多方面的,既有宪法规范和理念的作用,又有其他法律行为在形式上对宪法的法律依赖。

四、特殊修宪程序

修宪程序特殊是由宪法本身的特性决定的。修宪是在公开和全社会高度关注之下通过的。如前所述,修宪草案会通过最具影响力的报纸杂志广泛传播,修宪草案也会单独印制成书,面向大众出版发行。

修宪草案会通过特殊程序经由专门的全国性会议反复讨论商议,并最后交由全民公投表决。公投结果是强制性的,这意味着宪法修正案是否通过。在这种情况下新的宪法就取得国家强制力,但这可能并不意味着最终表决通过的宪法草案直接生效了,它可能还需要经过最高立法机关、国家总统或中央选举委员会宣布通过才会生效。尤其在国外,宪法修正案的通过与颁布过程非常复杂,可能要通过多次开会决定。宪法草案如果未通过,通常会有一段时间作为补充修改内容,直到下一次会议召开(时间通常不少于6个月)。也可能是更新会议成员,在下一次会议上重新讨论宪法草案。

特殊修宪程序——一个专门且复杂的程序,采用开会协商的形式。

若通过议会修正宪法,通常需要特定多数票的赞成。例如,为了修改1977年《苏联宪法》,修正草案应在最高苏维埃各院中获得代表总数至少2/3(简单多数即可通过)的赞同票才能通过。1989年俄罗斯苏维埃联邦社会主义共和国最高国家权力机关人民代表大会对《1978年宪法》进行修正,最终经大会代表总数的2/3以上表决同意,最终通过该宪法修正案。

诸多现实考量催生了各种不同的附加条款,其中一个是联邦主体利益。例如,在1992年俄罗斯联邦宪法改革中,《联邦条约基本法》中最重要的一点体现是,构成联邦主体的不仅包括共和国,还包括自治地区(自治州、自治区)和领土上其他主体(边疆区、州、联邦直辖市)。如宪法第185条[1]补充道:议会不能单方面做出修改联邦(分立合并吸收)主体的决定,因此,联邦主体的修改除了需要经由联邦会议的同意外,还需经过上述共和国、自治地区(自治州、自治区)和领土上其他(边疆区、州、联邦直辖市——莫斯科和圣彼得堡)主体的同意方可生效。

具有特殊要求的特例——消除(轻易)改变宪法的门槛,以使宪法更加稳定。在这样的情况下,如果仅仅是对当前宪法做出修正案,而不是从根本上解决问题、修订新的宪法,那么这样僵化的修订程序是毫无作用的。

直观的一个例子是俄罗斯联邦宪法修正程序第九节规定"宪法修改与宪法重新审议"。第134条指出俄罗斯联邦宪法法规修正与审议得需要经由俄罗斯联邦总统、联邦委员会、国家杜马、俄罗斯联邦政府、俄罗斯联邦各主体立法(代表机关以及人数不少于1/5的联邦委员会委员或国家杜马议员提出,关于修改和重新审议俄罗斯联邦宪法条款的议案。

俄联邦宪法第九章"宪法修正与宪法重新审议"的内容可以分为四大部分,即第134—137条的内容。

第一部分,宪法第135条规定:联邦会议不得重新审议俄罗斯联邦宪法第1章(宪法制度基础)、第2章(人和公民的权利与自由)、第9章(宪法修正与宪法重新审议)的内容。重新审议俄罗斯联邦宪法第1、2、9章内容的议案需要得到联邦委员会(上院)委员和国家杜马(下院)议员总数3/5的票数支持,[2]根据联邦宪法性法律召开宪法会议。宪法会议职

---

[1] 原文为宪法第185条,但现行俄罗斯宪法没有第185条的内容。——译者注
[2] 这里的总数3/5是联邦会议上、下两院,每院内部投票都要超过总数3/5。举例来说,目前俄联邦上院有170个席位,下院450个席位,总共620个席位,如果只是简单的3/5多数席,仅仅下院的450个席位就已经超过3/5(372席)。所以,应超过上院170席的3/5(102席),超过下院450席的3/5(270席)。——译者注

能是：确认俄罗斯联邦宪法是否需要修改，或是起草新的俄联邦宪法修正草案；草案可以由宪法会议成员总数的2/3多数决通过，或由公民投票通过。在进行全民投票时，前提是有超过半数以上人民参加投票，然后超半数以上公投者赞成草案即为通过。

第二部分，第136条针对宪法第3—8章的修正，即除宪法第1、2、9章外，对剩余章节的修正。第136条规定，应比照通过联邦宪法性法律的程序予以通过（第108条），并由不少于2/3的俄联邦主体立法权力机关批准生效。第108条，联邦宪法性法律由不少于联邦委员会成员总数的3/4和不少于国家杜马议员总数2/3的多数决赞成通过。

在谈到宪法性法律的渊源时，我们已经指出，在1995年1月31日俄罗斯联邦宪法法院做出的关于第136条的裁决为：第3—8章的修正案是以特殊法律形式通过——联邦法修正宪法的法律。宪法法院为了履行这一裁决，于1998年2月6日通过了《关于俄罗斯联邦宪法修正案通过和生效的程序》。

第三部分，宪法第137条第1款规定：针对俄联邦宪法第65条的内容，俄罗斯联邦构成主体的变动，应根据接收新主体加入俄联邦和参加俄联邦按照联邦宪法性法律规定的程序进行。2001年12月17日，联邦宪法性法律《关于参加俄联邦和在俄联邦主体构成中组成新主体的程序》只涉及两个专门的程序（参加、组成），并未涉及俄联邦主体地位变更的问题。

第四部分，宪法第137条第2款规定，在共和国、边疆区、州、联邦直辖市、自治州、自治区名称变动的情况下，俄罗斯联邦主体的新名称应纳入俄罗斯联邦宪法第65条中。1995年11月28日，俄罗斯联邦宪法法院裁决，关于第137条第2款的具体解释，俄联邦总统根据联邦主体确定的变更方式通过的一项决议，颁布法令，最后将主体变更的名称纳入第65条中。在有争议的案件中，总统使用调解程序；如果未能达成一致的决定，则可以由有关法院作出争端解决方案。

关于如何通过和修订俄罗斯联邦宪法，仍然存在许多未解的难题。本书第七章继续讨论了俄罗斯联邦宪法的效力问题。

参考文献

C.A.阿瓦基扬：《任何一个国家没有思想家无法存在》，《现代俄罗斯联邦》2009年第6期。

C.A.阿瓦基扬：《俄罗斯联邦宪法：起源，演变》，《现状》2000年第2期。

维特鲁克·恩·弗：《宪法至高无上》，莫斯科，2008年。

耶利内克·戈：《宪法的历史和它在现代法中的意义》，圣彼得堡，1906年。

叶列梅克·尤·普：《苏维埃宪法规范》，萨拉托夫，1968年。

兹拉波利斯克·德·尔：《宪法的本质》，《俄罗斯法律杂志》1977年第10期。

伊万尼谢娃·恩·普：《国外社会主义国家宪法的主要特点》，萨拉托夫，1973年。

伊林斯克·伊·普：《世界宪法和社会主义宪法》，莫斯科，1967年。

卡什金·斯·尤：《文明和宪法的演进：共同理想的形成》，《国家与法》1992年第11期。

《宪法，法律，法规》，莫斯科，1994年。

库特芬·奥·耶：《俄罗斯联邦宪法起源》，莫斯科，2002年。

库特芬·奥·耶：《俄罗斯立宪主义》，莫斯科，2008年。

拉萨尔·夫：《宪法本质》，1862年在某次柏林圆桌会议上发表的演讲，圣彼得堡，1906年。

勒柏希金·阿·伊：《苏维埃国家法律汇编》，莫斯科，1961年。

卢钦·弗·奥：《俄罗斯联邦宪法·实行问题》，莫斯科，2002年。

米罗诺夫·奥·奥：《在发达社会主义社会的宪法调节》，萨拉托夫，1982年。

米哈列娃·恩·阿：《社会主义宪法》，莫斯科，1981年。

莫罗佐娃·尔·阿：《苏联的宪法调节》，莫斯科，1985年。

涅维斯卡娅·耶·弗：《俄罗斯联邦宪法功能的体系构建》，叶卡捷琳堡，2008年。

《社会主义宪法理论概述》，莫斯科，1986年。

奥夫谢彼扬·日·伊：《北高加索法律公报》2000年第1期。

彼得洛娃·阿·弗：《俄罗斯联邦宪法的基本功能》，莫斯科，2004年。

鲁米扬茨夫·奥·戈：《现在和未来俄罗斯宪法的功能》，《宪法公报》1994年第1期。

梁让·弗·阿：《苏联宪法中实体原则和程序原则的关系》，《法学》第3期。

梁让·弗·阿：《事实宪法和法律宪法的实质》，《国家法治发展和苏维埃建设的迫切理论问题》，莫斯科，1976年。

斯别克妥斯基·耶·弗：《什么是宪法》，莫斯科，1917年。

斯捷潘诺夫·伊·姆：《宪法和政治》，莫斯科，1984年。

斯捷潘诺夫·伊·姆：《社会主义政治性法律和宪法》，《国家与法》1984年第1期。

斯捷潘诺夫·伊·姆：《俄罗斯宪政主义悖论》，莫斯科，1996年。

《苏维埃宪法的理论基础》，莫斯科，1981年。

吉务诺娃·尔·布：《法律》，《国家》，《法治国家》，圣彼得堡，1992年。

吉霍米尔诺夫·尤·阿：《社会主义宪法的理论问题》，《国家与法》1978年第2期。

哈巴利耶娃·特·亚·契尔金·弗·耶：《现代宪法理论》，莫斯科，2005年。

契尔金·弗·耶：《宪法：俄罗斯典型》，莫斯科，2002年。

谢季宁·布·弗：《苏维埃国家法律理论问题》，莫斯科，1969年。

第四章
俄罗斯宪法发展简史

　　任何一个国家的宪法史都是国家和社会历史中不可或缺的一部分。宪法发展的每一必经阶段均是社会经济和政治关系的新时期、实现国家职能的新时期、改变政体的新时期，等等。实行宪法的任务是本质地表现所有这些新出现的事情。

　　在描述俄罗斯宪法发展特点时，应考虑到所有上述提及的事项。还有一点很重要：不要把宪法的发展仅归结为正式被命名为宪法的各类法案的出现，还需要考虑到上面提到过的、具有宪法水平及宪法意义的各类法案的汇总，这些法案共同代表了该阶段宪法的形象。由此可以讨论关于俄罗斯国内历史各时期宪法调整（或宪法开始）的问题。

第一节　1917年10月前具有宪法意义的法案

　　自19世纪初，俄罗斯宪法和立宪制的思想开始为人们所熟知，这些思想表现在许多著名人士和学者的主张或宪法草案中，也表现在官方文件中。例如，在整合了国家制度根本法规的《国家根本法汇编》中反映了《俄罗斯帝国法律汇编》的内容，而第二部分是《皇家姓氏的确立》。沙皇政府在不同阶段通过的一系列法案具有国家改革性质（其中包括农奴制改革、司法改革、实行地方机构等)。

即使我们假设,政府官方反对宪法作为唯一的文件(虽然这是无可争辩的,因为这些宪法或法案的草案是根据沙皇的命令或喜好来制定的,这些草案虽被冠以其他名称,但其实质是宪法),否认这类法案的宪法意义是没有道理的。因此,决定俄罗斯发展的具有原则性质的法案出现在俄罗斯历史的各个阶段。另一方面,在把这些法案汇总到一起时,可否认为俄罗斯宪法发展基础是由汇总法案创建的。因为法案是由君主制定的,还不存在选举代表机构。最终,英国不同时期的法律汇总成为该国不成文宪法。

与此同时,20世纪初俄罗斯走上了立宪制的道路。立宪制是由以下这些文件确立的:(1)国家基本制度;(2)国家政权体系;(3)政治活动和社会团体的可能性(自由);(4)全体公民的基本地位,包括人身自由和政治自由。

由于社会动荡产生了一系列基本文件,俄罗斯走上从君主专制到立宪制的转折道路就是以这些文件为基础的。社会动荡还引发了一系列议会制度的创立、各个政治党派的成立、开始进行选举并宣布许多公民的基本权利和自由。

1905年10月17日颁布的沙皇诏书(十月诏书)(还有一种译法为十月十七日宣言)——《改善社会秩序》为这一系列文件中的首批法令。沙皇赋予人民"公民自由的坚实基础——公民隐私不可侵犯,公民有言论自由、集会和结社自由。"1905年8月6日颁布了《关于设立国家杜马的诏书》《国家杜马章程》和《国家杜马选举条例》。同时,许多人群不被允许参加选举,例如妇女、年轻人、军人、农村贫困人口、工人等。《十月十七日宣言》宣告:不停止预期的国家杜马选举,吸收那些被完全剥夺选举权阶层的人民参与到国家杜马选举中。《新选举法》于1905年12月11日被签署,该法令规定了4个选民组:地主选民组、城市选民组、农村选民组、工人选民组。同时,该法令保证了不同的选举比率(选举形式),

保持了以工人和农民为代表的更加复杂的多级选举制,坚持了不让妇女、年轻人、军人、以游牧为主要生活方式的民族参与选举。

《十月十七日宣言》还宣告了"制定如此严格的规定,目的在于未经国家杜马批准,任何法律不得生效,民众选举的代表保证了人民可以真正参与监督俄罗斯当局的行动是否合理"。因此,1905年8月6日《国家杜马章程》规定了国家杜马由协商机关(咨议机关)改为立法机关。但这并不是唯一的立法机关,1810年建立的国家委员会同杜马一样,具有立法功能,也就是拥有作为立法的参加者的权利。

在这种情况下,建立了俄罗斯两院制议会。正式地讲,这是两个独立的国家机关。在法律上,这两个国家机关是平等的,由其中一个机关通过的法案必须得到另一个机关的赞成;事实上,国务院是更加保守的机关,并且有一半官员都是沙皇任命的,而另一半是被选举的代表,分别来自东正教神职人员、贵族、地方自治机关、科学、贸易和工业领域。

创立立法机关和赋予杜马监督沙皇执行机关的权力,可以看作是俄罗斯建立君主立宪制国家迈出的第一步。

鉴于上述各法案,需要对《国家基本法》进行修改。沙皇之所以要在国家杜马行使权力前修改《国家基本法》,是为了强调和确定王权的稳固。因为国家杜马可能在改变国家制度方面提出一些激进的意见和采取一些激进的举措。如果国家杜马批准《国家基本法》,那么国家杜马就有权决定君主在《国家基本法》中的角色(谁批准的文件,那么谁就使权力"圣化")。文件的出处总是非常重要的,这本质地体现了文件的用途。

因此,经过大幅修改的《国家基本法》于1906年4月23日被沙皇批准(4月27日开设了国家杜马)。《国家基本法》由以下几个部分组成:序言;第一章"最高政权的实质";第二章"俄罗斯国民的权利和义务";第三章"各项法律";第四章"国务院和国家杜马以及他们的工作形式";第五章"内阁理事会、内阁及各分支机构总负责人"。

序言中强调：《国家基本法》是来自沙皇以"巩固更新国家制度基础的形式"被通过的文件，该文件属于"倡议"的修改。"俄罗斯是不可分割的整体"，在内部事务方面由基于专门法律的专门法规对芬兰大公国进行管理。俄语是国家语言，在军队、海军及所有国家和社会机关中必须使用俄语，相关法律规定了在国家和社会机关中地方语言和方言的使用。

在第一章里提到俄国沙皇拥有至高无上的最高王权。"对他王权的服从不仅是由于畏惧，还是发自内心的，因为是上帝亲自赋予他权力"（第四段）。

皇帝陛下同国务院和国家杜马一同行使立法权（第五段）。并且明确阐述了皇帝的优先权：第一，皇帝拥有"所有立法对象的倡议"；第二，在国务院和国家杜马的《国家基本法》应当修改"皇帝唯一的倡议"；第三，皇帝批准所有的法律，若没有皇帝的批准，那么没有任何法律能够"生效"。法律巩固了皇帝在国家管理中的统治地位："在整个俄罗斯国家范围内，所有方面的管理权力归皇帝陛下所有"（第十段）。管理分为两部分：最高管理，由皇帝直接行使；皇帝有权任命及罢免部长会议主席、部长及其他部门领导。

《国家基本法》中明确规定了保障皇帝的财产及皇位继承。只有沙皇本人可以对其财产颁布命令及诏令。王位继承制度及王族姓氏的决议显示了对《国家基本法》的捍卫，只有沙皇本人可以更改这些决议。如此一来，以上这些问题都超出了新议会机构立法工作的范围。

在第二章"俄罗斯国民的权利和义务"中，首次宣布俄罗斯国民的义务：根据法律规定，国民有义务保卫王位和国家；男子有义务服兵役；国民有义务交税、服役。

接下来指出了保障公民的个人隐私和人身权利；对犯罪行为的起诉需走法律规定程序；拘捕需遵循法律规定程序；只有在法律生效期间，才能对法律中规定的犯罪行为进行审判和制裁；国民住宅不可侵犯；俄罗斯人有权自由选择居住地和工作，有权自主获得财产或割让财产，有权自行出国；国民财产不可侵犯；信仰自由。

上述这些我们先称之为公共政治的权利和自由，《国家基本法》巩固了以下权利：有权召开会议，会议不能违反法律，需和平进行，禁止武力；在法律规定范围内，每个人都有权"口头或书面形式表达自己的思想，以及通过报刊或其他方式传播这些思想；在不违反法律的情况下，有权成立村社和工会"。

在第三章"各项法律"中讲到，俄罗斯帝国的统治建立在坚实的法律基础上，这些法律是按法定程序颁布的。没有国务会议和国家杜马的赞成，任何一部新法都不能问世；没有沙皇的批准，任何一部新法都不能生效。

在第四章"国务会议和国家杜马会议以及他们的工作形式"中指出，每年沙皇都会命令召开国务会议和国家杜马会议。国务会议由沙皇任命成员和选举成员组成。国家杜马由俄罗斯人民历经5年选举出来。沙皇有权提前解散被选举出的国务会议和国家杜马成员，同时任命新的国务会议和国家杜马成员。

在立法方面，国务会议和国家杜马享有平等的权利（第64条）。法律草案可能先在国家杜马会议上被通过，然后再提交国务会议进行审查；反之亦然，在国务会议上被批准后，提交国家杜马会议审查。法律草案在国务会议和国家杜马会议上被通过，再得到沙皇的批准，法律草案便成为法律。因此从一定程度上应该把文献中对国务会议的评论看成议会上议院。可能马上会有人议论，由于国务会议的保守主义和前面提到的其组成人员，成为国家杜马会议——这一提出更多立法思想机关的阻碍因素。况且国务会议主席是由沙皇在国务会议非选举部分成员中任命的，正是国务会议主席，而非国家杜马会议主席，把两个机构通过的法律草案呈交给沙皇。

《国家基本法》包含了内阁理事会、内阁及各分支机构总负责人的法规。他们在沙皇的领导下对"国家管理总进程"负责,他们被任命,能够颁布行政命令、指示和命令,但不能违反法律。

该时期的这一系列法律具有重要意义,这些法律是为国家权力机关和政治生活机构的各种观点服务的。特别是1905年的《关于国家杜马会议中选举决议》;1905—1906年年末的命令汇编,这些命令是1905年《十月十七日宣言》后随之出现的,并确定了某些社会团体选举权的特点及居民的等级;1907年6月3日的《关于国家杜马会议选举决议》,除了1906年2月20日《关于重建国务会议机关和国家杜马会议机关的圣旨》外,1905年10月19日《关于召开内阁会议的命令》使得政府作为附属沙皇的委员会咨议机关的工作得以恢复,并且在一定程度上与国家杜马对立(故意为难,希望得到内阁会议信任的国家杜马)。

沙皇宣布的政治自由权的实行由各种圣旨调节:1905年11月24日颁布的(1906年3月18日修改的)《关于定期刊物的暂行条例》是有关出版自由(这里自由的含义是与引起暴力的不自由相对)法规的独特汇编;1906年3月4日《关于村社和工会的暂行条例》,1906年3月4日《关于集会的暂行条例》。

1917年二月革命之后通过了一系列法案,这些法案对于俄罗斯新型国家制度的形成有着原则性的意义。与此同时,在革命性变革过程中形成了具有明显影响力的新机构,这些机构主张国家领导阶层的立场。

1917年2月25日颁布了《关于暂停国务会议和国家杜马工作》的命令,预计恢复其工作的日期不晚于1917年4月。在1917年2月27日发生了彼得格勒武装起义后,召开了国家杜马各党领袖会议,该会议建议选举国家杜马特别委员会。后来召开了"国家杜马特别会议",会上确定了该委员会的名称"为恢复彼得格勒秩序及与各机构和个人联系的国家杜马委员会"。后来这个机构被称为"国家杜马临时委员会"。与此同时,彼得格勒召开了工人代表会议,主张实现权力。自此工人、士兵、农民代表会议普遍召开。

部长委员会主席在给沙皇2月27日发的电报中申请辞职。国家杜马临时委员会于2月28日开始从"国家杜马组成人员"中任命各部委和国家机关的委员。1917年3月2日,根据国家杜马临时委员会决议,尼古拉二世退位。然而,因为这一切是有利于尼古拉二世的弟弟米哈伊尔·亚历山大洛维奇,俄罗斯(这一君主制国家)的政权形式没有改变。3月3日,米哈伊尔·亚历山大洛维奇大公拒绝接受最高权力,直到通过了立宪会议决议。如许多研究人员认为的那样,立宪会议给米哈伊尔·亚历山大洛维奇大公带来了权力。然而,立宪会议的召开是遥远的将来的事情。政权形式问题仍没有确定。

新部长会议在第一届会议上决定,国家所有权力(立法权和行政权)都应只归部长会议所有。在1917年3月3日《关于新部长会议组建及任务宣言》中宣布,在部长会议工作中将尤其遵守那些"基本法":言论自由、出版自由、结社自由、集会和罢工自由;取消一切阶级、宗教、民族界限;立即筹备召开平等、不记名的普遍直接选举的立宪会议,该会议将确定政权形式及国家宪法;用地方自治机构选举产生的长官替代民兵警务;地方自治机构的选举以普遍的、直接的、平等的、不记名投票方式为基础;等等。3月10日部长会议决定,在建成永久性政府前,任命自己为临时政府。在一定程度上,宪法的意义在于临时政府成员颁布的一系列法案,因此这些法案确定了国家中央政权的结构。

被历史所不接受的这几个月中,临时政府通过了一些意在俄罗斯建立民主制度和政治自由的法案。其中包括以下决议:1917年3月15日《关于出版的决议》;1917年4月27日《关于出版事宜的决议》(撤销了新闻出版总署和所有其附属的新闻检察机关和新闻检察员职位);1917年3月22日《关于废除宗教和民族界限的决议》(废除了具体的界限,包括遣返、居住、迁移;获得财产权和其他物权;有权从事各种手工业、商业和工业;有权参与股份公司和其他公司;有权雇佣劳动力;有权参与国家事务,有权参与选举,有权在政府和社会机构中任职;有权进入教育机构,有权从事教育和培训;可以履行监护人、陪审员的义务;在私营公司的文字处理时、私立学校的教学中、贸易书籍的引进时可以使用其他语言);1917年7月14日《关于信仰自由的决议》(公民权利和政治权利的享受不取决于是否为宗教成员,没有人应该在宗教方面受到任何信仰法规的迫害和限制);1917年4月12日《关于集会和结社的决议》(无一例外,所有俄罗斯公民都有权在没有特殊许可的情况下建立社团和联盟,但其宗旨不得违反刑事法律,要由法院对社团和联盟进行登记,法院还通过了强制关闭社团和联盟的决议)。

毫无疑问,宣言形式的1917年9月1日决议具有宪法意义,临时政府以该决议宣布:"管理俄罗斯的国家制度为共和制,宣告俄罗斯共和国成立。"因此,正是从1917年9月1日起,俄罗斯获得了共和制政权形式。

1917年7月20日、9月11日及23日决议确立了《立宪会议选举条例》,规定年龄达到20岁的男人和女人均享有选举权,军人也享有选举权。被判刑事犯罪的人、逃兵,还有皇室成员不享有选举权。

在俄罗斯形成了平等的力量——苏维埃工人、士兵代表及苏维埃农民代表。鉴于他们在各政党中的影响程度,有些苏维埃成为临时政府的同盟,其余的则坚决反对临时政府。当然,两个政权并存的局面总会结束。众所周知,1917年10月临时政府被推翻,由布尔什维克党人占多数代表的第二次全俄苏维埃工人和士兵代表大会,宣布建立苏维埃政权。俄罗斯历史开始了新时期。

第二节　1917年十月革命后社会主义初期宪法新体系的形成

"苏维埃政权"期间通过了具有宪法意义的法令和宪法;研究宪法

应对其有一个总括的概念。这与后面带有信息性部分及必要的注释相关，因此我们不会回避这一时期法令的术语及概念注释，也不会用人造的现代词汇代替这些词，就像有时这样做是潮流。读者自己可以在宪法历史的背景下思考并作出结论。

十月社会主义革命在俄罗斯建立了政权，其形式在国家政治历史中被称为无产阶级专政。国家政权组织形式方面，依照列宁的思想宣布为苏维埃共和国，即中央和地方的国家政权机构为工人苏维埃、士兵和农民代表。

苏维埃政权初期采取一系列措施来建立和巩固政权基础。这些措施体现在一系列法令中，可以认为这些法令具有宪法意义。在这一时期汇编中的所有法令组成了俄国唯一官方宪法出现之前的不成文宪法。

在第二次全俄工人士兵代表大会上实现了所有权力过渡到工人阶级、贫苦农民及苏维埃的手中。会上通过了《1917年11月7日（俄历10月25日）告工人、士兵、农民书》，宣布了社会民主改革方针，还向所有人民宣布民主和平，把地主的土地、皇室领地和修道院的土地无偿地交由农民委员会支配，工人监督生产，保障所有居住在俄罗斯的民族享有真正的自决权。

代表大会迈出了实质性的第一步。大会通过了《苏维埃各项政权特别宣言》，做出决议：地方所有权力归苏维埃工人、士兵及农民代表所有。为了管理国家，大会依据1917年11月8日《关于创立人民委员会议的决议》组建了工人农民政府，同时，对人民委员活动的监督及罢免权归全俄工人、农民和士兵代表大会及其中央执行委员会所有。因此，第二次代表大会上的宪法性决议确立了所有主要阶层的国家领导，这些主要阶层在1918年俄罗斯苏维埃联邦社会主义共和国宪法中有所体现。

第二次全俄代表大会的《土地法》立即废除了地主的土地所有权，不给赎金；废除土地问题、私人土地财产永久地转化为国家财产的解决方法被认为是最公平的方式；所有土地、矿石、石油、煤等资源收归国有。

《土地法》中的这些内容成为俄罗斯新宪法体系中经济先决条件的重要部分。

第二次全俄代表大会的《和平法》奠定了苏维埃国家外交活动的基础，像文中提到的，"在解决民族问题时、在废除秘密外交时、在国际无产主义中、在各国劳动者团结一致为和平和解放'一切受奴役受剥削的劳动者和被剥削人民'的斗争中，均要以爱好和平、不使用暴力和民族自决为基础"。

在俄罗斯首部宪法之前，苏维埃政权许多后续法令具有宪法性。为方便接受这些法令可以分为四部分。

第一部分为意在建立新制度经济基础的法令。其中包括：1917年11月27日全俄中央执行委员会颁布的《关于工人监督决议》；全俄中央执行委员会1917年12月27日颁布的《关于银行国有化命令》及1918年2月9日的《关于土地集体化命令》；人民委员会议颁布1918年4月22日的《对外贸易国有化命令》及1918年7月28日的《关于矿业企业、冶金企业、金属加工企业、纺织企业及其他工业主导企业国有化命令》；等等。

第二部分为民族国家建设基础。其中包括：人民委员会议通过的1917年11月15日《俄罗斯人民权利宣言》；人民委员会议通过的1917年12月3日《告俄罗斯和东方穆斯林劳动者书》；人民委员会通过的1917年12月31日《关于芬兰共和国的命令》；全俄中央执行委员会通过的1918年4月8日《关于俄罗斯共和国国旗的法令》；等等。

第三部分与苏维埃国家机构的创建有关。其中包括：1917年11月12日人民委员会议通过的《关于批准和颁布法律的程序命令》；1917年12月4日全俄中央执行委员会通过的《关于撤回代表的法令》；1917年12月14日全俄中央执行委员会通过的《关于最高国民经济会议的命令》；1918年1月28日人民委员会议通过的《关于工农红军的命令》；等等。

第四部分确立公民法律地位框架，创建社会生活中的机构。其中包括：1917年11月11日人民委员会议通过的《关于八小时工作日的决议》；1917年11月23日全俄中央执行委员会通过的《关于废除封建等级制度和文官官级的命令》；1917年11月9日人民委员会议通过的《关于出版的命令》；全俄中央执行委员会通过的1917年12月31日《关于公民婚姻、儿童和管理家庭财产法律书籍的命令》及1917年12月29日《关于所有军人在法律中平等的命令》；全俄中央执行委员会通过的1918年3月28日《关于避难法律的命令》及1918年4月1日《关于俄罗斯公民财产法的命令》；等等。

1918年1月召开了第三次全俄苏维埃工人、士兵、农民代表大会，其宪法性决议非常值得一提。在此之前，工人、士兵代表大会是与农民代表大会同时召开的；一月农民代表大会作为新政权与工人、士兵代表大会进行联合，巩固了苏维埃政权。

1918年1月25日代表大会批准了《劳动者和受剥削人民权利宣言》（简称《宣言》）。广义上讲，这部文件巩固了俄罗斯苏维埃社会国家建设的框架，宣布了俄罗斯是工人、士兵和农民代表的苏维埃共和国，一切中央和地方的权力归工人、士兵和农民所有。

根据民族国家建设形势采用根本解决方法。第二次全俄代表大会宣布了俄罗斯苏维埃共和国，也就是从单一制国家出发。正是《宣言》确立了苏维埃俄罗斯共和国为以民族自由联盟为基础的苏维埃民族共和国联邦。国家被称为俄罗斯苏维埃联邦社会主义共和国。代表大会在1918年1月28日《关于俄罗斯共和国联邦机构的决议》中建立了国家政权中央和地方机构的所有体系。

《宣言》在保护社会主义经济基础的同时，宣布废除土地私有制，土地储备是全民的财富。《宣言》清楚地反映了苏维埃政权把轻工业工厂、重工业工厂、采矿场、铁路和其他生产和运输形式、所有的银行全部转化为国有的政策。

苏维埃政权的第一批法令具有宪法性质，该批法令巩固了新社会主义体系基础。如果作者不指出以下这点,那么将受读者指责——该政权如此行事,与它之前和之后政权所做的如出一辙。特别是,在巩固自己的同时,与反对者作斗争。这在宪法法规提纲中表现为:反对苏维埃政权的人,或是根据社会主义出身宁愿马上被认为是敌人而不是忠诚的同胞和同盟的人,将被剥夺权利。表达不满,尤其是表达对制度敌视的行为在萌芽中就被中断了。

随着布尔什维克政权的到来,开始实行人民广泛(普遍)参与国家管理,维持社会秩序等。欣喜过后,不但有效地创建了公共管理组织,而且还有社会机构(包括以内务人民委员会为首的警察局与反革命斗争的机构以及全俄肃反委员会为首的肃反机构)。上述《关于法院》的法令被废除后,民主选举基础上形成的法院被建立起来。新法院必须以俄罗斯共和国的思想解决事情,在所做决定和决议中应遵循《被推翻政府的法律》,但仅限那些"不废除革命,不反对革命精神和革命法制意识的法律"。历史证明,这些范畴就像是事先约定好的一样,都会引起某种幅度的变化。

许多对新政权持有敌对态度的出版物被上述《关于出版的法令》和其他法令禁止。任何试图批评政府为限制民主采取的措施往往被认为是偏执的,并被看作是反革命行为。

地方各处建立了统一的政权机构苏维埃,终止了创建代表机构模式的意图。

1917年2月后俄罗斯实行立宪会议主义,立宪会议是国家政权的高级代表机构。尽管1917年10月形成了苏维埃形式政权,但布尔什维克党没有坚决反对立宪会议。他们考虑到了群众的情绪,全世界都寄希望于立宪会议,来保障他们的利益。十月革命后苏维埃政府马上宣布,将在指定时间召开立宪会议,选举定在1917年11月和12月初举行。大概在此次选举中希望得到取得政权的代表力量的支持。然而事实并非如此,布尔什维克党没有得到多数支持。通过立宪会议拒绝承认苏维埃政权以及发生在俄罗斯的事件，这一趋势十分明了。此外，与苏维埃全俄代表大会相对，宣布俄罗斯国家政权高级代表机构为立宪会议，这一前景亦十分明了。

因此，正如我们今天要说的超前工作，在立宪会议开幕的前一天1918年1月16（3）日，全俄中央执行委员会批准了上述的《被剥削劳动人民权利宣言》。其中提到政权完全并仅仅归属于劳动人民及其全权代表——苏维埃工人、士兵和农民代表。此外，在这一天1918年1月16（3）日全俄中央执行委员会通过了《关于确认所有企图篡夺国家政权职能的反革命行动的决议》。其中写道："根据十月革命成果及中央执行委员会于今年1月3日通过的《被剥削劳动人民权利宣言》，俄罗斯共和国的所有权利归苏维埃及苏维埃各个机构所有。因此无论任何人或任何机构，任何企图篡夺国家政权职能的尝试都将作为反革命行动被审查，任何反革命企图都将受到苏维埃政权指挥的一切可用力量的镇压，甚至是武力镇压。"

这样一来，为防止立宪会议"难以控制"的举动，新政权为其行动建立了法律基础。会议多数成员为右翼社会革命党人选派的代表，他们拒绝接受《被剥削劳动人民权利宣言》，甚至拒绝承认苏维埃政权。布尔什维克党和左翼社会革命党退出立宪会议。2018年1月19（6）日全俄中央执行委员会通过了《解散立宪会议的决议》，并把立宪会议定为一个机关，该机关只有在掩护推翻苏维埃政权的资产阶级反革命斗争时才能行使权力。

如此，苏维埃政权初期出现的这些宪法性法令表现出未来体制的形象，伴随着这一体制新社会主义力量领导开始掌权。我们可以认可许多措施的进步性，也可以认为这些措施为劳动人民的利益服务。但不能无视这些事实，苏维埃政权在成立初期便打着巩固新政权的旗号，拒绝议会制民主思想，限制民主自由，排斥一些社会阶层参加政治生活。如果这些事情是在过渡时期的条件下，还能被某种程度的理解。

第三节 1918年俄罗斯苏维埃联邦社会主义共和国宪法

苏维埃政权的法令开始实施，但苏维埃政权明白，法律性文件应该在宪法中有所体现。第三次全俄苏维埃代表大会通过了《关于制定宪法的决议》。在《关于俄罗斯共和国联邦机构的决议》中，代表大会明确表述了新政权组织部分的主要章节。决议的最后指出：为把宪法提交到下一届苏维埃代表大会，委托苏维埃中央执行委员会制定俄罗斯联邦共和国宪法的主要章节。但由于德军破坏停战协定，不得不进行其他任务。1918年4月8日全俄中央执行委员会成立了宪法委员会。宪法草案的制定进入了复杂的环境，因为俄罗斯仍然存在多党制人士，宪法委员会的成员有左翼社会革命党代表和其他党派代表，这些党派对于俄罗斯的社会主义制度及俄罗斯宪法形成的方式有着自己的观点。В.И.列宁在宪法起草中起了决定性作用；他建议把宪法建立在《被剥削劳动人民权利宣言》的基础上，实际上列宁直接参与了修改或补充宪法草案的所有部分。

1918年7月10日第五次苏维埃全俄代表大会通过了第一部苏维埃宪法。宪法正文由序言和六部分组成。

第一部分为"被剥削劳动人民权利宣言"，收录到《宪法》中时几乎没有改动，只有一些编辑上的修改。

第二部分为"俄罗斯社会主义联邦苏维埃共和国宪法主要内容"，由五章组成，这一部分确立了宪法的主要任务：建立无产阶级和贫苦农民专政；宣布俄罗斯共和国是劳动人民自由的社会主义社会，国家所有权力归全体劳动人民和苏维埃城乡联盟所有；国家建设方面巩固联邦国家和地方自治的原则；苏维埃政权的政策体现了始终不渝的保障公民的权利和民主自由。

第三部分"苏维埃政权宪法"由7章组成（6—12），分为两部分："中央政权机构"和"苏维埃地方政权机构"。这部宪法巩固了后来的政权机构体系和共和国管理体系：全俄苏维埃工人、农民、红军、哥萨克代表大会为最高权力机构，由城市苏维埃代表和省苏维埃代表大会代表组成，选举比例分别为1∶2.5万人及1∶12.5万人；全俄苏维埃中央执行委员会为俄罗斯苏维埃联邦社会主义共和国最高立法、管理、监督机构，由代表大会选举产生；人民委员会议为俄罗斯苏维埃联邦社会主义共和国公共事务管理机构（即政府），由全俄苏维埃中央执行委员会组成；人民委员会为各部门管理机构（即各部）；地方权力机构有苏维埃各州代表大会、各省（及周边）代表大会、各县（区）代表大会、各乡代表大会，还有城市苏维埃和农村苏维埃；各权力机构的执行机构为各执行委员会。

第四部分"选举权和被选举权"由3章组成（13—15），分别为选举权和被选举权、关于选举的产生、关于选举的审查、废除及罢免代表。这部分内容巩固了劳动者和士兵从18岁开始的普选权，撤销了剥削者及其帮凶（当时的术语）的选举权。根据《宪法》不能选举及不能被选举的人有以下几类：(1)以营利为目的使用雇佣劳动力的人；(2)以不劳而获收入为生的人，如资本利息、企业收益、财产收益及类似收益；(3)私人贸易商、贸易和商业中介机构；教堂和宗教祭礼的修士及神职人员；(4)原警察局、特别宪兵团和暗探局的雇员和间谍，还有俄罗斯沙皇皇室成员；(5)按规定程序被确定为精神病或精神失常的人以及受监护的人；(6)因贪图私利犯罪被依法判决或法庭裁决判刑的人。

农村苏维埃和城市苏维埃举行了直选。采用所谓的生产地域选举原则，也就是根据生产单位，城市的劳动人民选举代表；城市和农村地区的其余居民根据地域原则，即居民的住所来选举代表。选举在选民公开大会上进行。其他各级选举是分多级进行的，即下级苏维埃代表或苏维埃代表大会代表（代表团成员）选举上级苏维埃代表大会代表（代表团成员）。与农民相比，选举中代表的比例给工人以优势，即城市要从比农村地区选举人员少的人数中选出一个代表。

第五部分和第六部分相应地由16章和17章组成，标题分别为"预算法"和"俄罗斯社会主义联邦苏维埃共和国的国徽和国旗"。

当然，1918年苏俄宪法是当时时代的产物，为俄罗斯出现的新制度服务，并完善了这一制度。一方面，该部宪法记录了实践中存在的事情；另一方面，该部宪法又致力于未来，即预测了在苏俄宪法的基础上社会主义社会关系的进一步扩大。就此不排除在新体制富于变化的形成条件下宪法条款的校正。列宁在提到此处时写道："苏俄宪法集中在生活给予了什么，在把宪法实际应用到生活中将对其进行修订和补充。"

1918年苏俄宪法对于当时其他苏维埃共和国的宪法建设发挥了重要作用。总体来讲，在反映国家特点和国家环境的同时，这些宪法在调节新社会关系中还是以苏俄宪法为范例。这些宪法在巩固新政权性质方面团结一致，新政权为建立在同等社会经济制度基础上苏维埃形式的劳动人民政权。这些宪法在各个共和国历史中发挥了自己重要的作用，同时这些宪法为苏维埃社会主义共和国联盟的进一步联合提供了先决条件。

第四节　1924年苏维埃社会主义共和国联盟宪法、1925年俄罗斯苏维埃联邦社会主义共和国宪法

现在一些写俄罗斯联邦宪法史的作家倾向于从1918年宪法直接过渡到1925年俄罗斯苏维埃联邦社会主义共和国宪法，而1924年苏维埃社会主义共和国联邦宪法和之后的联盟宪法一带而过。将俄罗斯在苏联时期变成一个独立存在的国家。然而不应掩盖包含俄罗斯宪法史的俄罗斯历史的篇章。俄罗斯是苏联共和国中的一个国家，这无论从总体

上俄罗斯的发展性质,还是对这一时期俄罗斯宪法特点都有影响。鉴于此,我们将研究之后宪法建设的特点。

1922年12月30日,苏联第一次代表大会通过了《建立新国家——苏维埃社会主义共和国联盟的宣言和合约》。苏维埃社会主义共和国由4个国家联盟组成——俄罗斯社会主义联邦苏维埃共和国、乌克兰苏维埃社会主义共和国、白俄罗斯苏维埃社会主义共和国、外高加索社会主义联邦苏维埃共和国(由阿塞拜疆苏维埃社会主义共和国、亚美尼亚苏维埃社会主义共和国、格鲁吉亚苏维埃社会主义共和国组成)。这4个组成合约的平等共和国,成为苏联成立后的联邦共和国。1923年各联盟共和国的中央执行委员会批准了《苏联成立的宣言和合约》。例如,俄罗斯苏维埃联邦社会主义共和国的中央委员会通过1923年7月3日决议决定批准并通过了《苏联成立宣言和合约》应为苏联的《基本(宪)法》。

苏联中央执行委员会通过了《关于制定第一部联邦宪法的决议》,组建了宪法委员会,同时成立了一系列苏联机关,筹备并通过了这些机关的条款,形成了苏联宪法的文本。当然,为此还要解决这些机关的模式问题,还有苏联和各联邦共和国之间的权力界限问题。这些问题相当复杂。1923年6月俄罗斯共产党(布)中央委员会全体会议讨论和通过了由宪法委员会筹备的宪法文本。1923年7月6日苏联中央执行委员会第二次会议作出决定:批准苏维埃社会主义联邦共和国根本(宪)法,并立即生效。中央执行委员会主席团通过1923年8月3日决议确立了7月6日这一天为"全苏联节日"。然而在中央执行委员会1923年7月6日决议中规定了把已通过的宪法文本载入苏联第二次代表大会的批准文件中。1924年1月31日此次代表大会批准了《宪法》。因此这部宪法作为1924年《苏联宪法》登上历史舞台。

苏联成立后,像中央执行委员会和中央执行委员会代表大会的这些联邦机构立即发挥职能。从1923年7月通过了《宪法》开始,苏联政府和其他国家机构便开始运作。苏联中央执行委员会组建了政府——苏联人民委员会议。为了高效解决经济复苏、保卫苏联的问题，把俄联邦国家银行改造为苏联国家银行，成立苏联中央统计局。苏联中央执行委员会通过《1923年7月6日决议》，委托人民委员会议组建苏联劳动和国防苏维埃。1923年下半年通过了一些关于新联邦机构地位的类似宪法的法令。其中，1923年11月12日苏联中央执行委员会批准了关于苏联中央委员会、人民委员会议、人民委员部的章程；1923年11月23日中央执行委员会主席团通过了《苏联最高法院章程》（其中包括苏联检察院）。

从形式上讲，《序言》和《苏联成立的宣言和合约》构成了1924年《苏联宪法》。但是《序言》特别短，仅宣布了《苏联成立的宣言和合约》为《苏联基本（宪）法》。

"苏联成立宣言"为《苏联宪法》的第一部分。与1922年宪法文本相比，"苏联成立宣言"没有受到实质性的改变。"苏联成立合约"为第二部分，与1922年宪法文本相比，"苏联成立合约"被补充很多。只需指出，在第一次代表大会通过的《合约》文本有26项条款，列入《苏联宪法》中72项条款。这部分由11章组成："关于苏联最高权力机关的管辖对象""关于各加盟共和国主权和联盟国籍""关于苏联苏维埃代表大会""关于苏联中央执行委员会""关于苏联中央执行委员会主席团""关于苏联人民委员会议""关于苏联最高法院""关于苏联人民委员会""关于国家政治保安总部（原全俄肃反委员会）""关于各联邦共和国"和"关于苏联国徽、国旗和首都"。

新国家拥有一整套必要的机构。苏维埃代表大会为苏联最高权力机构，在代表大会休会期间，由联邦苏维埃和民族苏维埃组成的中央执行委员会为最高权力机构。实施高级权力机构两院制是遵循原则的决定，从此这一制度一直延续到苏联解体。

根据宪法，中央执行委员会每年召开一次定期代表大会，而非定期代表大会则根据中央执行委员会自行决议或根据联邦苏维埃、民族苏维埃需要或两个联邦共和国的需要召开。代表大会代表由省城苏维埃代表大会选举,而没有省城界限的共和国代表则由共和国苏维埃代表大会选举。代表大会由选举比例为1∶2.5万的城市苏维埃和城市居民苏维埃代表及选举比例为1∶12.5万的省城苏维埃代表大会代表组成。

代表大会从各联邦共和国代表中按人口比例选出联邦苏维埃,共414名成员。民族苏维埃由联邦共和国和自治共和国代表组成。总的来说,民族苏维埃成员由苏联代表大会批准。

中央执行委员会以会议形式工作,其主席团每年召开3次例会。中央执行委员会可以看作是立法的领导机构。《宪法》规定,中央执行委员会颁布法典、法令、决议、命令,统一立法和管理工作,规定中央执行委员会主席团和苏联人民委员会议的工作范围。所有规定苏联政治经济生活一般法规的法令和决议,还有列入苏联国家机关现有实践中主要变化的法令和决议,必须提交苏联中央执行委员会进行审议和通过。

中央执行委员会会议休会期间,中央执行委员会主席团是苏联宪法高级立法、执行和管理机关。

政府,即苏联人民委员会议,为中央执行委员会执行和管理机关,该机关虽然最后成立,但无论对它之前的机关,还是中央执行委员会主席团之前的机关均负责。苏联人民委员会分为两部分:全苏联人民委员会(全国统一委员会);联合人民委员会——当共和国有执行联邦委员会任务的同名机构时(后来这些管理机构开始叫做联邦共和国委员会)。

最初建立了联邦级别的执法机构的分支系统(其中包括惩罚机构)。高级司法机关为苏联最高法院。与此同时,最高法院履行依宪法司法和监督的职能。最高法院的管辖范围如下:根据苏联中央执行委员会要求依据宪法给出联邦共和国各种命令合宪性的结论(第43条第3项);解决联邦共和国之间的诉讼纠纷(第4项);设立最高法院检察长职位。

在苏联成立和新国家制度宪法形成过程中,联邦及其各主体,即苏联和各联邦共和国之间职权范围的相互关系问题成为中央和各共和国争论和博弈的最关键的主题。1924年《宪法》的相应条款与1922年合约对比证实,短期内联邦级别最重要权力职权范围集权制拥护者取得胜利。如此,《宪法》把如下关键问题列入苏联管辖范围——确定工业部门和其他全苏联性的工业企业;规定全苏联的税收和收入,免除各联邦共和国预算中教育方面的税收;管理运输事业、对外贸易、国际关系;更不用说组建及管理武装力量。

1924年《宪法》没有确定各联邦共和国的职权范围。在简短的第二章"关于各联邦共和国的主权和联邦公民"(联邦公民的法规也是《宪法》的革新)承认联邦共和国均拥有主权,该联邦共和国"仅在现行《宪法》范围内受限,仅在联邦职权范围内受限"。在这些界线外,《宪法》规定,每个联邦共和国拥有自主的国家政权。苏联维护各共和国的主权。每个联邦共和国保留了自由退出联盟的权利,并且修改、限制、废除巩固这一条例的章节,需要得到苏联全体共和国的许可。各共和国有自己的宪法,但必须按照联邦宪法进行修改。各共和国公民确定为统一联邦公民。

1924年《宪法》拥有具体目的——体现苏联国家性质和国家结构。宪法从各个共和国(可见,总体上是全国)现有社会经济水平、公民地位出发。但《宪法》本身没有提到这些问题。这些问题在各联邦共和国宪法中有所体现,1925年—1931年期间,这些共和国通过了新的修正。当然,在苏联成员共和国宪法的内容上反映出其加入苏联的事实。

《俄罗斯苏维埃联邦社会主义共和国宪法》于1925年5月11日在第12次苏维埃代表大会上通过。新宪法文本在一定程度上与1918年宪法相似而且一致,但在结构和内容上有创新。例如,取代原来的第一部分"被剥削劳动人民权利宣言"及第二部分"1925年宪法总则"的是第一章"总则"。"总则"宣布,为镇压资产阶级、消灭剥削、实现共产主义(第1条),《宪法》从《被剥削劳动人民权利宣言》和1918年《宪法》基本原则出发,拥有保证无产阶级专政的使命。

《宪法》(第3条)宣布,根据《苏联宪法》第1条,俄罗斯苏维埃联邦社会主义共和国为苏联成员，俄联邦把权力转交给苏联，归苏联机构管辖。

在《宪法》通过前期，强调所有权和政权转交给人民的革命喜悦和革命用语成为过去，符合社会关系的国有化前景变得越来越明朗。这在一系列宪法条例中均有所体现。例如，在列入1918年《宪法》的《被剥削劳动人民权利宣言》中指出，废除土地私有制，宣布所有土地储备为"全民财富"，转交"劳动人民"；并宣布全国意义的森林资源、矿产资源和水资源为"全民财富"，等等。1925年《宪法》明确指出，所有土地、森林、矿产、水资源，以及轻工业工厂、重工业工厂、铁路运输、水路运输、空运运输及通信为"国家工农所有制"，该所有制是以苏联特殊法律和俄联邦最高机关规定为基础的。

1918年《俄联邦宪法》没有规定全俄代表大会和中央执行委员会的具体权力，仅限于笼统的条例。由于俄联邦为苏联的联邦共和国，需要详细指出上述机构的职权范围。因此在1925年《宪法》的第二部分为"关于苏维埃全俄代表大会和全俄中央执行委员会管辖范围"。

1925年《宪法》把宪法通过、宪法补充、宪法修改及自治共和国宪法最终通过的权力列入代表大会的特别管辖范围内。其他列入代表大会和中央执行委员会的权能有：总体管理共和国政治和国民经济，确定国民经济中领土、预算、税收和非税收收入的计划，订立俄联邦外部和内部借约，批准俄联邦法典，等等。并且加入苏联的因素也变得非常明显：几乎每种情况都表明了，这些俄罗斯机关权力的实现根据宪法和苏联法律。此外，《宪法》中列入第19条特别规定，在苏联职权范围内对苏联最高机关法令在俄联邦境内具有法律效力。

1925年《宪法》在第三部分"关于苏维埃政权的建立"体现了我们熟知的机构体系：全俄代表大会—全俄中央执行委员会—全俄中央执行委员会主席团—人民委员会议—人民委员部。这里的新内容是把委托全苏人民委员部列入共和国政府。直接归俄联邦高级机关管辖的《宪法》规定,俄联邦人民委员部在工作中实施苏联人民委员部的相应指示(第38条)。中央集权的趋势表现在,如果俄联邦人民委员部的法律不是根据全俄中央执行委员会、全俄中央执行委员会主席团、俄联邦人民委员会议的准确指示,那么苏联人民委员部可以废除俄联邦人民委员部的相应法律。

"关于自治苏维埃社会主义共和国及自治州"为1925年《宪法》的新内容,规定了苏维埃社会主义自治共和国拥有自己的基本法(宪法);基本法经由苏维埃代表大会通过,再由全俄中央执行委员会批准,再提交全俄苏维埃代表大会最终批准。《关于自治州的条款》由苏维埃代表大会通过,由全俄中央执行委员会批准(第44条)。

第五节 1936年苏维埃社会主义共和国联盟宪法、1937年俄罗斯苏维埃联邦社会主义共和国宪法

像任何事物一样,这些宪法的出现有其基础及社会经济和政治原因。很难把这些原因分成主观的和客观的,因为到处都有主客观的起因,这种情况下,解释宪法出现的原因变得错综复杂。在任何情况下谈论这些基本法,不会特别提到这些法律通过的时间,因为根本无法确定这些时间。

我们知道,从1922年苏联成立时起,实际上过去俄罗斯就只剩一个党派——执政党全联盟共产党(布尔什维克)。在1936年苏联宪法通过之前的10—12年是党内各派别为其视为社会主义社会的建设方式及直接拥有政治权力激烈斗争的时期,并且政治权力的直接拥有根本不表现在国家政权上,而是和国家政权一样很大程度地影响着社会生活,比如:人与人之间的关系,委派"自己人"或挑选"合适的人"来领导社会建

设,企业、各个机构及他们的劳动团体,来组织剧院、电影院、艺术的创作过程,甚至为控制宗教祭祀进行逮捕。

在这个计划中新宪法的通过意味着对掌权者的颂扬,意味着胜利者的重大成功,胜利者通过宪法内容及宪法通过这一事实本身"圣化"了自己的盛况。此外,为了这一目标"产生了"传统(大概过去没有这一传统)——在"国民意识"中把宪法与国家政治领导人的名字连在一起:1936年《苏联宪法》马上叫《斯大林苏联宪法》。

胜利者们对于建成的社会主义社会是什么样的,社会应该朝哪个方向、用什么方式发展有着自己的认识。此外,他们是政治家和国务活动家,这就使得他们必然会考虑国家发展方向,以及他们在人民中的声誉,同时对人民的意识进行极大的改造;利用人民的信任和对建设更公平的制度(没有牺牲就不能顺利进行)、美好生活到来的信念——只需要"祖国的"苏维埃政权的帮助。

众所周知,全民所有制性质的国有制建设路线是十月革命初期社会主义建设中占主导地位的路线之一。现在宣布工业化方针——在群众热情高涨的短短几年内,建造了全民所有的百项工程(其中包括大工厂)。

农业方面,政府宣布形式上自愿农业集体化,实际上是强制性的农业集体化。仅仅过了10年时间其不良后果就表现出来了(不仅仅是思想上的合作,也会随着时间的推移实施这种形式,这种形式使更多的农民想共同劳动,感觉自己是土地的所有者)。30年代,农业劳动的组织不仅建立在命令的基础上,还有上级相当多的担忧以及运用俄罗斯村社集体主义传统的劳动机制基础上,一开始农业劳动的组织取得了一些成就。

加强国家防御能力(换句话说,军事实力),对于许多有威望的人来说,兵役成为一种工作形式。

在名为文化革命方针的框架内,主要为不识字的广大居民阶层组织了大规模的教育活动,全部人民学习读和写,奠定了国家科学、高等教育、中等教育、中等职业教育、职业教育的基础。

最终，保障了人民充分就业，消除了失业。

新体制的反对者通过政治手段、行政手段和惩罚性措施被完全镇压了。因此在20世纪30年代初期，通过标准法律逐步取消了参与选举的限制，工人和贫农的普选权成为劳动者的普选权，也就是工人、农民和劳动知识分子（但是确实没有社会其他阶层人士，甚至是在没收生产资料和土地过程中，已变成工人或农民的富农，或是在监狱里的富农）。已经提到过，在俄罗斯只剩一个政党——苏联共产党（布尔什维克），同时创建了许多共产党领导下的群众参加的社会组织、志愿社团和联盟。

国家民族建设的发展带来了新联邦共和国、自治共和国及自治区的建设，为极北地区部族设立民族区。苏联的援助出现在更落后的地区，并以超前的速度发展。这些年，在无产阶级国际主义思想的基础上更加巩固了多民族国家独特的友谊关系。

不管这些措施发起人的本意，也不论措施实行的方式，这些措施均带来了科技、经济、社会和政治进步。在汇编中，国家领导评价这些措施为巩固社会主义的基础。《宪法》和巩固这一社会经济、政治模式的现行法律为社会主义服务，该模式为执政阶层提供了社会主义制度标准。

上述内容对于理解1936年《苏联宪法》及包括1936年《俄联邦宪法》在内的1937年联邦共和国宪法及自治共和国宪法的出现和内容至关重要。要知道，泛读宪法文本可能使人误解——宪法形成时期的社会和国家体制看起来是完全民主的。

同时在《苏联宪法》筹备及通过时，政府善于利用外部背景公开性和人民群众的广泛参与。回顾一下这一过程的主要时刻。在1935年2月联共（布）中央委员会全体会议上首先提出了关于《苏联宪法》的修改问题。2月1日全体会议宣布在《苏联宪法》中列入修改的方针。根据联共（布）中央委员会提议，同时举行的1935年2月6日苏联全苏代表大会通过决议，在《苏联宪法》中列入修改。逐字逐句重复全体会议的措辞，代表大会指出，这些修改应该遵循以下方针进行："(1)今后选举体制的民主就用平等的选举代替非完全民主选举，用直选代替多级选举，用公开选举代替内部选举；(2)在实行宪法方面，要符合目前苏联阶级力量相互关系，明确宪法中社会经济基础（创建新社会产业、消灭富农、集体农庄制度的胜利、确立社会主义所有制为苏联体制的基础等）。"代表大会命令苏联中央执行委员会选举制宪委员会，委托制定以上述为基础的宪法修正文本并将其提交到苏联中央执行委员会会议上批准。

可以看出，这首先涉及对1924年生效的《苏联宪法》进行修改问题。1935年2月7日在斯大林主席的领导下苏联中央执行委员会选出制宪委员会。今后只有制宪委员会才能提出制定新宪法的必要性，所有文件都是之后用这种手段起草的。

1936年4月30日草案文本由1936年5月15日召开联合会议的联共(布)政治部成员及制宪委员会成员派送，修改后批准宪法草案并将其提交到苏联中央执行委员会审查。1936年6月1日联共(布)中央委员会全体会议基本通过了宪法草案，由于问题特殊的重要性，全体会议认为对于草案的审查和通过来说，全苏代表大会的召开很合理。在全体会议决议中有这样一条：联邦共和国受委托根据《苏联宪法》立即着手起草自己的宪法和自治共和国宪法。

1936年6月11日苏联中央执行委员会主席团审阅《苏联宪法》问题后，作出决议：批准由中央执行委员会制宪委员会提交的宪法草案；为审查这一草案于1936年11月25日召开全苏代表大会；刊登草案以便全民讨论。

1936年6月12日刊登了宪法草案，进行了为期5个月的宪法草案全民讨论。现在很难评论此次讨论的有效程度——多半带有过分限制性质，应当首先体现草案"全民同意"。根据涉及全民讨论的文献资料只能评论措施的种类和规模。在多次劳动大会、苏维埃全体会议、执行委员会会议、各个协会、各委员会及苏维埃代表小组宣读和讨论了宪法草案，在报刊的文章里和广播里进行了宪法草案讨论。在10—11月举行的区级、州级、边疆区、共和国苏维埃非常代表大会上总结了讨论结果。当时的官方数据显示：超过了5 000万人参与讨论，可是还有那些熟悉档案材料的人，得出另一数字——3 650万人。原则上不排除这两个数字的随意性，容易受当时和后来检查的影响。苏联中央执行委员会主席团组织部对讨论过程中提出的对宪法草案的提议和补充进行了统计；11月总计43 427条。

为审查宪法草案，1936年11月25日召开了苏联第七届非常代表大会，举行了12次会议。编辑委员会把43处修改列入文本中，涉及32个条款，其中有6—7条重要条款。12月5日经由逐条投票，代表大会通过了《苏联宪法》。

《苏联宪法》（根本法）（这些字被列入宪法名称中）没有序言，由13章组成：(1)社会制度；(2)国家制度；(3)苏联社会主义共和国国家政权最高机关；(4)各加盟共和国国家权力最高机关；(5)苏联社会主义共和国国家管理机关；(6)联邦共和国国家管理机关；(7)自治苏维埃社会主义共和国国家政权高级机关；(8)国家政权地方机关；(9)法院和检察院；(10)公民基本权利和义务；(11)选举制度；(12)国徽、国旗、首都；(13)宪法修改程序。

这部宪法作为政治性法律文件的最重要特点表现为以下几点：

(1)《苏联宪法》宣布苏联为工农社会主义国家（第1条）；引入苏联政治基础这一概念——以推翻地主和资产阶级政权及建立无产阶级专政，不断成长和壮大的苏维埃工人代表为苏联政治基础（第2条）；所有权力属于以劳动代表苏维埃为代表的城市和农村的劳动人民（第3条）；改变政权机关名称——苏维埃工人代表取代了苏维埃工人、农民和红军代表。更加强调加强政权基础，社会就会更加完整、统一。

(2)宪法来源于社会主义经营方式和公有制的胜利。宪法引入了苏联经济基础这一概念——由于废除资本主义经济制度而确立的社会主义经济体制和社会主义生产资料工具所有制,废除了生产资料和工具私有制,消灭了人对人的剥削。

社会主义所有制以国有形式稳固起来,把土地、矿藏、所有工业企业、运输、大型农业企业、公用事业企业、城市及大型居民点的基本住房设施,以及集体农庄财产收归国有(第5—7条)。

根据第9条:"同成为苏联掌握政权经济体制的社会主义经济体制一样,法律允许个体农民和手工业者的小型私营经济,这种私营经济以私人劳动和消灭剥削他人劳动成果为基础。"

宪法规定了公民个人财产权利,但仅限于这些物品,例如劳动收入和储蓄、住房和附属家产、家产什物和家居用品、个人消费和日常用品(第10条)。

计划经济原则是在宪法基础上设立的:根据第11条,为了增加公共财富,为了劳动人民的物质生活和精神生活水平不断上升,为了巩固苏联独立,为了加强苏联防御能力,苏联经济生活由国家国民经济计划确立及指定方向。

原则上,劳动被宣称为每个具有劳动能力公民的义务和荣誉:"不劳动者不得食。"苏联实行社会主义原则:"从每个人的能力出发,再从每个人的劳动出发。"

(3)《苏联宪法》巩固了国家制度——以平等的苏维埃共和国自愿联合的基础上组成的联邦国家(第13条)。宪法通过前,苏联共有7个成员共和国,现在扩大到11个。形式上巩固联邦制度,《宪法》体现了各个领域中高度中央集权的路线,这些领域集中了符合苏联的国家领导职能。自此转向不仅解决国家制度问题,还要解决共和国行政区域组织问题,毫无疑问,这加剧了国家官僚主义中央集权的开始。实际上所有稍微有些重要的经济单位也受联邦部委管辖。所有这些都极大地削弱了共和国的权力,使他们完全依赖中央。

(4)《苏联宪法》规定了在无记名投票过程中普遍平等直接的选举

权,取消了根据阶级和社会特征的个别人群参与选举的限制,拒绝了苏维埃中非直接选举,取而代之的是直接选举。根据地域原则的无记名投票取代了根据生产——地域原则在会议上的公开投票。

(5)创建了国家政权机构新体制(苏联最高苏维埃和苏联最高苏维埃主席团取代了苏维埃全苏代表大会,苏联中央执行委员会和中央执行委员会主席团;联邦共和国和自治共和国的类似机关;在地方苏维埃劳动者代表——边疆区、州、区等苏维埃取代了苏维埃代表大会)。

(6)《宪法》巩固了公民更加全面的社会经济权利、政治权利和个人权利(关于这点与政治制度的对比,前面已经提到过了)。《宪法》中出现了特别的第十章"公民的基本权利与义务"。在本章里宣布了公民的如下权利:劳动权、休息权、老年人和在生病及失去劳动能力情况下的物质保障权、受教育权。

《宪法》巩固了公民社会政治平等,还有男女平等。《宪法》规定了一系列政治权利和自由——言论、出版、集会、游行和示威的自由,在社会组织中结社的权利。然而已经提到过,行使这些权利必须符合劳动人民的利益,并且目的是为了巩固社会主义制度,发展人民群众的组织主动性和政治积极性。

(7)之前没有一部宪法谈论过党派,包括占据执政地位的共产党。在1936年《宪法》中首次提出国家一党制的形成。在谈到社会组织中结社自由权的第126条中规定:"工人阶级及其他劳动阶层中最积极最自觉的人民组成了苏联共产党(布尔什维克),它是为加强和发展社会主义制度斗争中劳动人民的先锋队伍,组成了所有社会和国家劳动人民组织的领导核心。"如此,就体现了实际地位,并宣布了现在联共(布)宪法的正式权力——作为"领导核心"领导国家机关和社会联盟的工作。

在1937年苏维埃非例行代表大会上,各联邦共和国通过了本国的新根本法——宪法。这些宪法大体上遵循《苏联宪法》结构,而这些宪法的许多条款都是一致的。

1937年1月21日第十六届苏维埃全俄非例行代表大会批准的《俄联邦宪法》也不例外。虽然在与苏联宪法比较中,《俄联邦宪法》在结构与内容上有一系列特点。例如,在该部宪法中更加详细地规定了俄联邦管辖问题,关于俄联邦国家政权高级机关和国家管理机构管辖范围的章节描述得更加详细;关于苏维埃社会主义自治共和国国家政权高级机关章节的篇幅略大;出现了新的章节——关于自治共和国国家管理机关、关于自治州国家政权机构。与《苏联宪法》相比,关于国家政权地方机关的章节要详细得多。1937年《俄联邦宪法》中有关于俄联邦预算的章节,在《苏联宪法》中没有相似的章节(但是这里延续了之前俄罗斯的宪法传统——因为1918年宪法第五部分为"预算法",组成了第十六章,而1925年宪法中组成第七章的第四部分为"关于预算法")。

考虑到《苏联宪法》中政治建设、国家建设和经济建设取得的成果,在国家接下来的发展过程中,在《俄联邦宪法》、其他联邦共和国宪法,还有自治共和国宪法中都进行了修改。这些宪法都基本上反映了国家结构中的改变;扩大了苏联各主体的权力;完善体制,明确国家机关名称和职权范围;在国内采取措施克服专横和不守法纪的后果,以及1953年后个人政权制度(个人崇拜)的后果,包括肃清宪法中没有规定的法律以外的惩罚机构,平反受惩遇难的人,保障人身不受侵犯等;扩大了公民一系列宪法基础上社会经济权利的保障(劳动权、休息权、受教育权和退休保障等)。

第六节　1977年苏维埃社会主义共和国联盟宪法、1978年俄罗斯苏维埃联邦社会主义共和国宪法

制定新宪法的主要原因和必要性与国家政治制度实质性的改变密

不可分。

听取和讨论了苏共中央委员会书记和苏联部长会议主席赫鲁晓夫的报告后,根据1962年4月25日决议,苏联最高苏维埃决定"创建苏联新宪法草案组委会"并确定了组委会成员。组委会成员经过了几次改动,但是组成原则一直没有变:委员会的成员都是同盟党派和国家领导班子的一把手,还有联邦共和国、自治共和国、自治区、民族区的代表,他们来自社会的各个阶层,有工人、农民、科学家、教育者等。

在制定苏联新宪法的过程中出现了一个问题——在新时期要构建一个什么样的社会。停留在无产阶级专政的立场上是行不通的,因为阶级斗争不存在了。

走出以前的教条、构建新社会思想(换个说法,新式教条)需要时间。众所周知,成熟发达的社会主义社会理论(思想)已经诞生了。而形成表达这套理论(思想)的见解用了将近15年的时间,新宪法草案的制定比这个速度要快。

根据已建成社会的特点可以看出,新宪法制定的原因和以下几个方面密不可分:

(1)制定者们看到了新根本法的经济前提:1963年宪法指出,苏联的经济基础是在消灭资本主义经济体制和私有制基础上建立起来的社会主义经济体制和社会主义所有制。现在社会主义在自己的经济所有制基础上发展。国家经济的发展有以下特点:社会主义所有制占据主导的统治地位;运用科技革命的成果取得的高水平国民经济技术装备;苏联经济向着统一强大的国民经济体制发展。

(2)制定宪法时,社会结构的这种分布是确定的:工人阶级在社会中占据主要地位,数量从1936年占全国人口1/3增长到1977年的2/3,他们有知识、懂技术、政治上成熟,参与管理国家的积极性显著增长;集体农庄的农民阶级也发生了变化,当代的农民都出生成长于集体农庄,他们的心理是在社会主义集体主义的思想基础上形成的。随着人民的文化层次和科学作用的提高，知识分子在社会中的比重升高了，他们具有民族性和社会性。所有社会阶层排除分歧共同解决统一任务。这样，社会结构的改变、社会各阶层精神面貌的改变，工人、农民和知识分子的牢固的联盟，社会共同的增长，所有这些都是导致苏联宪法出现的主要原因。

（3）这套理论原则性的观点在于：随着成熟的社会主义制度的建立，随着苏维埃国家所有社会阶层的思想政治立场向着工人阶级的思想政治立场转变，曾经的无产阶级专政国家变成了全民的国家。这就意味着，根据这套理论的观点：首先，国家的社会基础扩大了：在开始的几年里，苏维埃的政权由工人和贫农构成的联盟所掌握；进入30年代，政权转移到工人阶级和集体农庄农民联盟的手中（当时没有其他农民阶级存在）；到了1977年宪法通过的时候，是由工人、农民和知识分子组成的牢固的同盟掌握。其次，国家转变成了全民的机构，代表着全国各个阶层和团体的利益。最后，国家创造性建设职能总体来说要大得多。这些因素在新宪法中都应该考虑到。

（4）根据已经建立的观点，不仅国家积极参与决定社会共产主义建设的任务，还有非国家机构。为了使他们团结起来，理论和宪法术语中出现了"苏维埃社会政治体制"这一概念。所有机构（无论是国家的还是社会的）在为社会主义人民政权服务的社会政治体制框架内实现一体化。在国家和社会之间建立一条强有力的纽带来管理国家和社会事务。

（5）共产党领导了国家所有进程。虽然在1936年宪法的第126条已经确定了政党在国家中的地位，但没有人感觉到它通过人民力量的联合发挥作用。因此出现了这样一种思想——宪法中反映了苏联共产党的地位是社会政治体制中的核心，反映了苏联共产党在国家内部生活和对外政策中指导作用的可能性及规模。

（6）在宪法中民族国家建设这一部分拟定了下列任务：不仅把法律还要把实际民族平等作为出发点；反映苏维埃人民的统一程度，已经形成了新的历史同一性，即多民族的苏维埃；当在苏维埃社会主义共和国的阶层上许多问题都需要一个统一的解决途径时，应考虑到苏联进程的一体化（这一点后来成为批评国家管理过于集中化的依据）；在宪法中反映把苏联经济建成国民经济统一整体；记录共和国的高水平的发展，他们越来越积极地参与到苏联的各项事务中来。在其他方面，独立地解决自己管理中的问题，保证共和国领域内的综合经济及社会发展。

（7）按计划在宪法中反映出苏维埃民主政治进一步发展的环境，劳动人民参与到国家和社会事务的管理中来，提高居民社会自主活动、人民监督和社会意见在社会组织和机构中的作用。

（8）宪法制定者认为，经济和社会文化建设取得的成就使公民许多已有权利的行使范围得以扩展，这就有可能扩大权利范围和权利保障。同时，出现了在宪法层面上的巩固权利和自由的前景，这些权利和自由或者过去从来没有出现过，或者在这次立法中有所体现（但不完全）。

（9）新宪法的通过还有另外一个原因，在以前的根本法实施的时候，国家机构的组织和活动中出现了许多新内容，这些应该在新宪法中体现出来。

（10）最后，不能抛开新宪法产生的对外政治原因。宪法应该展示出苏联的力量、在世界的主要立场及与具有符合苏维埃国家对外政治基础的社会主义的团结。

在总结中可以证实，新宪法出现的一系列客观的先决条件有：要在政治制度中巩固法制根源，要预防大规模专横、侮辱个人的可能性；从社会一部分政权公理（无产阶级专政）过渡到全民国家，社会所有阶层均参与到国家政权功能的实现中；宪法中必须扩大公民权利和自由的范围，更明确国家机关的权力及苏联与各共和国相互关系。当然，这部宪法应该成为一部服从于意识形态的文件，反映全社会和国家全体人民的"牢不可破的统一"、和谐发展、普遍承认苏联共产党的领导作用，特别是人类社会主义的道路上的"巨大的成功"、"真正的"社会主义模式，等等。虽然正是在这部宪法中意识形态与政治法律根源联系得比其他宪法都紧密，但是意识形态内容并没有挡住这部《宪法》的宪法性作用。

筹备宪法的下一阶段基本步骤有这些：1977年5月27日最高苏维埃主席团研究了苏联宪法草案问题并通过《命令》，内容如下：基本通过宪法草案并提交给全民讨论；1977年6月4日在所有的中央、各共和国、各边疆区、各州报纸上刊载宪法草案；为审查这一草案于1977年10月召开苏联最高苏维埃临时会议。

宪法草案全民讨论开始于6月5日，持续到1977年9月末。根据官方数据，参与讨论的有1.4亿多人，也就是说超过了全国成年人的4/5。宪法草案的研究涉及大约150万次企业、集体农庄、军队部分、居民地区的会议。在全体会议、公会积极分子会议、共青团、联合组织、创业机构均讨论了宪法草案。总共大约有40万个对个别条款修改的意见，都是意在明确、改善和补充宪法草案的形成。

9月27日召开了制宪委员会会议，会议上进行了全民讨论总结。委员会通过了带有明确性、补充和修改的宪法草案并将其提交到苏联最高苏维埃主席，以便苏联最高苏维埃审查和进一步修改。主席团会议于1977年的9月30日召开，此次会议通过了确切的、补充的宪法草案，其中包括全民讨论过程中提出的建议。主席团决议提交苏联最高委员会审查：关于通过和宣布宪法的《最高苏维埃宣言草案》；关于把宪法实行日作为全民族节日声明的草案；关于苏联宪法生效程序的苏联法律草案。

我们没有在上述列表中找到宪法草案。这并不是偶然。1977年10月3日召开了苏共中央委员会全体会议，会上通过了《关于苏联宪法（根本法）草案和草案全民讨论总结》的决议。决议中制宪委员会不仅基本同意宪法草案，并提出："把宪法草案提交苏联最高苏维埃第九届七次临时会议上审查。"这就证实了苏联宪法草案正式被提交苏联共产党中央委员会苏联最高苏维埃审查。

苏联最高委员会九届七次临时会议于1977年10月4日在莫斯科举行。最高苏维埃组建了宪法最终草案筹备编辑委员会。勃列日涅夫（苏共中央委员会总书记、苏联最高委员会主席团主席、制宪委员会主席)作了关于宪法草案和全民讨论总结的报告。会议上对宪法草案进行了广泛讨论,92名苏联最高苏维埃代表出席了此次会议。会议决定对草案中第8条作出修改,增加一则新的条款。总体上宪法中的118条条款涉及了修改及补充。

1977年10月7日举行了对苏联宪法草案的投票,按照以下顺序进行：在序言后投票,然后根据宪法草案每一部分分别总结。苏联代表和民族苏维埃分开投票,按照"赞成""反对"或者"弃权"的原则投票。苏联宪法于10月7日一致通过。

除此之外,10月7日苏联最高苏维埃通过分开投票,一致通过了《关于通过和宣布苏联宪法(根本法)的苏联最高苏维埃宣言》《关于把宪法(根本法)实行日作为全民族节日声明的法案》《关于苏联宪法(根本法)生效程序的苏联法案》。

1977年苏联宪法筹备初期,从一方面讲,相对于过去的根本法具有继承性;从另一方面讲,与过去的根本法相比具有创新性。这是从政权角度出发对宪法的官方态度。很可能,国家的领导还不能够按另一种方法谈论宪法。但是宪法文本证明,起初在该部宪法中的"继承性"特征极其微小,常常在关于巩固社会主义和关于新阶段的词语中反映出来。宪法的创新之处在于相对地给出了与制度、社会、政权、个人地位有关概念的另一种表述。大概,其他社会主义国家的经验和事件不是白白经历的,有了这些尝试才宣布民主社会主义。

在结构规划中,这还是新的苏联宪法。在1977年宪法中有174项条款,在1936年苏联宪法中有146条。在1936年《宪法》中没有序言。序言具有原则性意义,正是在序言中指出了发达的社会主义社会和全民国家的特点。在结构上新宪法分为编和章,而1936年的宪法仅分为章。1977年宪法中有8个新章节,75项全新条款;99项涉及1936年宪法中问题的条款,但是其中仅仅有17项没有修改列入新宪法中。

1977年苏联宪法是从之前立法改革和完善为支撑,考虑到了1977年苏共中央委员会五月全体会议上提出的立法法案的通过,"这些立法法案就像是组成新宪法中许多条款的一个小的组成部分"。

1977年苏联宪法结构如下:"序言"。第一编:苏联主要社会结构和政策(第一章"政治体制"、第二章"经济体制"、第三章"社会发展与文化"、第四章"对外政策"、第五章"保卫社会主义祖国");第二编:国家与个人(第六章"苏联公民、公民平等"、第七章"苏联公民的基本权利、自由及义务");第三编,苏联民族—国家制度(第八章"苏联—联盟国家"、第九章"苏维埃社会主义共和国联盟"、第十章"苏维埃社会主义自治共和国"、第十一章"自治州和自治区");第四编,苏维埃人民代表和选举代表制度(第十二章"苏维埃人民代表工作制度和原则"、第十三章"选举制度"、第十四章"人民代表");第五编:国家政权和苏维埃管理高级机关(第十五章"苏联最高苏维埃"、第十六章"苏联部长委员会");第六编:国家政权机关和苏维埃共和国管理机构创建基础(第十七章"国家政权和苏联共和国管理高级机关"、第十八章"国家政权和自治共和国管理高级机关"、第十九章"国家政权和管理地方机构");第七编:司法,仲裁和检察机关的监督(第二十章"法院与仲裁"、第二十一章"检察院");第八编:国徽,国旗,国歌和苏联首都;第九编:苏联宪法的生效和修改程序。

我们着重分析新宪法最重要的特点。正如先前所强调的,宪法通过最重要的问题之一是社会"形象"问题。因此,比之前宪法更加广泛地体现国家社会制度的基础为新宪法最显著的特点。新宪法除了具有政治性,还具备全面的法律性;不但记载了苏联成熟的社会主义的建设,还对发达的社会主义社会进行了详细的描述。

从统一社会各阶层的角度出发,宪法引入"苏联社会基础"这个概念。其中包括"坚不可摧的工人、农民和知识分子联盟"(第19条)。宪法宣布了一项考虑到社会各阶层需要的社会文化政策的重大纲领(第三章"社会发展与文化")。

宪法中"苏联经济基础"这一概念被"苏联经济体系基础"所替代。苏联经济体系基础是生产方式为国有(全民)和集体农庄合作社所有制形式的社会主义所有制。同时,为实现既定任务,工会和其他社会组织的必不可少的财产被称为社会主义所有制形式(第10条)。宪法从社会有利劳动的首要意义出发,劳动和其结果确定了人在社会中的地位(第14条)。根据宪法经济管理是在国家规划原则的基础上实现的,与此同时宪法计划将中央集权管理同企业的经济独立和创新相结合,计划利用经济结算、利润、成本和其他经济手段和鼓励措施(第16条)。可能纯粹是形式上的,虽然如此但个人劳动活动在手工业、农业、居民日常服务以及其他领域中还是允许的,个人劳动活动只是以公民和其他家庭成员的私人劳动为基础的(第17条)。

应该把宪法中反映人民全权范畴看作是1977年宪法的特点。宪法中包含非常重要的政治公理。先前的根本法规定了国家政权属于"所有劳动人民"(1918年俄联邦宪法第10条)、属于"城乡劳动者"(1936年苏联宪法第3条)。1977年宪法首次将"苏联所有权力属于人民"载入第2条,宪法明确了国家和社会的人民政权形式。宪法不仅规定了通过苏维埃来实现国家权力归属人民(第2条),而且还规定人民有权参与管理社会组织和劳动集体的国家、社会事务(第7—8条)。宪法规定对国家生活最重要的问题进行全民讨论,并有进行全民投票的可能性(第5条)。法律规定公民有权参与管理国家和社会事务,参与法律的讨论与通过、全国性和地方性决议。

苏联宪法巩固了国家机关和非国家机关(国家、苏联共产党、社会团体、劳动集体)总和的苏联社会的政治制度,通过这些机关来实现人民的权力。"政治制度"这一章首次被列入宪法。

苏联新宪法巩固了苏联社会作为指导和管理力量的苏联共产党的地位,巩固了其政治体制的核心地位,首次反映了实现领导作用的共产党的基本方针（第6条）。

和之前的宪法一样，1977年宪法包含了对国家本质和任务的描述。创新性在于第1条，反映了苏联本质上是全民的国家，体现了在国家所有民族劳动的工人、农民和知识分子的愿望和利益。宪法在序言中列举了全民国家的主要任务，而在2—5章中列举了其机构及组织、社会文化、外交和国防的职责。

1977年苏联宪法包含了很多法规，这些法规至少在言辞上致力于今后民主制的扩大与深化。第9条首次写明"今后开展社会主义民主制是发展苏联社会政治体制的基本方向"并规定其发展道路。宪法规定民主中国家和社会根源错综复杂，公民无论是以个人还是通过社会组织、劳动集体、社会自主和人民机构，都要积极参与完成国家和社会的任务（第7、8、48、51条）。

宪法中详尽地写明提升国家代表政权机构的作用。宪法在反映国家社会基础变化因素的同时，提出了新的名称——苏维埃人民代表。除此之外，第2条确切说明，能够立即看出苏维埃作为人民权力实现的主要形式的作用；第2条中还写道，所有其他国家机关由苏维埃监督和汇报。苏维埃的特殊作用决定将"苏维埃人民代表和选举人民代表制度"这一特殊部分引入宪法，之前的宪法没有相似内容。

1977年宪法巩固了无记名投票过程中普遍、平等、直接选举权这些早已熟知的原则。但宪法中还包含选举权的一系列新条款：将苏维埃被选举权的年龄降至18岁（先前共和国最高苏维埃为21岁），在苏联最高苏维埃降至21岁（之前为23岁）；公民和社会组织有积极参与筹备和实行选举的权利；通常公民最多在两个苏维埃行使选举权；选举的费用由国家承担。除此之外，宪法还记载了全民讨论选举委托书的内容。

同样，将"关于人民代表"这一特别部分章节引入宪法并成为新条款；《关于苏联人民代表地位的1972年苏联法案》成为这一章节创建的基础。

1977年宪法内容还有一个特点,就是比之前的宪法更广泛地体现个人地位。直观的简单数量比较:1936年苏联宪法第十章("公民的基本权利和义务")由16条组成;1977年宪法第二部分"国家与个人"有37条。除此之外,许多序言、条例也言及公民、个人,第2章(经济制度),第3章(社会发展与文化)等。

概念性决议同样重要,其中包括,宪法用"个人"这个概念强调个人利益最优先,要全面地考虑到人在社会和国家中的各种表现。采用"国家与个人"这个概念并不是想展示人的依赖地位和相对于国家的优先权(今天有些人往往是这样解释的)。说到其他方面——保障个人在国家中适当的地位,国家关心个人,个人的权利需要国家给予明确的态度;但与此同时,国家的权力需要公民考虑自身的利益和合法的行为。

"国家与个人"部分第二次被列入1977年宪法(1936年宪法接近结尾处写有权利与义务这一章)。其强调的是个人的地位由政治和经济体制决定的,以社会制度、国家职能、社会发展和文化领域的国家政策为前提的;同样地,在解决民族国家建设问题和国家机关活动时应考虑自身地位。

宪法巩固了苏联公民广泛的权利、自由和义务。其中许多条款出现在之前的宪法中,只是这些权利和保障被夸大了,可以说是实质性的改变。宪法宣布了新的公民权利:保持健康,住房,享受文化成果,科学、技术和艺术创作自由,有权将改善工作的意见提交到国家机关和社会组织中去,有权批评指正工作中的不足,等等。同时,宪法也增加了苏联公民义务的内容,也引入了"公民义务"这一范畴。

许多宪法法规旨在保障国家法制。法制原则(第4条)首次作为社会政治制度原则被记载下来。第57条关于"尊重个人、保护公民的权利和自由是所有国家机关、社会团体和责任人的义务"。

宪法是以调节苏联民族国家制度问题的继承性原则为根据。但宪法调节被扩大。可以说,如果1936年宪法中有一简短章节"国家制度",

那么1977年宪法中第三部分"社会国家政体"由4章组成：一章与苏联有关，其余章节与苏联共和国、自治共和国、自治州和自治区相符。

在民族国家发展中注意到许多新要素。特别是给现有的苏联共和国保障权利加以补充：通过苏联机关有权参与苏联管辖范围内问题的解决；有权协调与监督本领土的经济与社会发展；在苏联最高苏维埃享有立法提案权。同时，宪法的起草者发现，苏联各民族有着日益相似的地方，因此必须加强国家联盟的根源。这首先体现在确立苏联为以社会主义联邦制为原则基础组成的多民族统一联邦制国家（第70条）。巩固联邦本质体现在一系列宪法条款中：第16条（苏联经济为统一国民经济共同体），第73条（把保障苏联境内立法调节的统一、实行统一的社会经济政策、实行管理统一货币和信用制度等列入苏联管辖范围内），第89条（苏维埃是国家政权机关的统一体制）等。

宪法对国家机关给予很大重视，包括不少机关权力和工作制度的新形式（例如，关于苏联最高苏维埃的立法程序、关于立法主动权主体的权利范围等）。虽然总体来讲国家机关体制没有得到实质性的改变。

最后，我们提到这部宪法的这一特点——具有特别的一章（第四章）"关于国家对外政治基础"。应当强调的是：在加强同其他国家关系原则的同时，宪法不仅考虑到内部传统，还有国际文件——宪法几乎原封不动地再现了前不久召开的欧洲安全与合作会议的《最终法案》中的诸多条款（赫尔辛基，1975年）。

1978年通过了所有苏联共和国和自治共和国的新宪法。

新《俄联邦宪法》于1978年4月12日在俄联邦最高苏维埃九届七中全会上通过。《苏联宪法》详尽的分析使《俄联邦宪法》出现的原因和基本特点得以呈现出来。但是包括《俄联邦宪法》在内的各共和国宪法包含了自己的特点。我们以《俄联邦宪法》为例研究一下其特点。

在《俄联邦宪法》中没有完全再现苏联宪法的序言；更加简要地叙述了苏维埃政权之前走过的道路，但是提到了俄联邦在自己民族及整个苏联发展中的作用。在《俄联邦宪法》中缺少描述全民国家最终目标和主要任务、发达社会主义社会本质的条款。这点很明了：对于所有共和国来说，相应的统一条款包含在《苏联宪法》中。序言体现了各共和国与苏联及其他共和国密切的关系。序言最后强调，俄联邦人民通过并公布宪法，同时依据苏联宪法，意识到俄联邦为苏联不可分割的一部分。

《俄联邦宪法》的第一、第二部分总体上符合《苏联宪法》的相应部分。然而考虑到各共和国的特点及在苏联中的地位，表述了一系列法规。例如，在《俄联邦宪法》第4条中，在共和国框架内国家和社会机关中的公职人员，不仅有义务遵守《苏联宪法》，还要遵守共和国宪法，还有《苏联法案》(即苏联的和共和国的)。在第16条中引入"俄联邦经济"这一概念，即由统一国民经济综合体组成的部分，这一经济综合体包含苏联境内社会生产、分配和交换的所有元素。

在《俄联邦宪法》中取代"对外政策"和"保卫社会主义祖国"两章的是"外交活动和保卫社会主义祖国"一章。联邦共和国这一活动的规模比苏联小，同样地在宪法中的这一章也要更短。

宪法中第三部分"俄联邦民族国家和行政区域建设"具有很强的独特性。这里详细确定了各共和国的管辖范围和其主权。当时俄联邦有16个自治共和国、5个自治州和10个自治区，除了关于俄联邦自身的一章，宪法中包含关于苏维埃社会主义自治共和国、自治州、自治区相应地位的两章。

在国家机关工作条例中，《俄联邦宪法》主要遵循了苏联宪法。例如，规定了俄联邦最高苏维埃成员的严格数量——975个代表；非常完整地确定了最高苏维埃、最高苏维埃主席团和共和国部长会议的管辖范围。《苏联宪法》中"关于国家政权和管理的地方机构"一章，在共和国宪法中为两章——"人民代表的地方苏维埃"和"人民代表的地方苏维埃执行委员会"。

1978年《俄联邦宪法》包括由两章组成的关于国家规划和国家预算

部分。

　　1977年《苏联宪法》中没有相应部分（1937年《俄联邦宪法》第九章《关于俄联邦预算》）。《俄联邦宪法》是完善共和国立法的基础。根据《俄联邦宪法》1978年制定和通过了俄联邦内各自治共和国的宪法。

第五章
1988—1992年俄罗斯宪法改革

第一节 前提条件

1997年的苏联联邦和自治共和国宪法在国家的社会经济和政治运行中发挥了积极和建设性的作用。但俄罗斯宪法并不会成为社会以及国家发展的重要决定性因素,对此不必抱有幻想,甚至寄予一些美好的想法,此外,形成这一观点的客观误差与领导方式的主观因素也密切相关。

因此,在新的宪法基础上,代替国民幸福安康的是新出现的危机。笔者希望读者可以重视以下一系列因素:

第一,这部宪法并非是成功的发展中社会主义国家的宪法。大众以及在人文科学领域里还未能探索出所谓"成熟"社会主义性质的含义。既然该宪法无法反映新颖且高质量的制度特色,也就无法反映出其与在此前发展阶段中原则上的区别,那么所有制形式、经营方式以及政治上的领导便与原来一样并无变化。毫无疑问,改变政治局势以及制度也将变得更加模糊,终究只是停留在片面的指令性政权形式的改变。

第二,计划经济促进了重工业的发展以及增强了国家军事实力,但该经济制度却未能满足人民对日常生活用品的需求以及保障产品的质量。因出国已经变成了普通大众的事,使得苏联人民看到了国外市场经济的成功,尤其是该体制以人民的需求为目标。

第三，关于民主制度也产生了一些尖锐的问题，应保障公民的政治权利，其中包括在国家体制内发出批判的声音，政府尝试彻底铲除异己思想者，将持不同政见者驱逐出境，他们因所谓的反苏联行动而被判监禁或行政处罚，甚至在精神病院也找不到有这种反苏联思想的人，该事件在国外引起了强烈的谴责。

第四，在国家建设过程中，似乎的确出现了统一，但是，却出现了明显的反面进程——对任何问题，有时是非常微小的问题，也要集中到联盟层面。这限制了各加盟共和国、自治区和行政单位的权力和自主性。

第五，与此同时，苏联的外交关系出现了重大的失误以及一系列不得人心的举动，国际社会无法忘记其在1968年对捷克斯洛伐克发动的战争。苏联在1975年赫尔辛基签署了最终法案并得出结论——拒绝用强制措施保护社会主义阵营，以达到树立自己的威望和巩固统治地位的目的，但是1980年对阿富汗的驻军却给这个国家带来了巨大的不幸。

第六，没有考虑到这些重要因素将很难理解接下来一系列事件的发生。当时执政的共产党内部也发生了危机，苏联共产党中央政治局委员中，多数重要的成员已达高龄，他们有的不希望，有的也无法再做出激进的决定，以及改变领导方式。所以在党派内部形成了合乎党性的精英组。他们逐渐脱离了一般群众队伍，好在并没有忘记物质幸福的本质。

的确，在以上所说的因素的背景下，以戈尔巴乔夫为首的相对年轻有活力的政治家们拥护了党和国家的领导，他们希望改变国家，脱离行政指挥体系。如何给此前国家社会领导组织下定义？他们使国家回到民主道路上来，进行巨大的政治社会经济变革，该阶段起初给国家带来发展，全世界将这一时期命名为"转型期"。

革新者没能够摆脱社会主义思维，起初，转型涉及苏联现代民主社会主义建设。但是，首先，领导自身并不了解真正的社会主义中心思想，带来的仅仅只是负面影响，也没能摆脱此前转型阶段带来的痛苦。其次，领导们很快失去了发展进程的方向和思路；与此同时，在政府和地方很快出现了新生力量，针对此前转型阶段发出了不和谐的客观评价，关于国家发展之路出现了新的观念和建议，伴随转型期的发展出现了大胆的评价。从改进社会主义开始，很多人都否定了社会主义并希望选择另一种社会政治形态。

第二节　1988—1989年苏联宪法改革

苏联的首次宪法改革发生在1988年12月1日，颁布了《关于对苏联宪法（根本法）的修改和补充》以及《关于选举苏联人民代表》两部法律。总的来说，正如我们所看到的，这些主要的新的法案给俄罗斯宪法的首次变革带来了直接的影响。

作为苏联国家政府的重要组成部分，创建了两个分支机构：代替唯一的苏联联邦—苏联人民代表大会和最高苏维埃联邦。苏联人民代表大会作为苏联最高国家权力机关，有权审议和解决属于苏联权限内的一切问题；最高苏维埃联邦被看作是苏联联邦国家政府里真正执法和掌控的组织机构。

苏联人民代表大会由2 250名议员组成，750名代表按人口比例从地区中选出，750名是从民族地区中选出（每个加盟共和国选出32名，每个自治共和国选出11名，每个自治州5名，每个自治专区1名），还有750名代表从苏联全国性质的社会团体中选出（他们都是以各组织最高领导人的身份被选出）。

苏联最高苏维埃由两个权力机关组成，即联盟院和民族院。两院权力平等，均享有法律创制权。民族院从民族地区以及社会团体中选出自己的议会成员，总计544位议员，成为名副其实的有效机构（此前的最高苏维埃拥有1 500名议员）。苏联最高苏维埃按照程序召开大会，每年召开两次大会，每次持续不少于3—4天，当然如果加上每次会议的前夜大会,最多将达到3—4周。

最高苏维埃设立例会进行宪法改革的另一个目的是——在更高国家层面上进行权力的再次分配。最高苏维埃仍存在许多问题,此前这些问题由苏联最高苏维埃主席团和苏联部长会议理事会负责,因此,这项改革为国会议员的职能在政府部门内所起的作用做出了重要的推进。

关于选举的变革已经采取了一系列重要措施。首次选举的候选人提名任务极具争议性,选举将在1989年的春天对来自各地方选区以及民族地域选区的7 531名代表中选出1 500个提名席位,也就是说平均5个人中有一名将成功被提名。虽然在384个区中,每一个区只有一名候选人名额,但该趋势应该不会发生改变。

另一项重要措施就是声明变革将忠实于法治国家的思想、原则以及尊重联邦宪法改革的影响。特别是采取了其他一系列重要的举措:建立苏联宪法监督委员会,将法官的任期由5年延长至10年,委任高级法官在联邦权力层面进行职位选举,从而将法律诉讼程序从地方影响以及从属关系中解脱出来,也就是所谓的电话权利。

首次联邦宪法变革的许多时刻都被明确规定在其延续联邦共和国制度中,接下来的变革之路将很快到来。在1989年3月,将继续进行联邦人民代表选举,委员会要求尽最大努力,此后,将继续关注新的联邦政府的表现。

然而,并非所有的创新联盟宪法改革都清楚地在联盟共和国内部被认知。例如,联盟宪法规定了代表大会系统必须在苏联层面上,像联邦共和国和自治共和国一样进行选举。但是,他们除了俄罗斯苏维埃联邦社会主义共和国之外,都对人民代表大会机构持否定的看法,在自治共和国中,除了塔吉克斯坦之外,其他国家只留下了最高苏维埃作为国家最高权力机构,大部分民众都不支持从社会组织内部选举部分代表,认为这将导致不公平的选举权利,一部分民众不接受投出自己的选票。只有两个国家,即哈萨克斯坦和白俄罗斯在一定程度上推广了社会团体中的选举。

俄罗斯于1989年10月27日进行了首次宪法变革，并颁布了关于修改和追加俄罗斯宪法以及人民代表大会选举的法案。俄罗斯的革新在很大程度上表现出了类似的联盟化。如上所述，俄罗斯是一个统一的苏联联盟共和国并建立在人民代表大会基础上的。当然，对于从社会组织中进行选举的批评言论也得到了极大的关注，但宪法中并没有对此进行规定。

人民代表大会由1 068名代表组成，其中900人是从地方选区选出的、168人是从民族区域选出的，并且他们中84人组成了自治体系（每个自治共和国有4个名额、自治州2个、自治专区1个），而其他84个名额来自边境地区、莫斯科以及圣彼得堡。人民代表大会是俄罗斯最高国家权力机关，能够对自身进行监督检查以及解决俄罗斯领域内的任何问题。

俄罗斯宪法改革的一项重要创新就是成立另一个机构——俄罗斯联邦政府最高苏维埃——典型的联邦制国家议会组成部分。回想一下，此前所有的俄罗斯政府最高机构都是一院制议会。通过1989年10月27日的变革，最高苏维埃改为由两个机构组成——联邦院和民族院。根据宪法规定两院规模以及权力均等。

民族院由来自民族地域选区选出的代表组成（准确地说在1991年11月1日之后，由于缺乏人大代表，预计将相关民族地域选区选出的代表作为该人大代表的替补人员）。63名代表都是独立的个体（每个自治共和国3人、自治州和自治专区都是1人），其余63人来自边疆区、莫斯科和圣彼得堡。因此，民族院包括126名代表。同样地，联邦院也拥有126名代表。

第三节　1989—1990年苏联宪法改革

俄罗斯及地方苏维埃人民代表大会选举定于1990年春天召开。在

1990年的上半年该事件都处于极重要的地位。在联盟层面上继续采拟一系列着重体现社会变革的法律草案。如果想要了解俄罗斯政府接下来的行动,我们需要深思熟虑。

首先,是关于两个联盟宪法改革。

其中之一是于1989年12月提出的关于苏联人民代表大会以及最高苏维埃相互关系的问题仍处于迫切需要厘清的状态,宪法中明确表明:人民代表大会的例行会议不能每年只举办一次,不能少于一年一次(根据第110条例)。会议应尽可能地经常举办,直接探讨关于国家建设中新产生的问题。但最高苏维埃的地位仍不可动摇,尤其是其可以对苏联政府表示怀疑的权力。

鉴于这一事实,联盟内的共和制国家都不希望建立人民代表大会,该机构将会参与国家裁定的具体事务,他们希望从苏联宪法中消除关于从社会组织中选举人大代表的法规。

新编宪法第125条——关于联盟宪法监督委员会以及通过苏联宪法监督法。该委员会在宪法条例以及法律文本中引起了同意与否的争论,就其在联邦机构和共和国法治之间的关系上起到了推进的作用。尤其是,部分法案大纲中条例的法律效力,在取消委员会的基础上,被暂缓执行。他们被证实与苏联宪法、人民代表大会通过的苏联法律以及联邦宪法相违背。削弱委员会在制定宪法以及联邦法律中的地位——现在委员会已经没有主动权来批判他们。当然,宪法加大了结束宪法监督委员会的影响力度,取消委员会的法律草案或其独特的地位都违背了人民自由的权利,从通过该法案的那一刻也失去了支持的力量。该权利应在联邦法案中得到普及,但事实上委员会在接下来的行动中也无法成功行使该权利。

于1990年3月14日进行的第二次联盟宪法改革具有重要意义,它包括了三个重要决议:

第一,针对序言和苏联宪法第6条,经过激烈的讨论,取消了苏联共产党领导及指导的政治地位,拥护激进改革的人没能成功地将苏联共产党从宪法中的影响完全地除去。第6条指出:苏联共产党是政治党派,同样也是工会性质的、青年的社会组织,大量通过运用自己在人大代表大会上选出的代表们以其他形式参与苏联的政治,管理国家以及处理社会事项。但是作为宪法的原则,一党制应当终止,在宪法层面上多元论以及多党制正在逐步崛起。此外,实施了联盟权力的苏联宪法第51条于1990年3月14日进行了新编。其中,第一卷规定,苏联人民拥有组建政党以及社会组织的权利,参与大量的社会运动,以促进政治发展积极性和主动性,满足多方利益。

第二,实施的改革方案牵扯到国家财产的社会经济生活。苏联宪法中取消了以社会主义所有制为基础,以国家(全民)集体化农村合作社为形式的苏联经济体制。现在,苏联的经济体制是发展以苏联公民所有制为基础,集体主义国家性质的所有制。国家创造条件发展多种形式所有制并提供他们平等的保护权利,公民可以拥有任何私有的消费和生产资料,独立进行经济以及其他不违反法律的社会活动。

第三,设立苏联总统职位。苏联宪法第127条规定总统职务为苏联首脑。被选出的总统年龄需在35—65岁,任期为5年,同一个人不得延续超过两届任期,由全民选出总统,但是苏联的首届总统是由苏联人民代表大会选出。

1990年春天,许多联盟共和国强烈表示有必要扩大自己的权力以获得独立,并爆发了社会运动——人民战线。他们中有公开的民族主义支持者并持有反对苏联的思想倾向。他们隐藏了自己的主张,但接下来他们成了共和国从苏联脱离运动的领袖。

1990年4月2日苏联最高苏维埃通过了《关于加强企图侵占公民平等权利及通过强制手段破坏苏联联邦领土的法律责任》。所有与之相关的任何社会活动都是违法的,都是被禁止的,应采取刑事措施,类似的口号和行动都需负有刑事责任。而在1990年4月3日,通过了《关于解决苏联解体若干问题的进程》，规定了全民公投是解决解体问题的出路及其必要性。建立为期不超过5年的过渡时期的苏联人民代表大会，以解决解体的所有问题。

1990年4月10日，最高苏维埃通过《关于苏维埃社会主义共和国、联邦共和国以及自治共和国的经济关系》，该法案具有先发意义。

应当提及的是：当建立法律时，不仅联盟共和国表达了对独立的要求，很多自治共和国也表明了对其二等共和国地位的不满。坚持要求在权力上与联盟共和国平等。联盟领导被迫对此问题加以重视。因此，在进行自治共和国与联盟共和国关系调整的情况下，自治共和国必须得到同盟者的支持。1990年4月10日颁布的法案：针对联盟和自治共和国，保证其经济独立的全权委任书以及担保被写入法律。关于此已经出台了相关的法律文件。

1990年4月26日苏联最高苏维埃颁布了《关于苏联和联邦主体权能划分》。苏联规定主权国家自愿与苏联联盟。然而，在4月10日的法案中已经明确表示，该情况成立的出发点是：根据新的法令作为联邦主体国家的自治共和国才是苏联的盟友（第1条）。因此，自治共和国加入了联盟队伍。这条"双重地位"的宪法在此后引发了很多问题、争论以及误解。根据4月26日的法案，在经济和社会文化建设领域自治共和国拥有独立权利，而联盟共和国被排除在外，根据协议，对联盟共和国进行管理。

这一时期所有针对联盟法案的详细阐述需要从大量的专著出版物中搜寻，但是根据有关信息被证实，其困难是：什么时候俄罗斯政府最高机构才能开始他们的工作。

1990年春天选举过后，第一届人民代表大会在1990年5月16日—6月22日召开。

1990年5月31日俄罗斯宪法进行了首次更改，但是其并不处于重要地位。此前在第九章第三卷第104条早已规定了俄罗斯最高苏维埃的首届主席以及副主席的选举人数增加至3人。

1990年6月12日，人民代表大会通过了关于俄罗斯国家最高统治地位的声明。毫无疑问，尽管该声明还未被写入宪法，但是它已经具备宪法效力。1990年6月12日，这一天被定为国家性节日——独立日——俄罗斯日。该声明以这样的言辞结尾：它是俄罗斯新宪法、联盟条约以及完善联邦法律的执行基础（第15章）。

第四节　1991年苏联宪法改革

1991年3月17日，苏维埃社会主义共和国联盟（苏联）与俄罗斯苏维埃联邦社会主义共和国（俄罗斯联邦）举行了全民公决。其中，多数票主张保留苏联模式。俄罗斯全民公决探讨了是否采取俄罗斯联邦由全民投票选举的总统制度。

依据1991年4月24日统计结果，俄罗斯联邦最高苏维埃通过了总统法。5月24日，俄罗斯联邦第三次人民代表大会召开，通过了对俄罗斯联邦宪法（根本大法）进行了修改与补充的相关法律，此次修改与补充与地方自治改革紧密相连。此次宪法改革的主要内容如下：

（1）宪法增加了第13.1章《苏俄总统》。其中，第121—1条明确指出：总统是苏俄的最高公职人员和执行权力的总脑。总统法定年龄为35—65周岁；任职期为5年；任何人不得连任两届。

总统拥有立法提案权、通过与颁布权、否决权。每年需向人民代表大会提交至少一次报告，详述大会及最高苏维埃制定的关于社会经济及其他领域规划的实现情况，整个俄罗斯联邦的社会现状，同时向广大民众、人民代表大会及最高苏维埃呈递总统咨文。

总统领导部长委员会，即俄罗斯联邦政府，经最高苏维埃同意任命政府主席，政府组成人员由主席决定其任命与罢免，经最高苏维埃同意方能离任。总统负责保障国家与社会安全，领导安理会，宣布紧急状态，有权以俄罗斯联邦名义举行谈判及签署合约等。

同时，人民代表大会与最高苏维埃有权干涉总统行为，如大会可要求总统提交紧急报告（第121.5条第3款），撤销总统决议（第104条第14款第3项），因触犯俄罗斯联邦宪法及法律、违背总统誓言而罢免其职务（第121.8条）。

（2）于宪法层面设立俄罗斯联邦副总统一职，经总统任命行使总统个别职权，并于总统离任后继任此职（121.7条）。

（3）宪法规定了部长大会——俄罗斯联邦政府为国家权力的执行机关，对总统负责。

（4）依据1991年5月24日制定的法律条文，对俄罗斯联邦宪法文本中的术语进行了修改："自治共和国"一词改为"俄罗斯联邦共和国"。当然，这在本质上提高了各成员共和国的地位。

（5）为提高普通民众及地方选举机构在管理本区域和地方生活中的作用，在苏联，地方自治理念以法律形式出现并逐渐得到普及推广。而此时，地方苏维埃作为国家政权地方机构的属性却未被提及。

1991年5月24日俄罗斯宪法改革还做出了另一决定。宪法中，关于国家政权地方机构的第137条被重新校订。据此，各相关人民代表委员会为国家政权在各边疆区、州、自治州、自治区的组织机构。原校订版中指定的范围，即各地区、城市、城区、村镇、乡村人口稠密区及其他行政区域，现已被删除，被重新阐释为：各地区、城市、城区、村落、村镇委员会不属于国家政权机构。且宪法中新修订的第138条直接证明了这一点，本条指出，各区、城市、村落、乡镇居民点的地方自治权由民众通过相应的人民代表地方委员会来实现，居民地方自治体系的重要环节亦有地方全民公决、地方会议、公民大会等其他直接民主形式。事实上，上述情况与宪法第85条不相符合，该条款至今仍未做改动。据此条款，各地区、城市、城区、村落、乡镇委员会/苏维埃构成了俄罗斯联邦国家政权代表机构的统一体系。

另有一关于各地方行政机构的重要决议。此前，各机构被称为行政委员会，是对应各地方苏维埃的组织机构。宪法中关于执行委员会的第18条被命名为"地方行政管理机构"。现今，地方行政管理机构已不再是苏维埃组织机构，尽管仍需向苏维埃汇报工作（第146条），且苏维埃有权撤销行政长官做出的决议（第149条）。应依据法律建立行政机构（第147条）。由行政长官任命组织机构部门领导，同时苏维埃批准任命人员应有法律依据。此次改革明显地削弱了地方代表机构的地位。

（6）宪法强调了俄罗斯联邦司法机构的统一性（第21条）。"法院与仲裁"被称为俄罗斯联邦司法体系。俄罗斯联邦宪法法院为司法体系中的最重要机构。宪法第165条规定其为法律监督的最高司法机构。依据宪法诉讼程序行使司法权。本条款中，除俄罗斯联邦最高法院外，亦对俄罗斯联邦最高仲裁法院进行了描述：俄罗斯联邦最高仲裁法院为联邦最高经济诉讼机构，监督各共和国法院的司法活动。

（7）宪法规定，应制定专门法律用以明确俄罗斯联邦首都的地位，确立莫斯科政权及管理机构的组织构架与职权范围。

1991年夏至秋发生了俄罗斯及苏联历史上的重大事件。1991年6月12日，俄罗斯联邦总统选举产生；1991年7月10日，总统正式任职。依据1991年7月3日法律俄罗斯联邦4/5的自治州（其中包括阿迪格自治州、戈尔诺—阿尔泰自治州、卡拉恰伊—切尔克斯自治州、哈卡斯自治州）被改造为俄罗斯联邦的组成共和国，仅犹太州除外。

戈尔巴乔夫及其他苏联领导人，不顾各共和国分离主义大趋势，试图保留且稳固苏联模式。因此，就签署联盟合约展开了紧张的工作。但随着工作的逐步推进，联盟却越显虚弱，更确切讲，此联盟应为国际法的，而非联邦制的、国家法律的联盟。1991年8月19日，借苏联总统于克里姆林休养之际，联盟领导班组，其中包括副总统、总理、克格勃主席、国防部部长及一系列高层宣布建立国家紧急情况委员会，试图掌控时局，预防苏联解体。

俄罗斯领导层反对国家紧急情况委员会的行动,最后尝试宣告破产。凭借俄罗斯联邦总统及其拥护者的支持,苏联总统重新获得行使职权。但实质上,联盟领导机构已瘫痪。俄罗斯联邦总统及最高苏维埃采取了一系列举措来巩固俄罗斯联邦政权;与此同时,俄罗斯总统从联盟手中接过管理部门职责。将此称为一种立法过程不免有些夸大。但不可否认,该举措在决定俄罗斯重大立法问题时作用巨大。

此时不免会想起俄罗斯领导层关于发展政治关系和个人地位所采取的重大举措。尽管宪法中取消了共产党的领导地位,但其在国内仍极具影响力。共产党在各国家机构、企业、机关中仍拥有基层组织,并继续影响其工作的进行,甚至此类组织的领导人大多仍为苏联共产党成员。为此,俄联邦总统于1991年7月20日颁布了《关于中断政治党派组织机构的社会活动以及国内大量社会运动》的指令。该指令从本质上导向了苏联共产党的解体。

1991年8月事件给俄联邦总统以借口建立俄联邦国家紧急情况委员会,以试图找回昔日苏联国家以及苏联共产党的领导权力。1991年8月23日俄罗斯总统颁布了《关于暂停俄联邦共产党社会活动》的法令;1991年8月25日颁布了《关于俄苏共产党的财产》法令;1991年11月6日颁布了《关于俄苏共产党的活动》的法令。

1991年11月22日,俄联邦最高苏维埃通过了《关于公民人权和自由宣言》法案。其中详细描述了关于与俄联邦宪法条例不符的宪法独立地位的新见解。在1992年4月,该宣言被列入基本大法。1991年11月28日实施了公民法,从实际上调节了独立国家发生的所有问题。

1991年11月1日俄联邦第五次人民代表大会将这些变动载入宪法。这些改动无关大局,仅仅只是部分体现了俄罗斯的发展进程。俄联邦各政府机构把总统职能写入宪法第15章"俄联邦全权政府首脑"。

减少无法参加选举的人数。根据此前版本的宪法第92条,宪法并没有规定人数,该人数是根据法院的决定由公诉人的起诉判其剥夺自由的刑罚。也就是说,这不仅涉及服刑人员,也涉及刑事侦查程序人员。现在宪法第92条仅规定第一类人:根据法院的判决被剥夺自由服刑的人。在此前,还有一类不能参加选举的人,也就是"根据法院的决定接受强制治疗的人"。现在已经从宪法中将其除去。

宪法中还表述了几个诉讼程序中的重要理念:陪审员制度;一审由三名法官集体审理案件;独立法官审查案件的可行性。第166号文件规定指出:在法院审理一审民事或刑事案件需要由陪审员、人民陪审员或三名职业法官集体审理,或由独任制法官审理。

最后,意味着因此项改革,苏俄国旗变化成由三种主要颜色组成:白、蓝、红(第181条)。而第182条规定俄联邦国歌由俄联邦最高苏维埃制定(而不是此前的主席团制定)。

为了政治以及宪法的发展,在1991年11月1日这一天,第五次会议通过了《以法律保障经济改革》的决议。总统在人民代表大会上申请在此经济变革进程时期具有全权职能,以达到在国内稳定和提高现状的目的。他获得了这次机会。该决议赋予了苏俄总统调整并解决所有经济活动(货币金融、赋税和所有制等)问题的指令权力。这类总统指令也可以由最高苏维埃发布,如果在最高苏维埃发布7天内,议会中总统并未劝阻该决议,那么其具有法律效力。在劝阻情况下,该决议需要通过最高苏维埃为期10天的审查。该法案也规定了,法案《阻碍经济变革进程》应当由俄联邦最高苏维埃以及总统进行暂缓处理。

第五节　1992年苏联宪法改革

1991年12月经俄罗斯苏维埃联邦社会主义共和国总统、乌克兰总统及白俄罗斯最高苏维埃主席协商,由以上3个共和国的最高苏维埃批准,苏维埃社会主义联盟解体,成立了独立国家联合体(独联体)。自此,俄罗斯苏维埃联邦社会主义共和国正式成为独立的主权国家,纳入国际法管辖对象,同时也是苏联的法定继承国。俄罗斯政权下的许多经济领域、国防、安全及外交等都发生了全面改革。

当然,许多问题也随之出现,如新的政权在国际上应该怎么发展,在独联体怎么发展及内部如何发展等。在进行定期宪法改革前,国家通过了一些文件,采取了很多具有宪法意义的措施和行动。

最高苏维埃在1991年12月25日宪法中公布了俄罗斯苏维埃联邦社会主义共和国的新的名称:俄罗斯联邦—俄罗斯。

国家内部也出现一个十分尖锐的问题——国家制度的问题。在这个人民一向偏爱建立联邦制度的国家出现了新的思想,在建设时同时考虑到民族及领土因素。1992年3月31日就划分俄罗斯联邦国家权力机构同共和国、自治州、自治区、边疆区、州及莫斯科、圣彼得堡市这些联邦主体的权力机构间管理对象及权力划分签署了3个合约,同时共和国坚持在所有相关联邦合约中被叫做主权共和国。

俄罗斯新宪法的制定工作也在紧锣密鼓地进行着。1992年4月召开了第六届代表大会。1992年4月10日制定的《联邦条约》通过并确定:将该条约内容列入俄罗斯联邦宪法。不论是整个国家还是代表们都没有做好准备接受新的宪法。他们只赞同立宪委员会准备的草案,还认为宪法准备工作将继续进行。

同时,1992年4月21日现行俄罗斯联邦宪法根据苏联解体、俄罗斯作为一个独立国家及新的联邦体制等因素做出了巨大修正。我们详细看一下都有哪些新的变化:

(1)宪法所有文本中均以"俄罗斯联邦—俄罗斯"来表示国家的名称。同时,第1条指出这些名称是"相同"的。这样,国家定性为既是苏维埃国家,也是社会主义国家,此前还象征性地称为国家,现在已经完全是个国家。尽管在宪法中还会出现这样的词（如第4条中的苏维埃国家，第9条中的社会主义民主），但是已经是旧词，并随着新宪法的颁布而消失。

第一章第1条中补充道，俄罗斯联邦即为主权完整的联邦制国家。第1条第2款规定：人民主权、联邦制度、管理的共和形式、权力分立是俄罗斯宪法制度最坚不可摧的基础。

第3条以前将民主集中制作为国家组织及活动的原则。现在第3条规定：权力分立原则，而且体现在两点上：首先，国家立法、司法行政权分立及按层次分为俄罗斯联邦、联邦主体和地方自治主体间分立；其次，国家机关及国家官员服从于人民的原则。

（2）第二部分"国家与个人"仅保留了名称，但内容却完全改变。此处添加了第五章名为"人与公民的自由和权利"，这一章是以1991年11月22日的宣言为依据的，第六章名为"俄罗斯联邦公民义务"。

（3）国家体制也出现了系列变更。在新宪法中删除了俄罗斯联邦作为苏联加盟国的情况。原来名为"俄罗斯苏维埃联邦社会主义共和国—苏联加盟共和国"，现在名为"俄罗斯联邦—独立主权国家"。根据第68条第3款，俄罗斯联邦有权同其他国家一起加入联盟并赋予联盟机关一些自己的权利。

宪法中也体现了俄罗斯联邦在变革期间的行政构成，其中也包括一些新出现的主体名称。由于联邦条约的签署，在宪法上出现了全新的关于国家权力机关、管辖对象和俄罗斯联邦与相应的共和国、自治州、自治区、边疆区、莫斯科及圣彼得堡市共同管辖对象的条文。同时也出现这样的语句——"附于俄罗斯联邦—俄罗斯宪法（根本法律）"，并列明了上述的3个联邦条约。

联邦主体的权利也明显扩大。其中包括他们在国际及对外经济联系中的独立地位。在主要的法典、法律中就俄罗斯联邦的区划都有规定，进而根据这些法律，联邦主体已经能够独立行政，但各个联邦主体间的地位并不完全平等,共和国拥有一系列的优先权。

（4）也有很多宪法创新涉及立法及执法机关,以及地方自治机关的法律。这些条款也非常矛盾,体现出多个机构不同立场间的博弈。其中,宪法包括很多强调代表机关优先权的条款。例如,第87条规定,俄罗斯联邦层次、其行政主体间及地方最重要的问题都由相应的委员会解决,也可以通过全民投票公决出重要问题的解决办法。

但同时俄罗斯联邦总统的权力也在加强。根据第121条设立总统职位时应根据宪法及俄罗斯联邦法律的规定及最高苏维埃和人民代表大会的决议;现在则是可以自行就需要解决的问题制定文件。这使得总统极大地扩展了自己的能力范围,包括无需在颁布法律的基础上,发布总统令、指示,以替代法律的缺失。

（5）1992年4月21日改革中就俄罗斯宪法法院问题产生了巨大的变化。这些都提高了其在国家中的地位。在第165条第一款中规定了这个机构的性质。之前规定宪法法院是俄罗斯联邦最高宪法监督机关,执行宪法诉讼程序;而现在俄罗斯联邦宪法法院是保护宪法制度的最高审判机关。当然,这里更强调了宪法法院的重要作用。宪法第165条补充列举了法院的作用,同时也扩大了其职权。其中,包括法院有权解决联邦层面的宪法案件,也解决所有联邦主体的案件,不仅是国际案件,也包括国内的条约;能够解决联邦层面的纷争、联邦主体间的纷争及联邦主体各机构之间的纷争。根据第165条法庭可以受理政党及其他社会团体及一些法律措施的合宪性案件,并且规定国家高级权位人物如果不负责或者无法胜任自己工作则可以罢免其职权。

尽管立宪委员会在编制俄罗斯新宪法,但是实施还是延迟了。1992年12月9日第七届人民代表大会通过了《俄罗斯联邦——俄罗斯宪法的变更及补充案》。其中,包含了很多经济及政治事件,但首先是各政权机构之间的冲突,因此相对于国家总统和政府而言,提高人民代表大会及最高苏维埃的地位是宪法改革十分重要的一面。让我们简单看一下这次宪法改革产生的新法规：

（1）序言中删掉了对苏联的描述。

（2）第7条规定社会团体在宪法及俄罗斯法律框架内活动，其中包括各共和国，也加入了对其他联邦主体的规定。但是对第7条第2款的补充更多：不许建立社会团体（指的是党派、其他社会组织和活动组织），如果这些团体以暴力推翻宪法制度为目的或是以非法武装形式建立违反宪法和俄罗斯联邦其他法律的权利阶层。

（3）就财产所有权问题作出修订。正是因为这一变革，俄罗斯宪法出现了私人财产所有权，尽管早在1990年12月24日俄罗斯联邦私有权法中已有所体现。根据第10条，俄罗斯联邦承认并保护下列形式的所有权：个人财产（法人或公民）、集体财产（共同联合、共同办公）、国家财产、地区财产、联合组织的财产。

（4）以往改革的遗漏也得到完善。所有出现俄罗斯联邦主体的地方会出现这样的名称：莫斯科市、圣彼得堡市。同时，宪法还引入了联邦直辖市这一概念。

（5）就俄罗斯联邦立法同执法机关的权力分配也发生了重要的变更。人民代表认为国家主席的权力太为宽泛，这不利于人民监督其行为，政府也存在这个问题。因此出现一系列变更。

很多代表希望能够由在最高苏维埃同意下总统任命更多的政府成员（不只是主席）。最终（总统表示自己同意后）决定，最高苏维埃现在分为4个部：外交部、国防部、安全部及内务部（第109条第3项）。

为了加强对执法机关的影响，代表对第121.5条第6.1项做了补充，根据该条总统可以向最高苏维埃提议成立、改组或是解除某个国家部委或部门。这就意味着是最高苏维埃而并非总统在掌管执法机关的构成。

1991年5月24日宪法就总统职位描述为政府是需向总统汇报工作的行政机关。现在第122条写道：应向人民代表大会、最高苏维埃及俄罗斯总统汇报工作。

之前最高苏维埃有权根据俄罗斯联邦宪法法院（第109条第19项）取消总统令。现在该条款被拓宽——总统命令及决定。同时也补充道，最高苏维埃在没有确定案件是否符合宪法前，通过俄罗斯联邦宪法法院有权中止总统法令及决定的执行。

另外一条实质性的条款：在将有关总统一章列入1991年5月24日宪法时，第121条规定，总统权力不涉及改变俄罗斯联邦国家制度，解散或中止国家合法的权力机构。第七次大会在这里补充了几个词——否则则立刻消减其权力。这些只言片语当然从法律上讲并不清晰（例如，是自动还是根据某机关的决议，这点并不清楚）。但这些话后来预言般地预测到了接下来发生于1993年的事件。

第六节　总结和概括

综上所述，1978年宪法变更及补充实质上使俄罗斯形成了一个全新的社会制度。根据新修改的宪法这种制度也已成为国家新的宪法制度。其表现在以下几个方面：

第一，国家的性质为苏维埃社会主义这种字眼在宪法中逐渐消失。换句话说，这种鲜明的理想主义"内核"已经被某种理想主义负担代替。

被提至宪法层面的一党原则也屈从于宪法中新增有关多党原则及政治自由化的规章。

最终，基于苏联最高机关的权力系统及附属于它的其他国家机关都被权力划分原则代替，同时立法、司法、行政三项权力从法律上讲彼此平衡且互相影响。

第二，宪法新规定的社会及经济参数系统也发生了重要变化。表现为国家财产的优先权被打破，个人财产移居首位，个人拥有生产资金，并最终根据宪法被列为私人财产。

进一步讲,这从宪法层次上否认了计划经济转型为市场经济,自由经济行为和良性竞争也已众所周知。

社会公共秩序系统也发生改变。按照旧的宪法条款,人们劳动对社会的贡献是衡量其地位的标准,并不是多么神圣的职责;而现在宪法规定,公民自己根据能力来支配自己的劳动能力。

因此,开始采取方针否认国家的家长式角色,也就是说,不再给国家赋予一些大范围的社会任务,以至于使人们道德败坏或是把他们变为主人公,有义务关心国家。此外,也鼓励人民把握新制度创造的机会,积极工作。

第三,考虑到宪法层面的变革产生了新的个人地位基础,基于国际承认的及流行的《公民及个人的自由及权利》而诞生,同时推行保证个人自由权的规范也成了首要任务。

第四。还有一些新的规章涉及苏联的转变,俄罗斯已成为在国际事务中拥有自主权的独立的国家。

从宪法上形成了新的俄罗斯联邦制度,其中其联邦主体的组成包括共和国(按性质分),以及(按民族划分上分)自治州、自治区;根据地理位置某种特点分为边疆区、州及联邦直辖市。

第五,按照形成边界及原则、组织作用而建立起的联邦机构系统基本上与按照区域位置划分一致。

开始从俄罗斯联邦最高苏维埃建立俄罗斯议会机制的基础,代表也不再是委任,而是自由担任;同时开展自由选举、竞选原则及推举某些候选人担任代表并参选。

进而在俄罗斯建立了新的体制:总统作为行政长官及国家的最高当权者;同时苏维埃至高无上原则已打破,代之产生权力分配原则。政府成为遵从总统管理的一个机关。议会对总统和政府的监督保留下来,但是也只是冰山一角。在苏联时期俄罗斯苏维埃社会主义共和国已经有完整的司法权，不再屈于联盟管辖下。

还有一些很早设立但晚些才开始实际运行的宪法监督系统。从宪法层面讲，该系统为俄罗斯联邦宪法法院（在俄罗斯联邦的一些共和国也建有宪法法院或类似机构）。

第六，为了调动居民积极性，主动管理其居住区域的事物，推行地方自治制度，该制度也具有宪法基础。

第七，从宪法层面讲，产生很多审判系统改革措施，用来保障人权。其中包括：取消法庭向苏维埃汇报，一开始延至10年，后来法庭就无限期拥有该项权利；实施宣誓法庭；人权有了新的内容——维护其他权利的权利，这首先体现在审判程序及国家行政机关活动上。

参考文献

С.А.阿瓦基扬：俄罗斯宪法《起源，演变》，《现状》（第2版），莫斯科，2000年。
布契科·尔·弗：《宪法改革：理论法学分析》：博士论文，圣彼得堡，1998年。
卓林金·弗：《宪法——利益的互让》，《宪法公报》1993年第6期。
米扬茨娃·奥·戈：《来自俄罗斯联邦宪法的创建历史》，莫斯科，2007年、2008年。
伊林斯基·伊·姆：《我们的宪法发生了什么变化？》，《人民代表》1992年第10期。
《苏联新宪法的观点（国家研究所和苏联科学院建议）》，《人民代表》1990年第4期。
《苏联的宪法改革：现实问题》，文章汇编，莫斯科，1990年。
吉霍米洛娃·尤·阿：《在国家团体中的宪法改革》，文章汇编，圣彼得堡，1993年。
科捷列夫斯卡娅·伊：《在俄罗斯新宪法发展道路上的最后一次改变》，《人民代表》1993年第2期。
库德里亚夫采夫·弗、托波尔宁·布：《苏联新宪法》，《人民代表》1990年第1期。
《新俄罗斯的新宪法圆桌》，《人民代表》1992年第13期。
彼斯科金·姆：《新宪法需尽可能快地发展》，《人民代表》1992年第10期。

鲁米扬茨夫·奥·戈:《为什么需要新宪法》,《宪法公报》1991年第8期。

鲁米扬茨夫·奥:《在俄罗斯联邦的宪法改革》,《人民代表》1993年第9、10、11期。

鲁米扬茨娃·奥·戈:《来自俄罗斯联邦宪法的创建历史——关于宪法委员会的工作(1990—1993年)第4部分》,《国家与法》2008年第9、10、11、12期。

托波尔宁·布·恩:《苏联新宪法的观点》,《人民代表》1990年第4期。

沙布林斯基·伊·戈:《权利的界限——为宪法改革而战(1989—1995年)》,莫斯科,1997年。

第六章
1993年俄罗斯联邦宪法的制定和通过

第一节 导 言

进行宪法改革的那段时间一直在制定俄联邦新宪法。如前所述,苏俄第一次人民代表大会1990年6月16日决议组建了宪法委员会。原计划宪法委员会吸纳社会各界的一些代表和知名学者。但是,人代会上通过决议,要求宪法委员会只能由苏俄的人民代表组成。102名代表组成了宪法委员会。主席为苏俄最高苏维埃主席博·恩·叶利钦,副主席为尔·伊·哈斯布拉托夫(是当时的最高苏维埃的第一副主席),责任秘书由奥·格·鲁米扬采夫担任。正是鲁米扬采夫承担起了起草宪法的所有事务性工作。专家小组主要是法律工作者,负责创制宪法文本。宪法委员会还同时参与修改补充宪法的法律起草工作。这样,改革过程中很多人的思想就体现在宪法的新规定中了。

宪法委员会条例是1992年1月22日的俄联邦最高苏维埃决议批准的,规定宪法委员会是常设机关。其任务广泛:起草俄联邦新宪法,在俄联邦进行宪法改革,单独或者会同最高苏维埃的有关常设委员会和专门委员会修补现行宪法和俄联邦新宪法,预先审议与修补宪法有关的其他立法提案并向人民代表大会和最高苏维埃提出书面审查意见。

各类社会团体、专家工作组都纷纷制定、公布自己的新宪法草案。

当时俄罗斯的社会、政治形势发展变化很快,有些政党和团体一开始的时候持有一种观点,之后又对其做出实质修正,当再次提出新草案时,就不能将后来的草案称之为前一草案的方案,因为它与之前的草案差别太大了。

正在进行的宪法改革使得社会主义制度拥护者的梦想破灭。所以在1991—1993年,大家都在描绘新的社会制度,尤其对权力组建模式以及如何在俄联邦宪法草案中加以体现的问题讨论得非常积极。正是想表达自己的观点,一些活动家和专家学者们都积极地公布自己的宪法草案。一部分草案被淘汰了,另一部分保留原样,这些都对后来宪法委员会提出的草案产生了影响,再后来又影响了俄联邦总统建议的草案制定工作。

第二节　宪法委员会提出的草案

1990年秋,宪法委员会提出了第一个宪法草案,随后对其进行了修改和补充。

当然,新宪法在观念上的变化、不同政治团体在社会和国家领导层、地区领导层领域的对立,都影响着草案的结构和内容。在1990年10月的宪法委员会会议上,对第一个方案的表决结果是37票赞成,32票反对。但在经过激烈的讨论之后,那些被社会公认的新理论逐渐付诸实现,反映在立法文件中。同时,宪法草案的某些规定也逐渐获得更多的支持。比如,1992年3月,几乎所有宪法委员会成员都投了赞成票。在第六次俄联邦人民代表大会上2/3多数通过的1992年4月18日决议批准了宪法改革的基本思想,作为新宪法草案的基础,并批准了草案中的基本规定。

宪法草案的最后一个版本(1993年5月6日)在内容上有很多重要的

特征,能够反映出当时观念上的变化和宪法委员会决议的变化。

在简短的序言中宣称,多民族的俄罗斯联邦人民通过宪法。在草案的第一部分"宪法制度基础"的第1条"国家主权"中规定,俄罗斯是具有共和政体的、主权的、法治的、民主的、联邦的、社会的非宗教国家。俄罗斯的多民族人民是主权的体现者,也是国家权力的唯一源泉。草案中第4条"人民主权"规定人民直接地并通过国家权力机关和地方自治机关行使自己的权力。

草案还宣称,人和人的权利与自由、生命与健康、荣誉与尊严、人身不受侵犯性与人身安全都是俄罗斯联邦的最高目标。

同时,法治国家作为俄罗斯联邦的一个重要特征在草案中也作出了专门的规定,单独有一个条款称之为"法律至上",并且该条随着草案的修改位置逐步提前,说明宪法委员会对这一原则的重视。最后的方案放在了第3条中规定,也就是说,在人民主权条款的前面。它要求一切服从法律,宣告宪法的直接效力,指出颁布法律文件的必要性,宣布普遍承认的原则和国际法规范是俄罗斯联邦法律的重要组成部分。第6条明确规定了分权原则,该原则在对前一部宪法进行改革的时候已经涉及了,即:首先将权力划分为立法权、司法权和执行权(行政权);其次,在联邦、俄联邦主体和地方自治三个层级上实现权力的分配。

草案中关于国家制度经济基础的规定有一些变化。开始的时候规定"市场经济",后来制定者们认为"多种经济形式"的提法更合适。起初说经济的基础是社会市场经济,后来规定,俄罗斯联邦保障经济活动、商业活动和劳动自由,保障所有制形式的多样性和平等性,保障良性竞争和公共利益以及经济空间的统一等。此外,之前规定国家"参与调控经济生活",但经过激烈的讨论之后,认为国家的作用太小了,于是改为国家"为了人和社会的利益调控经济生活"。草案中关于经济关系建立在"人和国家、雇主和工人、生产者和消费者之间的社会合作"基础上的规定一直就有,但在修补草案工作接近尾声时被删除了。

草案的第5条开始的时候称为"政治多元化",后来改为"政治和意识形态多样性"。该条规定,在政治和意识形态多样性、多党制、公民自由参与政治生活的基础上实现民主。

草案的第二部分规定人和公民的基本权利、自由和义务。关于个人地位在观念上的一些特点都体现在第二部分中,这些特点逐渐凸显出来并直接通过法律文件予以体现,其中包括前面提到的1991年11月22日的《人和公民的权利与自由宣言》。

按照制定者们的观点,所有与国籍有关的东西都影响着个人的地位。所以在第二部分里面单列了一章"国籍"。同时规定共和国有权确定自己的国籍,公民可以拥有双重国籍,以及规定了关于非俄罗斯联邦公民的人的权利自由保障问题和庇护权的问题。

第二部分还有一章,(后来)命名为"权利和自由的保障与保护",列举了公民保护自己合法权利和利益的权利。其中曾有一条专门规定俄联邦会议的人权代表。

很多人都认为第三部分的"市民社会"是宪法委员会制定的草案中当之无愧的亮点。在起草新宪法的时候,问题的焦点在于俄罗斯的新社会应该是什么样的。制定者们试图用宪法规范回答这个问题,即应当包含这样几个因素——相应地在第三部分中分列各章:"所有制、劳动、商业活动""社会团体和宗教团体"(开始的时候还单提出了党派)、"培养、教育、科学、文化""家庭""公众信息"(起初规定的是大众传媒)。

国家内部结构问题是比较复杂的。随着联邦的确立,宪法委员会草案的相应部分的内容也在随之变化。在最初的几个版本中,针对俄罗斯联邦的内部结构均规定的是共和国和联邦地区,后来被"地方"的概念所取代(指的是边疆区、州及直辖市),后来又不再使用这个概念。根据宪法委员会提出的最后一个版本(1993年7月),类似于国家的共和国成为俄罗斯联邦的组成部分。边疆区、州、直辖市和自治州也是俄罗斯联邦组成部分的国家地区结构,在国家权力方面与共和国享有相同的权利、承担相同的义务,由俄联邦宪法另行规定(第75条)。这样,根据该草案的规定,主体的地位还不是平等的。此外,在我们列举的国家地区结构里面没有包含自治区,只是根据1992年3月31日的联邦条约以及1992年4月21日的宪法改革,自治区才成为俄联邦的主体。

联邦条约签署后,以及1992年4月10日的第六次人民代表大会通过关于俄联邦条约的决议、宣告俄联邦条约的内容是俄联邦宪法的组成部分后,宪法委员会提出的草案并没有将该条约的规定单独列出来,而是穿插在主文当中。1993年改变了这个状况,为了取得俄联邦主体的支持,两部主要的草案——宪法委员会提出的草案和俄联邦总统提出的草案——都将3部联邦条约列为独立的部分,同时条约的内容反映了联邦组成部分各主体的不平等地位。

在确定权力基础的时候,草案也经历了变化。草案的第五部分起初称为"国家权力体系",然后补充了"和地方自治"的表述,后来改为"地方自治"。最后该部分称为"国家权力体系和地方自治的基础"。

第五部分的第一章用来规定联邦立法权,确定:俄罗斯联邦最高苏维埃是俄罗斯联邦唯一的代表机关和立法机关。在宪法委员会提出的各部草案中都采用了这一名称。并没有提及议院的名称及地位。

根据最初的版本,其中一个议院是人民代表委员会,通过普选产生;另一个议院是联邦委员会,共和国在平等的基础上由公民选举产生,联邦地区的代表由法律规定。草案根据两院平等原则确立了统一的最高苏维埃的权限。即使立法草案是在议院的分组会议上讨论的,但也要在同一个会期上进行。

根据1991年10月的草案版本,最高苏维埃由联邦委员会和国家杜马组成。国家杜马有300名代表,由选区选举产生;联邦委员会按照每个共和国或地方3名代表组成,由该共和国或地方的公民选举产生。最高苏维埃的权限是统一的,但是立法程序由国家杜马启动,然后将草案提交到联邦委员会,由其作出赞成或否决的决议,这就是上下议院原则。

根据1992年4月提交给第六次人民代表大会的方案，上院被称为联邦会议，由每个共和国、边疆区、州各选出两名代表，每个自治区各选出一名代表组成。杜马的组成人数由300人增加至450人。尽管在1993年5月杜马的组成人数又降为300人，但最终，同年7月的版本将上院称为联邦委员会，每个俄联邦主体选出两名代表组成，杜马的组成人数重新规定为450名代表。

在最后一个方案确定以前，最高苏维埃的权限是统一的，并没有在议院之间进行分权。但是在1993年7月的方案中采用了这样的表述：最高苏维埃由两个"平等的议院"组成（第86条）。并且还不限于这个表述，立法程序也被改变了，也开始提及下院和上院——向杜马提交法律草案，杜马通过该法律以后送至第二个议院（上院），由其作出赞成或否决的表示。宪法委员会提出的七月草案作出了另外一种规定（第90条）：法律草案或者立法建议可以向国家杜马提出，或者向联邦委员会提出；其中一个议院赞成的法律草案要送至另一议院；就同一文本两个议院都赞成的法律草案才能够具有法律效力（这很像1906年沙皇俄国进行改革时国家杜马和国家委员会的地位，也类似于美国的国会）。

在最高苏维埃的权限领域，宪法委员会提出的草案反映了它在国内的领导地位。最高苏维埃：有权修改俄联邦宪法；有权通过联邦法律；有权以俄联邦宪法和联邦确定的范围和形式行使监督职能；有权就俄罗斯联邦的对内和对外事务通过决议；有权确定俄罗斯联邦的全民公决；有权批准俄罗斯联邦机关和俄联邦主体机关之间签订的关于向后者授权的协议，批准俄联邦主体在国际、对外经济领域及俄联邦主体之间的协议；有权通过联邦预算；有权确定总统选举；有权根据总统的提名任命政府总理和政府成员，包括负责经济、财政、内务、外交、国防及安全领域的成员；有权宣布进入、延长和解除紧急状态和战时状态；有权决定全国总动员或者部分地区的动员；有权决定战争和和平问题。

在宪法委员会提出的草案中设有专门一章"俄罗斯联邦总统联邦执行权"。该章首先规定了总统的地位。直到1992年年末，草案中一直规定总统是俄罗斯联邦的最高公职人员，领导执行权。最初提到的是俄罗斯联邦执行权，但是在最后一稿中用的是俄罗斯联邦内的执行权。这里我们要给那些非法律专业人士解释一下，前一种表述指的是总统仅领导联邦一级的执行权，而后一种表述则意味着总统领导着俄罗斯联邦内的各级执行权。

宪法委员会提出的1993年草案已经将总统称之为俄罗斯联邦的国家元首和最高公职人员。在最后一稿中规定总统应当为35岁以上的俄罗斯联邦公民。任期曾一度变化，开始的时候规定为5年，最后一稿中改为4年。

根据宪法委员会提出的草案，总统的职权很大。基本上包括：有权签署和否决联邦法律；有权经最高苏维埃同意任命政府总理、政府副总理和一些重要部门的负责人（前面已经列举），有权单独任命其他政府成员；有权主持政府会议；有权创立、组建、领导俄联邦安全委员会和其他总统下设的咨询机关和辅助机关；有权向最高苏维埃提名联邦法官、俄罗斯中央银行行长、俄联邦总检察长的候选人；有权要求副总统、政府、政府总理、政府成员辞职，有权解除上述人员的职务；有权向人民和最高苏维埃做国情咨文；有权向最高苏维埃提出联邦预算案；有权领导、管理对外事务；是武装力量的最高总指挥官；有权在紧急情况下宣布进入紧急状态和战时状态。

总统向最高苏维埃报告的事项不仅包括总理提出的事项，还包括经议会同意由他任命的政府成员提出的事项；总统报告的事项中还包括俄罗斯联邦对内和对外政策的执行情况、联邦计划的实施情况，以及逐项报告联邦预算的执行情况。

宪法委员会提出的草案中还规定了俄联邦副总统职位，受总统的委托行使总统的部分职权。

宪法委员会在自己提出的历部草案中对执行权的机构设置规定不一。比如，1991年10月的草案中专设一章"联邦执行权体系"，包括俄联邦国家委员会、俄联邦安全委员会、俄联邦部长会议、联邦国家机关和机构的地区部门。在最后一稿中，没有设置单独的一章来规定这部分内容，除了国家委员会的条款，安全委员会是作为总统下设的咨询性机关之一来规定的。实质上，联邦执行权与政府是一致的。宪法委员会提出的最后一稿中规定，政府定期向俄联邦最高苏维埃报告工作（第99条）。尽管草案中还规定政府向总统报告工作，但对于这个问题并没有具体的条款。

宪法委员会提出的草案中都规定了司法权一章。在第一部草案（1990年11月）中就规定了俄联邦宪法法院，尽管当时现实中还没有这样的机关。在最后一稿中关于宪法法院的确定和职权已经有了详细的规定。尤其在最后一稿中规定宪法法院是维护俄罗斯联邦宪法制度的最高司法机关。关于宪法法院的职权，草案借鉴的是已经生效的法律规范。

草案中规定了俄联邦主体权力的构建基础。这部分用了很短的篇幅，规定了经选举产生的代议机关，规定了领导联邦主体执行权的最高公职人员，联邦主体的执行权属于俄罗斯联邦执行权体系，规定了俄联邦主体的司法制度属于俄罗斯司法体系范畴。

关于地方自治基础的规定也很简短。由实行自我管理的地区共同体（居住在相应地域内的公民组成该共同体）实行地方自治。实施的机制是由群体共同组成的地方代表机关（委员会）、地方行政机关、地方全民公决、公民大会和市民大会及其他民主形式。草案规定，地方行政机关的公职人员不得担任地方代表机关的议员。在居民区可以组建自我管理的居民协会，享有法人资格。

宪法委员会保留了原来俄联邦宪法的传统，设有"财政和预算"一章。同时也新增了两章"安全和防务"和"紧急状态和战时状态"。

第三节　可供选择的几部草案

如前所述，除了宪法委员会起草、最高苏维埃和俄联邦人民代表大会参与讨论的官方的草案以外，还有其他一些草案。这些草案都集中在1992—1993年年初这段时间。一部分草案现实意义不强。另一部分草案则对官方草案的制定者们有所帮助，因为这些草案反映的是一些影响面比较大的政治运动和政治力量以及活动家的立场。这类草案有：斯·姆·沙赫罗伊领导的工作小组提出的草案，1992年该工作小组诞生于俄联邦总统办公厅内部；俄罗斯民主改革运动于1992年提出的草案，该运动当时反响强烈。这些草案的内容都在后来总统提出的宪法草案中有所体现——主要起草者的名字斯·姆·沙赫罗伊（第一部草案），阿·阿·索布恰科和斯·斯·阿列克谢耶夫（第二部草案）也与总统提出的草案有着紧密的联系。共产党的代表们提出的草案（1993年5月）也值得一提。我们简单对这几部草案分析一下。

一、斯·姆·沙赫罗伊领导的工作小组提出的草案

该草案是1992年由起草者们独创提出来的。起草者当时都是俄联邦总统国家法律事务管理局的工作人员。让总统办公厅的官员们根据自己的意志制定和公布一部与总统的立场相左的草案是很难让人接受的。或者反过来说，草案是在总统知晓的情况下制定的——被当做试金石检验一下，如果宪法确定俄联邦"强权"总统制社会的反响如何？这才是制定草案的主要目的之一，非常明显。

与宪法委员会提出的草案不同的是，在这部草案中没有关于市民社会的部分。整部文件可以称之为国家的宪法，因为过于关注国家和权

力,而忽视了社会组织。

第一部分"公民"规定了人和公民享有的权利和自由,这在当时来讲基本上是符合传统的。第二部分"国家"强调了俄罗斯国家统一的思想,要求领土完整、宪法制度稳定以及国家权力的统一。国家结构遵循联邦制原则。

该草案规定,俄罗斯联邦会议行使立法权。议会由联邦会议和人民会议组成。联邦会议为上院,由各俄联邦主体组建,每个主体派出自己的代表,代表不超过两人,并且在表决时享有一个表决权。联邦会议代表的任期为3年。人民会议是下院,由400名代表组成,以普选的方式产生,任期4年,每两年更新一半数量的代表。

草案中规定了各院单独行使的职权和共同行使的职权。上院最重要的职权有:确定联邦全民公决;批准设立新的俄联邦主体并有权改变俄联邦主体的宪法地位;解决战争与和平问题;就国家总书记和各国家部长的人选问题以及依据宪法程序解除上述人员职务的问题向总统出具意见;就任命武装力量最高统帅问题向总统表示同意。下院就联邦管辖范围内的问题进行立法调整;确定联邦税收;批准总统提出的对俄罗斯银行行长、联邦统计厅主席的任命;根据总统的提名批准对联邦法官的任命。两院共同决定联邦预算;批准和废除俄罗斯联邦国际条约;向俄联邦最高法院建议收回联邦会议代表和人民会议代表的委任状,建议解除总统和副总统职务;选举议会的人权代表。

草案还规定了上下两院的立法程序,即法律首先要在人民会议上通过,然后发送到联邦会议;如果在联邦会议上被驳回,则下院可以2/3多数票否决上院的决定。议会通过的法律发送给总统,总统也享有否决权。但根据草案规定,仅以下院2/3多数票就可以再次否决总统的否决案,人民会议主席签署通过的法律后,该法律就生效了。

草案规定,总统领导俄罗斯联邦内的执行权。总统以普选的方式选举产生,任期6年,连任不得超过两届,年龄在35—65岁。总统有权领导执行权的工作、执行对外政策、保障俄罗斯联邦的安全，是最高统帅等。草案没有规定联邦政府是以总理为领导的来源于总统的单独机构。这个草案规定的总统权力要强于宪法委员会提出的草案所规定的总统权力。可以这样说，这个草案的作者——总统办公厅的工作人员是针对总统权限这部分，在为未来总统宪法草案的提出搭建桥梁。

草案还规定司法体系，俄联邦宪法法院和俄联邦最高法院是最高的联邦法院。当时生效的宪法和宪法委员会提出的草案都认为，宪法法院不仅是宪法司法化的机关，还是保障俄罗斯宪法制度的最高机关。这个草案并没有体现这个思想，仅规定宪法法院的职能是宪法的司法化（这个观点后来在俄联邦现行宪法中被贯彻，因为现行宪法的草案正是由俄联邦总统提出来的）。在这个草案中，最高法院不仅在司法领域具有重要作用，同时还负责监督全国法院的审判活动。最高法院享有特权取消议会成员的代表资格，解除总统、副总统、执行权体系中其他高级联邦公职人员、联邦法官的职务；如果召开会议时因为法定出席会议的人数不足1/2以上，使得人民会议无法履行自己的职责或者人民会议无法通过决议修改宪法制度，最高法院还有权解散人民会议（第91条）。

该草案规定在俄联邦主体划分的区域范围内实行地方自治制度。地方自治的单位在草案中被称作区域共同体。地方自治与国家权力不同，独立自主地组织自己的工作。

二、俄罗斯民主改革运动提出的草案

草案是于1992年根据民主改革运动政治委员会的决议起草的，莫斯科市市长格·赫·波波夫和圣彼得堡市市长阿·阿·索布恰科在领导该政治委员会时起到了积极的作用。

草案分成各章，一些章又分成了几部分。首先提到的是公民，然后是国家，并没有单独涉及市民社会。该草案的作者认为宪法一般都先规定国家性质，因此将此部分条款放在了前面。在第一章的第一部分里面规定公民的基本权利和自由与此并不冲突，起草者们只是将国家性质和个人地位结合起来作出规定："俄罗斯是法治的、民主的非宗教国家，人和人的尊严，及其不可分离的权利和自由是俄罗斯的最高价值。"（第1条）。

在有关公民地位的条款中，起草者们将"基本权利和自由"与"俄罗斯联邦公民的权利和义务"加以区分，将它们放在第一章的不同部分来规定。事实上在草案中规定了公民的权利、自由和义务，也规定了国家在保障这些权利、自由和义务方面的任务和职责。当然，起草者经常使用自己的表述，并在很多时候表达的是他们的个人观点。比如，他们规定联邦立法会议即议会任命的人民的守护者在保护和保障人的基本权利方面的最高公共职位（第19条）；公民可以向联邦最高法院的人权厅投诉以维护自己的权利（第20条）；"一切公民都有权抵制试图推翻自由民主的宪法制度等违反宪法的行为，因为法律规定的其他途径可能在这种情况下无能为力"（第20条）。

俄罗斯的国家结构形式——联邦国家，由共和国、省、民族自治共同体组成。共和国是国家的组成单位。经共和国签署联邦条约后联邦宪法的规定在该共和国的领域内发生效力（宪法第一章第一部分的规定除外）。这样，起草者们就提出了一种独特的、由各共和国批准宪法（或者说宪法大部分条文）的形式。

草案中将省作为地区的国家行政单位。如果它们不归俄罗斯联邦管理的话，它们就自主行使国家调整经济关系等职权。省的行政机关属于联邦执行权系统（对于共和国来说并没有这样的规定）。省的地位、权力和职能、省权力机关的权限及其管理方式都由组织法规定。组织法还确定了省的组成，包括州和边疆区。各省有自己的章程。

民族自治共同体是组成共和国和省的以区域自治或者民族（民族—文化）自治为基础的自治州、民族区。它们的地位和权力由组织法规定，对于共和国的组成单位自治共同体的地位和权力来说，还要由联邦条约来确定。

该宪法草案没有对俄罗斯联邦的权限进行划分，也没有规定联邦和各联邦主体的权力共同管辖问题。只规定了联邦管辖。之后规定，没有被宪法和联邦条约划入俄罗斯联邦管辖的国家职能属于共和国管辖范畴。同时，"根据联邦条约，属于共和国管辖的任一领域的国家事务都可以确定为共和国和俄罗斯联邦共同管辖"（第23条）。省行使不属于联邦管辖的国家职权和"俄罗斯联邦国家权力管理机关委托省权力管理机关行使的职权"。这里也没有提到共同管辖的问题。

共和国和省地位的不平等表现在：就属于共和国管辖的问题，联邦机关无权颁布法律和其他规范性法律文件。如果他们之间发生争议，则成立协调委员会；如果不能合理解决的话，由俄联邦最高法院进行审议。对于省的相关问题没有规定。

在规定国家权力体系的条款中，关于俄联邦总统的部分被放在了前面。俄联邦总统是国家元首（而不是执行权的首脑），是最高公职人员，在国内和对外事务中代表俄罗斯联邦。总统保障国家统一、宪法制度稳定，是宪法和法律、公民权利和自由的保障。总统有权采取措施保护国家的主权、独立和领土完整，保障国家机关正常工作（在1993年宪法中也有这样的表述）。

总统由国家的全体公民选举产生，任期5年，年龄不得小于35岁、不得大于65岁。同时，该草案还规定选举结果应当经俄联邦最高苏维埃确认，俄联邦最高苏维埃主席在联邦立法会议的大会上听取总统的宣誓。草案规定总统享有传统上的职权。对总统权力的规定也很保守，如：总统只能向联邦立法会议提名部长委员会主席的候选人；向联邦立法会议提出解散或者批准解散部长委员会的问题；只有联邦立法会议才能针对总统叛国或者故意违反宪法的指控，解除总统职务。

草案规定，议会，即联邦立法会议是国家的最高代表机关，行使立法和监督职权。议会由两院,即国家杜马和参议院组成。两院的代表都由直接选举产生,任期5年。国家杜马由200名代表组成,按照地区选区选举产生。参议院根据组成共和国和省的地区选举产生,每个共和国或省有两名参议员。在含有民族自治共同体的共和国和省,补选一名参议员。俄联邦前总统如果不拒绝的话,为终身参议员。

联邦立法会议为常设机关,通常以国家杜马和参议院单独举行会议的形式审议权限内问题,当出现宪法和议事规则中规定的情况时,召开联席会议进行审议。关于立法程序,该草案规定了下院和上院原则,并且程序较为复杂。草案在一读的时候先由国家杜马审议,通过后提交至参议院;参议院通过后,草案重新提交给杜马,准备二读;杜马二读通过后提交到参议院;参议院赞成后,法律才视为通过(第54条);通过的法律在两个星期内由总统签署和公布。在这期间,总统有权将法律发回联邦会议进行再次审议。如果法律获得联邦会议全体代表2/3以上的多数票,则总统必须签署并公布法律(第44条)。

在两院的联席会议上,大会通过联邦预算案,批准和废止国际条约;解决战争与和平问题;决定紧急状态或者就该问题批准总统的文件;决定进入战时状态或者就是否进入战时状态作出决议;决定是否在俄联邦境外动用武装力量;批准授予国家嘉奖和荣誉称号,发布特赦令。

国家杜马可以提出对总统的指控(草案没有规定国家杜马有其他单独的职权)。参议院:根据总统的提名任命部长委员会主席(政府总理),根据总统建议批准政府组成并任命部长;审议关于解散政府的问题并有权决定解散政府;根据总统提名任命俄联邦最高法院法官、最高法院各庭庭长、最高法院下设的检察长;根据最高法院组成人员的建议任命最高法院主席;任命人权的人民守护者;决定解除总统职务问题(第55条)。可以说,参议院的权力比国家杜马的权力要大。

草案规定政府的组建,由政府行使俄罗斯联邦内的执行权。政府在自己的职权内独立工作。总统和各院可以向部长委员会主席、联邦部长、整个政府提出信任案或不信任案。由参议院作出决定。在向政府提出不信任案时，总统在一个星期内向参议院提出部长委员会主席候选人。

草案规定，部长委员会设立国家委员会，作为咨询性质的行政机关，履行行政审判职能。部长委员会通过的所有决议和指示的草案、总理的指示和联邦部长的命令都应当在国家委员会答辩，在国家委员会出具的意见基础上由有权公职人员签署后才具有法律效力。

在司法领域，草案作出了几个特殊的规定：设置法官委员会——独立于立法权和执行权的机关，法官、司法公职人员、法学教授、俄联邦国家委员会成员、两院代表、议会的常设委员会和专门委员会的代表选举组成该机关（审判机关最重要的职能是提名法官候选人）；授权俄联邦主体决定自己的司法体系，并任命共和国和省法院的法官；拒绝设置宪法法院，宪法法院的职权由最高法院行使；最高法院下设检察院，负责监督刑事案件及行政案件起诉和审理的合法性，并对违反宪法和联邦法律的各种法律和其他规范性文件向法院提出异议。

根据该草案，在地区单位的辖区内实行市政自治。根据居民或者市政自治机关的决定、确立统一的自治制度，成立边疆区、州和地区的地方自治机关、哥萨克州和其他市政共同体联盟。居民选举产生的市长、哥萨克首领、缙绅、村长和其他市政权首脑和他们设立的执行机关行使市政自治权。市自治会、地方自治会和其他市政代表机关的选举由自治共同体的章程和条例规定。

三、共产党代表提出的草案

1990—1993年，共产党代表共提出了3份新宪法草案。第一份草案刊登在1990年11月24日（宪法委员会草案公布后的第三天）的《苏维埃俄罗斯报》上，署名是俄罗斯苏维埃联邦社会主义共和国人民代表提议小组"俄罗斯共产党"。第二份草案于1992年4月由人民代表尤·姆·斯洛博德金提出，仅在俄罗斯苏维埃联邦社会主义共和国最高委员会内部使用，被认为是俄罗斯共产主义工党的草案。通常认为工党与俄罗斯联邦共产党之间在很多问题上都没有共识。据我们了解，该草案没有获得代表们——俄罗斯联邦共产党成员的支持（没有资料表明他们倾向该草案），因为它提出的权力体系建构很不成功，想要回归旧体制而没有考虑到俄罗斯的现实。第三份草案是由俄罗斯联邦人民代表小组提出的，但起草小组要求将针对草案提出的建议和意见都邮寄到"俄罗斯共产党"党团所在地。这是俄罗斯联邦共产党1993年提出的最后一份草案。

在上述草案中不仅反映出俄罗斯国家和社会发生的变化，也再现了共产党本身的一些变化。如果说最初草案还不承认俄罗斯所发生的一些变革，而最后一份草案则已经开始对很多改革予以考量，尽管它仍然是一部苏维埃社会主义国家的宪法草案。

起草者们考虑到俄罗斯的现实，使用了国家的新称谓。之前提出的草案都称为《俄罗斯苏维埃联邦社会主义共和国宪法》，而最后这部宪法则称为《俄罗斯联邦宪法》。国家的性质仍然是苏维埃社会主义，规定在草案的第1条。俄罗斯联邦政治体制的其他特征表现在：国家尊重和保护人权，在实现国家社会政策和民族政策过程中坚持人权至上；人民主权；人民直接行使国家政权；坚持权力的统一和分立；苏维埃即人民政权的代表机关；国家、国家机关及其公职人员为全社会服务，国家活动强调政治制度和思想的民主多元；法治国家；社会团体、政党和群众组织参与管理国家政治生活、制定国家政策、管理国家和社会事务；劳动集体发挥积极作用；国家、社会团体、劳动集体和公民有权设立大众传媒机构。

这份宪法草案坚持俄罗斯联邦的经济制度以多种所有制形式平等为基础，消灭人剥削人。经济体制实行国家调控和市场自由调整相结合。同时宣布，俄罗斯经济制度的基础是公有制。具体有三种表现形式：全民所有制（联邦和俄联邦主体）；公共所有制；集体所有制。全民所有制是最主要的所有制形式。草案同时保障公民的私人所有权、私人劳动财产（个人的和家庭的）。这样，草案就兼顾了社会主义经济体制和市场经济两者的思想。

有关社会政策一章是草案的重要部分，规定了国家在保障公民进行创作活动方面的任务、国家的社会职能以及民族政策基础。

在公民的权利、自由和义务部分，其分类标准及某些观点基本与其他草案相同。比如，用了更多的篇幅来规定公民权利、自由的实现和保障机制。更准确地规定了公民的劳动权以及国家在这方面所负担的保障义务。服兵役被设置在公民的政治权利、自由和义务一章中。单独设置一章为公民的集体权利（请愿权、立法提案权、生产管理领域的劳动集体权、工会活动自由、罢工自由、消费者权利）。

在联邦制度部分首先规定俄罗斯联邦的性质和结构，接着规定联邦条约及其附则。

确定了国家权力结构后，草案又先用简短的一章来规定人民代表，接下来对国家权力的最高代表机关和立法机关的最高委员会作出规定，每届任期为5年。最高委员会由两个地位平等、成员数量相同的议院组成——共和国委员会和联邦委员会。共和国委员会的代表由地区制选区选出。联邦委员会一半数量的代表由民族地区的选区选出，包括共和国和自治单位，选举规则为：每个共和国选出5名代表，每个自治州和自治区选出3名代表。联邦委员会另一半数量的代表由地区制选区选出，包括边疆区和州，以及莫斯科市和圣彼得堡市，由俄联邦立法来确定选举规则。

在这个草案中，最高委员会是最具影响的权力机关。它决定俄罗斯的对内和对外政策，任命政府，决定战争问题，选举3个联邦最高法院——宪法法院、最高法院和最高仲裁法院——的法官，选举最高委员会的人权代表，解释俄联邦宪法和法律，宣布国家进入紧急状态和战争状态，等等。

共产党提出的这个草案没有设置总统职位。相应的职权由最高委员会主席团享有，该机关"向俄联邦最高委员会报告工作，履行集体国家元首的职能"（第86条）。

部长委员会是国家权力的执行机关。部长委员会主席的候选人由代表团体和党团提出，最终由最高委员会根据最高委员会主席团的建议任命。部长委员会主席经政府程序认可后，提名委员会的其他组成人员，由最高委员会任命。

草案对边疆区、州和联邦直辖市直接规定了国家权力结构：国家权力的代表机关为相应的人民代表委员会；执行机关即由代表委员会选出的执行委员会。对自治州和自治区来说，由专门的联邦法律加以规定。草案没有规定共和国的国家权力结构，留给共和国自己解决。

草案将地区的、城市的、市辖区的、镇的、村的地方委员会称为相应地区的代表机关和地方自治的重要组成部分。相应委员会的执行委员会、执行局及其他部门是地方委员会的执行机关。

关于司法制度的规定，该草案是以当时的机关体制为基础起草的。创新之处在于设置专章规定维护法治和法律秩序，指出：俄罗斯联邦立法机关、执行机关、司法机关、检察院、侦查机关、内务部、安全部、社会团体、劳动集体及公民个人都有义务保障法治、维护法律秩序。

第四节　1992—1993年宪法起草的基本过程

一、1992—1993年初宪法的起草工作

1992年甚至更早一些，俄罗斯国内的众多政治、社会和法律观点逐渐沉淀下来。1991年8月份以后，伴随着共产党影响的削弱，一些激进的

措施被启动。苏联解体的事实也成了俄联邦新宪法出台的刺激因子,而俄联邦现在也已经是一个独立国家,是非常重要的国际关系主体。

但是俄罗斯联邦各主体之间的关系问题现在更为重要。总统和人民代表大会、最高委员会之间就新宪法中谁的地位更高——是议会还是总统——的问题最终也没能达成一致。所以1992年4月举行的第六届人民代表大会仅对宪法做了概括修改,承认了宪法改革的思想,以及草案的一些基本规定。

在1992年12月的第七届人民代表大会上总统和代表们的矛盾变得尤为紧张。大会批准了俄联邦最高委员会关于承认政府推行经济改革工作失败的决议(当时由总统领导政府)。有人向最高委员会建议,应当加快审议为经济改革所必须的一系列法律草案(因此,法律草案才是经济制度的法律基础,而总统命令则不是)。在第七届大会的决议中建议最高委员会逐条审议1993年补充修改的宪法草案。

但是1992年12月—1993年4月的事件,使得新宪法作为唯一的一个文本不太可能通过。总统不同意削弱其地位。1992年12月10日他指责代表大会和最高委员会阻碍改革并企图增加自有职权。总统提出由代表大会决定全民公决,由人民决定:"你们指望谁能使国家走出经济和政治危机,使俄罗斯联邦走向复兴:是眼前的代表大会和最高委员会,还是俄罗斯的总统?"俄联邦宪法法院及其主席也积极地促成两个权力分支达成"和解"。后来,总统和代表大会发表了联合声明,都宣布自己无条件尽力解决立法权和执行权之间的争端问题,尤其是以宪法方式来解决这样的问题。代表大会决定在1993年4月11日举行全民公决,但不是针对人民更信任哪个权力的问题,而是针对新宪法的基本规定。但事情很快就变得非常明了,其实没有什么问题可以提出来进行全民公决,各方可能达成的一致立场都已经通过修改而反映在现行宪法中。使各方产生分歧的问题就是哪个权力更重要,而这一问题只不过是以全民公决的形式开启了新一轮的冲突,该冲突的各方主体已经变成普通的老百姓了。这样也就不存在一部各方协商一致的、能够提出来进行全民公决的草案。

3月初召开的第八次人民代表大会撤销了进行全民公决的决议，并在宪法中增加了很多削弱总统权力的条文。

总统随后于1993年3月20日作出回应。他通过电视向人民呼吁，将通过特别程序管理国家，决定于1993年4月25日举行是否信任总统和副总统的公开投票，同时针对新宪法草案和联邦会议选举法草案举行公开投票。对总统和副总统投信任票被认为是一件非常冒险的行为。在通过特别程序管理国家的期间，总统的行为及其治理国家的活动都具有优先性，所有想要撤销上述行为的举动都被认为是没有法律效力的。

就在同一天，国内的很多高官都陆续发表演说，抨击总统的这一举动。1993年3月20日的俄联邦最高委员会主席团决议中和《致俄罗斯联邦公民书》中均指出，宣布以特别程序治理国家就是企图确立专制制度，就是对合法民选权力机关的侵蚀。最高委员会还在3月21日的决议中再次重申，俄联邦宪法没有规定总统有权实施上述行为，这些行为不仅破坏俄罗斯的宪法制度基础，对俄罗斯公民的自由、权利和安全也构成威胁。最高委员会一方面在这个决议中将总统的行为评价为"企图破坏俄罗斯国家的宪法制度基础"，另一方面向俄联邦宪法法院申请审查总统在1993年3月20日发表宣言行为的合宪性。宪法法院于1993年3月23日作出结论，对总统的行为和决定给予负面评价，并没有排除举行信任总统投票的可能，但宪法法院同时强调，即使投票结果显示总统获得信任，那也不意味可以取消其他国家权力机关。

最高委员会紧急召开第九次人民代表大会临时会议。会上气氛非常紧张。很多代表不仅对总统博·恩·叶利钦的行为不满，对最高委员会主席尔·伊·哈斯布拉托夫也表示不满。会上决定就免除总统职务和罢免最高委员会主席的问题进行表决。两个表决都没有获得多数通过。第九次会议决定于1993年4月25日进行全民公决，对4个问题进行表决：是否信任俄联邦总统并支持由总统和政府推行的社会经济改革，是否需要提前进行总统选举和俄罗斯联邦人民代表的选举。

1993年4月25日举行全民公决，信任总统的选票为参加投票选民总数的58.7%，支持社会经济政策的占53%，赞成提前进行总统大选的占31.7%，赞成提前进行人民代表选举的占43.1%。也就是说，提前终止总统和代表权限的建议未获通过。选民们仿佛在告诉总统和代表们：继续工作吧，寻求妥协。

自全民公决后，宪法的起草进程进入了一个新的阶段。总统将全民公决的结果解释为，公众认可他的程度要比认可人民代表大会的程度高，因为他在第一个问题、第二个问题上都获得了信任，而且赞成提前选举人民代表的选民明显多于赞成提前选举总统的选民数量。这对宪法的起草工作产生了决定性的影响。

总统进而得出结论，他有权向人民提出一个加强总统地位、能够由他决定国家生活重大问题的宪法草案。这部草案于5月初公布。

二、俄联邦总统提出的宪法草案（1993年5月）

草案设置了序言。紧接着是第一部分，包括八章："总则，人的权利和自由""俄罗斯联邦公民""俄罗斯联邦""俄罗斯联邦总统""联邦会议""俄罗斯联邦政府""司法制度""地方自治""宪法的修改和宪法重新审议"。草案的第二部分是联邦条约，第三部分是过渡条款。

当时的分析家们都发现草案中没有使用"宪法制度"这一概念。在第一章中试图将总则，也就是国家性质与俄罗斯个人地位基础两部分结合起来（这里可以看到俄罗斯民主改革运动提出的草案对该草案的影响）。

草案第5条规定：俄罗斯联邦实行统一的权力体系：总统是国家元首；立法权属于联邦会议，由国家杜马和联邦委员会组成；执行权属于俄联邦政府；司法权属于司法制度下的法院和法官。这里就反映出总统权是一个独立权力的立场。该立场在现行的俄联邦宪法中予以保留。

草案中还做出一项重要规定，即任何思想和宗教都不能作为国家必需的思想和宗教在俄罗斯确立（第6条第1款）：任何派系和教会都不得受到国家的监管（第2款）。

在解决个人地位、权利和自由问题上，总统提出的草案也明显受到俄罗斯民主改革运动提出的草案的影响，即在第一章首先规定基本权利和自由，接下来规定其他权利和自由，而在第二章"俄罗斯联邦公民"中规定了国家相应的任务。在草案的后续工作中并没有采取这种分类，因为很难将基本权利和自由与其他宪法权利和自由相区分。

在第三章中确定了联邦结构和俄罗斯联邦的具体构成。但无论是宪法开篇，还是在第三章，都没有明确规定俄联邦各主体地位平等。只是在后来修改草案的时候才增加了这条规定。总的来说，在针对联邦结构制定宪法条款的时候，总统成为各联邦主体力争加强自己地位的筹码。第62条规定了俄罗斯联邦管辖的对象，但同时做出这样的表述："既然联邦条约没有作出其他规定。"实际上，将联邦条约加入草案文本中就是明显对各主体的"趋附迎合"，想得到他们的支持而不得已作出的。但是条约在很多方面都保留了俄联邦各主体地位不平等的规定。

草案带有总统强权的特点。根据第70条的规定，总统是国家元首；同时，总统也是宪法和公民权利、自由的保障；他可以采取措施维护国家主权、独立和领土的完整，保证各国家机关协调合作。

总统直接委任国家高级职务或者向联邦会议提名这些职务的候选人。他有权：向联邦会议提名政府总理候选人；向联邦会议提出政府信任案或者政府辞职问题；根据政府总理的提名并与联邦委员会协商后任免联邦各部部长和各机关负责人；向联邦委员会提名宪法法院、最高法院、最高仲裁法院的法官候选人和高等司法机关的联邦法官候选人，以及俄联邦总检察长候选人。

草案规定，总统有权：决定联邦会议的选举；在联邦会议拒绝通过组建政府所必要的决定时，以及发生适用本宪法规定的程序仍无法解决国家权力危机的其他情形时，与各院主席协商后提前解散联邦会议；决定全民公决（第74条）。

草案（第80条第1款）规定，总统是俄罗斯联邦国家机关和联邦主体之间争议的仲裁者，也是联邦主体各国家机关之间争议的仲裁者，有权以自己的决定就争议问题达成协议；若无法达成协议，提交宪法法院审议。

如果俄罗斯联邦国家机关、联邦主体国家机关或者地方自治机关作出违反宪法和联邦条约或者破坏人的权利和自由的行为时，总统有权中止该行为的效力并向相应法院提请撤销上述破坏行为（第80条第2款）。如果说联邦会议、政府、政府各部及国家委员会、法院都是俄罗斯联邦国家机关的话，总统享有的特权显而易见。

根据该草案，联邦委员会只有根据国家杜马提出，总统有叛国或者故意违反宪法破坏国家制度或者侵犯人权和自由的指控，并经高等司法机关出具证实结论后才能解除总统职务。

草案规定，联邦会议是俄罗斯联邦的议会，是国家最高的代表机关。它由联邦委员会和国家杜马组成。每个俄联邦主体选举两名议员进入联邦委员会。共和国、自治州和自治区可以补选议员，这样就使这些主体选出的议员不少于议员总数量的50%。国家杜马由300名议员组成，议员按照选区选举产生，代表规则一致，即实行多数选举制。

草案规定两院的工作方式为同时召开会议。会议分开举行，但在审议宪法规定的问题时可以召开联席会议。下列情形召开联席会议：通过联邦预算案和批准其执行报告；审议年度总统国情咨文；批准新俄联邦主体的建制和组成；通过联邦宪法性法律；修改宪法；决定宪法规定的其他问题。

在其他问题上，联邦委员会在草案中的地位看起来要高于国家杜马的地位。联邦委员会有权：批准俄联邦主体宪法地位的改变；根据总统建议任命政府总理,决定政府信任案问题和政府辞职问题;根据总统提名任命宪法法院、最高法院和最高仲裁法院法官,任命联邦高等司法机关的联邦法官,任免总检察长职务;审议总统提出的俄联邦安全委员会的候选人;批准和废除国际条约;决定战争与和平问题;决定国家进入紧急状态或者批准总统对决定国家进入紧急状态的建议;决定国家进入战争状态或者根据总统建议作出决定;审议国家杜马通过的联邦法律;决定解除总统职务问题。

国家杜马的作用就比较弱了,它有权:就俄罗斯联邦管辖内的问题进行立法调整;决定联邦税收;监管纸币发行;确立国家授奖,决定俄联邦荣誉称号的设置和授予程序;宣布大赦;提出对总统的指控。

草案规定联邦会议的立法程序遵循下院(国家杜马)和上院(联邦委员会)共同审议的原则,而总统可以"否决"上下两院通过的法律。

政府的工作方向基本上是传统的工作类型——决定经济预算问题、所有制、社会文化领域、国防等。

任命政府总理是联邦委员会的职权。如果联邦委员会否决了总统提出的候选人,总统在一周内,可以就政府总理任命问题,请求联邦委员会再次审议。如果联邦委员会再次否决了该候选人,那么总统在一周内,提请联邦会议两院召开联席会议,就任命问题进行审议。对政府总理的任命应当自总统提出建议之日起一个月内进行,否则总统可以决定提前解散联邦会议并任命政府总理履行职务。

草案规定,政府有权提出辞职,由上院根据总统的要求予以通过或否决。联邦委员会根据总统的要求或者议员的建议,可以表示对政府不信任。如果总统提出不信任政府或者解散政府没有获得上院的支持,或者没有在一周内进行审议,那么总统有权再次声明不信任政府或者做出政府辞职的决定,从而说明,即使联邦委员会没有对该问题进行审议,政府辞职也将不可避免。

在司法制度问题上,该草案与前面的草案大相径庭,作出了一些专门规定。比如,在对待法律文件的合宪性问题和权限争议方面,草案限制了宪法法院的权力,同时宪法法院无权判定社会团体、执法实践、国家高级公职人员行为的合宪性。而且在司法体系中设置了一项新的机构——高等司法机关。该机关由宪法法院院长、最高法院院长和最高仲裁法院院长（他们轮流主持高等司法机关会议）,上述法院的第一副院长,以及3名联邦委员根据总统要求任命的联邦法官组成。高等司法机关有权：解释宪法；就解除总统职务问题出具证明结论；免除联邦委员会任命的联邦法官的职务；通过决议决定俄联邦法院管辖权限；向总统建议总检察长的候选人并建议免除其职务；审议司法实践的合宪性案件,根据联邦会议、总统、宪法法院、最高法院及最高仲裁法院的要求审议其他案件。

因此,高等司法机关实质上是拥有宪法监督和审判职能的最高司法机关。

草案还规定了俄罗斯联邦的地方自治基础。根据第5条的规定,地方自治区别于国家权力,独立运行。第八章"地方自治"明确规定,在市、区、村和其他区域单位实行地方自治。地方自治机关有权将自己的部分职能授权给社会自治的基层区域团体（草案中并没有详细解释什么是基层区域团体）。地方自治由居民以各种方式直接表达意愿（公决、会议、大会）,也可以通过社会自治的基层区域团体以及地方代表机关和执行机关、和解法官来实现地方自治（第130条）。

关于宪法的修改,草案规定了非常严格的8个程序。比如,宪法第一章的规定不能修改；如果修改第一章规定的建议,获得联邦会议上下两院各2/3多数的赞同,修改才有可能进行；还需要召开宪法会议,由宪法会议来决定是否修改宪法,是否需要起草新宪法并决定相应程序。

三、围绕草案的博弈和宪法讨论会

自总统的草案公布之时起,该草案和宪法委员会提出的草案同时进入审议阶段。从1993年的5—9月初，双方即总统和最高委员会开始"较劲"，尽管在言辞上求同存异并寻求合作，但并没有取得实质性的进展。

总统于1993年夏天召开宪法讨论会，对自己提出的宪法草案讨论修改方案。可想而知，他邀请的代表包括：俄罗斯联邦国家权力联邦机关的代表；俄联邦主体国家权力机关的代表；地方自治的代表；政党代表、工会代表、青年代表、其他社会团体代表、群众运动代表和宗教团体的代表；商品生产者和企业界代表。

讨论过程中，代表们分成5组。各小组会议分别进行。宪法草案被逐条审议，并对宪法草案修订工作委员会提交的修改建议进行讨论。各小组的决议也按照常理提交给工作委员会，由它在兼顾各代表小组决议的基础上修改草案文本，最终提交给总统。

1993年7月宪法讨论会最终通过了草案，其中对很多问题都做出了区别于总统草案的新决定，大体上更接近于现在的俄联邦宪法。尤其在草案中设置第一章"宪法制度基础"。所有专门与个人宪法地位相关的规定都在第二章"人和公民的权利和自由"中规定。

第1条第1款明确规定，俄罗斯联邦——俄罗斯是具有共和制政体的民主、联邦、法治的主权国家。在后来定稿时去掉了"主权"一词，因为第4条专门规定了国家主权的内容，即俄罗斯联邦在其全部领土内保障国家权力的统一和至高无上。

草案中（第5条）还规定俄联邦各主体的平等地位。对此，现行宪法中予以保留。该草案的特点是共和国类似一个主权国家，而其他主体则是这些组成部分中的国家区域构成（后来定稿时这两个比较特殊的规定被删除了）。草案至今还保留着联邦条约作为宪法的第二部分，该联邦条约是中央和俄联邦主体之间划分国家权力机关职权和管辖范围的3个条约之一。前面我们提到，这些条约中的很多规定都将俄联邦主体放置在不平等的地位上。在宪法讨论会提出的草案中大部分规定还予以保留，也就是说宪法这部分的内容与第5条关于各主体平等的规定极不协调，同时与第72条涉及俄罗斯联邦及其主体在共同管辖问题上完全平等的规定极不协调。

宪法讨论会提出的草案对总统的职权也做出了略微修正。比如，删除了关于总统是联邦国家权力机关和联邦主体国家权力机关争议的仲裁者的规定，保留了总统通过其他途径解决争议的可能。总统无权中止联邦国家机关、联邦主体国家机关和地方自治机关的行为，仅有权中止俄联邦主体执行权力机关的行为。同时，之前的草案版本将决定国家进入战争状态和紧急状态的权力赋予总统和联邦委员会，而后来的版本将这一权力仅赋予了总统。

故意违反宪法、破坏国家制度或者侵犯人的权利和自由不再是解除总统职务的理由，仅保留了叛国罪和其他严重犯罪（现行宪法也是这样规定的）。

这个草案将国家杜马议员的人数由300人增加到400人。删除了议员按照选区制选举的直接规定，这也就为实行比例选举制做了铺垫，即部分议员根据党派名单选出。两院的议员都是专职议员（这一规定后来仅适用于国家杜马）。

根据总统提出的草案规定，杜马的地位比较低。而宪法讨论会提出的草案加强了杜马的地位，其中表现为联邦委员会的部分职权转移给国家杜马——任命政府总理、决定是否信任政府或解散政府。杜马还有权任免中央银行行长、检查厅主席及其半数成员、人权代表的职务（之前这些问题根本就没有纳入宪法调整的范畴）。

联邦委员会的作用在立法阶段有所提升。总统提出的草案规定：如果联邦委员会对杜马通过的法律不表态的话，该法律即被看作是联邦会议通过的法律（第102条）。而根据宪法讨论会提出的草案规定，国家杜马通过的所有法律必须经联邦委员会审议（现行宪法也如此规定）。

在总统提出的草案中，总统有权在特定情形下解散联邦会议。而根据宪法讨论会提出的草案，该权力仅适用于国家杜马，规定：如果国家杜马3次否决总统提出的政府总理候选人,总统有权解散国家杜马;如果国家杜马在3个月内两次表示不信任政府,则总统宣布政府辞职或者解散杜马。

宪法讨论会没有支持高等司法机关的设想。将判断社会团体、执法实践合宪性的职权重新赋予俄联邦宪法法院,但没有规定宪法法院可以判断高级公职人员行为的合宪性。

有关地方自治一章基本上是重新起草的。规定地方自治通过多种直接表达意志的形式,并经过选举产生的地方自治机关和其他地方自治机关来实现。删除了关于地方自治可以通过地方代表机关、执行机关(反映了地方自治一级不进行分权的观点)、和解法官等社会自治的基层区域团体机关实现的规定。另外,专门规定了保障地方自治的条款。

四、事态的继续发展和1993年12月12日提交宪法草案至全民公决

宪法讨论会提出宪法草案后,俄联邦最高委员会于1993年7月16日通过关于《〈俄罗斯联邦宪法通过程序法〉俄罗斯联邦法律草案的决议》;原则上要求公开所有立法倡议主体提出的宪法草案;由宪法委员会组织对这些草案进行协商讨论。之前计划在11月举行人民代表大会并在会上通过新宪法,而现在则既允许在大会上通过宪法,也允许将宪法提交全民公决。

宪法讨论会认可的宪法草案已经发送给各俄联邦主体;总统原计划在8月底—9月初讨论该草案,并且对该草案获得各联邦主体的认可胸有成竹。但事情却没有预想的那么顺利。因为俄联邦各主体的权力代表机关对草案进行了讨论。而与此同时,他们也收到了宪法委员会提出的草案。尽管各主体的权力代表机关中多数都倾向于俄联邦最高委员会和俄联邦人民代表大会,但他们仍然想获得一份能够协调各方利益的文

本，所以他们避免出现"一边倒"的情况。况且，由人民代表大会通过宪法是当时宪法明确规定的，大会又说可以进行全民公决来通过宪法，所以在这个过程中大会忽视的，正是总统看重的，很多俄联邦主体的代表机关不认为这是可行的方案。

总统选择的方式众所周知。他于1993年9月21日发布第1400号总统令《关于俄罗斯联邦阶段性宪法制度改革》和《致俄罗斯人民书》。总统对人民代表大会和俄联邦最高委员会提出诸多指责：他们反对社会经济改革，妨碍总统权力，不仅计划逐步侵蚀执行权力，甚至觊觎司法权力；最高委员会的议会工作中存在很多不足，以致降低了议会制原则的威信。借此，总统还决定中止人民代表大会和最高委员会的立法、领导和监督职能。在新的两院制议会——俄联邦联邦会议——开始工作并履行相应的职权以前，应当遵守总统令和政府决议。

总统令还指出，宪法、俄联邦及其主体的立法，不与总统令相抵触的部分继续有效。在俄联邦宪法和俄联邦联邦会议选举法通过并以此举行新的选举之前，总统暂时适用《转型时期联邦权力机关条例》，其制定依据为1993年7月12日宪法讨论会确认的宪法草案。联邦会议作为新议会包括两院，一是由全民选举产生的国家杜马，二是各联邦主体立法机关、行政机关领导人组成的联邦委员会。总统通过该总统令批准了国家杜马选举条例。决定选举于1993年12月11—12日举行，为此组成中央选举委员会。联邦会议负责审议俄联邦总统选举（即决定总统选举）的相关问题。在总统令中，总统还建议俄联邦宪法法院在联邦会议正式办公前不要召开会议。

博·恩·叶利钦迅速将国家的所有权力都集中于自己手中，终止了中央和地方众多机关的工作，他想要重组现有机关或者组建新机关的动机更加明显。比如，俄联邦宪法法院处于虚设状态，而俄联邦主体国家权力代表机关的工作和市辖区、镇、村以及市委员会的工作都已基本停滞。

以一种不光彩的手段获胜后的博·恩·叶利钦接下来要面对的问题是如何催生新宪法。如果举行议员选举并由他们通过宪法，则风险太大。毫无疑义应当将宪法提交全民公决。首先，这看起来更加民主。其次，全民公决可以引起很大的社会反响。再次，如果宣传准备充分的话，人民可能会象征性地支持宪法。最后，如果人民支持了总统提出的草案，也就证明支持总统本人，这样就不存在总统掌权是否合法的问题了。

尽管表面上来看，社会各界都参与了修改草案，但实际上修改工作只在总统圈子中的少部分人及某些专家学者中进行。对争议性问题，总统亲自作出决定，一些最终的规定都是经过总统措辞后加入文本中的。1993年10月15日发布了《就俄罗斯联邦宪法草案问题举行全民公决令》的总统令。全民公决于12月12日举行，届时还举行联邦会议议员的选举。总统令指出：将宪法讨论会确认后的俄联邦宪法草案提交全民投票。选票上提出的问题是："您是否接受俄罗斯联邦宪法？"回答："是"或者"否"。1993年12月12日的俄联邦宪法草案同时批准了全民公决条例。如果该草案被通过，则自全民公决的结果公布之时起生效。

准备提交全民公决的宪法草案于1993年11月10日公布。此前一个月对草案进行了多次修改。因为总统以实际行动贯彻实施了很多权力结构的新宪法原理，比如由国家杜马和联邦委员会组成的联邦会议。最初确定国家杜马的任职期限为4年。联邦委员会不经选举产生，根据职务原则来确定其任职期限。随后，博·恩·叶利钦又决定联邦委员会也由选举产生，任期4年。原来的法律规定——联邦委员会由每个俄联邦主体的立法权（代表）机关代表和执行权领导人（共和国总统），即每个主体两名代表组成——也随之修改，规定每个俄联邦主体选出两名议员组成联邦委员会。但又有人建议宪法草案中不能规定联邦委员会进行委员选举，仍应当由各主体的立法权和行政权代表组成。选举只能对第一届联邦委员会适用。这样，上院宪法模式的发展方向就确定为：组成人员是在俄联邦主体中有立法权和执行权的人，他们更倾向于跟总统和俄联邦政府合作。这种模式也确实被保留下来。

根据总统最初的决定，国家杜马由400名议员组成。1993年10月1日的总统令将议员数量确定为450名。同时，作为下院的议员，还应当专职工作。这也保留在新宪法当中。

在公布提交全民公决的宪法草案前，其他机关的工作模式也逐一被讨论。比如，有人提出撤销宪法法院，由俄联邦最高法院履行其相应职能。但这一想法未获得支持，宪法法院也被保留下来。确实，其职能也明显作出调整：补充规定宪法法院有权确认高级公职人员行为的合宪性，政党和其他社会团体以及执法实践的合宪性（定稿时另一个思路占了上风：宪法法院根据公民，有关侵犯宪法权利和自由的申诉以及各级法院的申请，有权确认具体案件中所适用法律的合宪性）。但在最后一稿中，解释俄联邦宪法才是宪法法院最重要的权力。

关于联邦宪法基础问题的讨论比较激烈，对俄罗斯联邦的宪法条约基础问题的讨论也表现得非常积极。主要的构思是：宪法中除了设有联邦体制专章以外，还将1992年的联邦条约稍加修改后作为一个专门的部分予以规定。总统之所以想在草案中增加联邦条约，是想获得各主体的支持。但是在1993年秋对该方案进行讨论时，联邦条约的内容被删除了。

草案中理应规定总统本人的权力。宪法讨论会7月份确认的草案就做出了相应的规定，尽管很多规定都是总统在加强自己的地位。比如，草案中关于总统地位基础的条款指出：为执行选举前的政治、经济大纲，总统有权行使宪法和联邦法律赋予其的职权。在提交全民公决的文本中没有保留这条规定，甚至也删除了总统应该履行自己许诺的暗示。但是增加了一条更重要的规定以加强总统权力：根据宪法和联邦法律，总统"决定国家对内和对外政策的基本方向"（第80条）。宪法讨论会提出的草案将总统界定为既是国家元首，又是最高公职人员。后来删除了对该性质的界定，总统的年龄上限——65岁也删除了。

在最后提交全民公决的宪法文本中，政府在很大程度上就是总统下设的影子内阁。在宪法讨论会通过的草案中还规定国家杜马任命俄联邦政府总理，而总统则向杜马提名总理候选人。在提交全民公决的宪法文本中规定，总统经国家杜马同意任命政府总理。这样，两者的作用就完全变了。最初的时候规定总统仅可以两次提名同一个政府总理候选人。后来这个限制没有了，我们看到的只是在总统提名的候选人被3次否决后，总统可以任命政府总理，解散杜马并决定举行新的选举。

此外，宪法讨论会确认的草案还规定，总统有权向国家杜马提出政府辞职。而现在总统有权自主决定政府辞职，不需要与任何人商量。宪法讨论会确认的草案规定杜马可以表示对政府的不信任。该条款保存在最后定稿的文本中。但是提出了新的规则：政府有权向国家杜马提出是否对自己信任的问题。如果杜马拒绝信任，总统在7日内决定政府辞职或者解散杜马。这样就加强了总统和政府的统一，而削弱了国家杜马的地位。

进行全民公决的当月可以说是暗流涌动。各地的人民代表委员会都停止工作——村级的、镇级的、区级的、市级的、州级的和边疆区级的等等。所有权力都集中在执行机关手中。某些社会团体和媒体的活动被禁止，后来又解禁。国家杜马议员和联邦委员会委员的选举工作正在筹备，这也使国内的政治关系更加紧张。宣传支持新宪法的一个重要理由就是，如果全民公决没有通过宪法，国家将陷入另一个紧张状态或者另一场浩劫。

在全民公决上，宪法获得了必要的多数票。在1993年12月20日的《关于俄罗斯联邦宪法草案全民投票结果条例》中，俄联邦中央选举委员会指出：确认宪法草案的全民投票有效；确认俄联邦宪法全民表决通过。中央选举委员会的这个条例和新通过的宪法文本于1993年12月25日公布。也就是说，1993年12月25日是1993年宪法正式生效的日期。根据俄联邦宪法第二部分"最后过渡条款"第1项的规定，俄罗斯联邦宪法自根据全民投票结果而正式公布之日起生效。1993年12月12日投票这天被认为是俄联邦宪法通过的日期。总统在1994年9月19日的总统令中宣布12月12日为全国的节日——俄罗斯联邦宪法日。

参考文献

C.A.阿瓦基扬：《俄罗斯宪法：性质、发展和现代性》，《历史造就俄罗斯联邦宪法》，莫斯科，2000年。

宪法委员会：《会议记录、材料、文件（1990—1993年）》（第1卷），主编奥·格·鲁米扬采夫，莫斯科，2007年。

宪法委员会：《会议记录、材料、文件（1990—1993年）》（第2卷），主编奥·格·鲁米扬采夫，莫斯科，2008年。

卡贝舍夫·弗·特：《俄罗斯宪法的数个草案》，《宪法公报》1993年第16期。

基科季·弗·阿、斯特拉雄·布：《阿宪法委员会的地位》，《俄罗斯法杂志》1998年第12期。

克雷洛夫·布·斯、米哈列娃·恩·阿：《主权俄罗斯的新宪法》，莫斯科，1994年。

拉菲特斯基·弗：《两个草案的比较分析》，《独立报》1993年8月6日。

卢基亚诺娃·耶：《载入历史的违法——1993年如何通过了俄罗斯联邦的基本法》，《独立报》1999年10月2日。

卢基亚诺娃·耶·阿：《俄罗斯国家性质和宪法政治立法（1917—1993年）》，莫斯科，2000年。

鲁米扬采夫·奥·格：《历史造就俄罗斯联邦宪法·宪法委员会的工作（1990—1993年）》（第四部分），《国家与法》2008年第9、10、11、12期。

斯特拉雄·布·阿：《一个国家的两部宪法，不多吗？》，《宪法公报》1993年第16期。

沙布林斯基·伊·格：《权力的界限——为俄罗斯的宪法改革而斗争（1989—1995年）》，莫斯科，1997年。

第七章
1993年宪法内容的基本特点、效力及修改

第一节 1993年宪法内容的基本特点

第一，宪法确定了俄罗斯的宪法制度基础。俄罗斯国家是宪法制度的国家基础。它是具有共和制政体的、民主的、联邦制的法治国家，同时也是非宗教的社会国家。其正式名称为俄罗斯联邦和俄罗斯，两者意义相同。

俄罗斯联邦的一切权力源于人民（人民主权）。俄罗斯联邦主权的体现者和权力的唯一源泉是其多民族的人民（宪法第3条）。人民主权首先是指一切权力属于人民，其次是指人民可以直接行使其权力，也可以通过国家权力机关和地方自治机关行使其权力。

人、人的权利与自由是最高价值。这也是俄联邦宪法制度不可动摇的基础之一。承认、遵循和捍卫人与公民的权利和自由是国家的义务（宪法第2条）。规定这一宪法制度原则的时候，俄罗斯借鉴了国际经验和1948年12月10日联合国大会通过的《世界人权宣言》中确定的目标：对人类家庭所有成员的固有尊严及其平等的和不移的权利的承认，乃是世界自由、正义与和平的基础。

俄罗斯的宪法制度和社会制度都以承认思想多样和政治多元化为前提。

最后,自由的经济活动和多样的所有制形式也是宪法制度的特征之一。在俄罗斯联邦,保障经济空间的统一,商品、服务和财政资金的自由转移,支持竞争和经济活动的自由。私有财产、国有财产、地方所有财产和其他所有制形式同等地得到承认和保护(宪法第8条)。

第二,宪法展现了国际社会价值和俄罗斯对待个人地位、人和公民权利与自由的观念变化。个人及其权利自由至上是俄罗斯宪法制度的基础之一。因此宪法的第二章命名为"人和公民的权利与自由"。在有关个人宪法地位的规定中,以下是最为重要的内容:个人自出生即享有的不可转让的基本权利和自由,在俄罗斯个人地位符合国际社会的要求和标准,个人利益与他人利益、社会和国家的协调,基本权利、自由和义务的普遍性,法律平等即公民平等,以及个人宪法地位及其权利与自由的保障。

第三,宪法规定俄罗斯国家的联邦制度。如前所述,制定宪法的时候参考了1992年三四月份俄罗斯作出的联邦规定,即联邦包括三类主体:共和国(国家);民族地区组成单位——自治州、自治区;地区(或称为地区—国家)组成单位——边疆区、州、联邦直辖市。

宪法正是按照上述形式规定了俄罗斯联邦的主体构成。同时明确指出,在同联邦国家权力机关的相互关系方面,俄罗斯联邦所有主体平等(第5条)。联邦结构建立在它的国家完整、国家权力体系统一、在俄罗斯联邦国家权力机关和俄罗斯联邦主体的国家权力机关之间划分管辖对象和职权、俄罗斯联邦各民族平等与自决的基础上(第5条第3款)。

宪法仅对俄罗斯联邦使用"主权"概念。规定,联邦的主权及于其全部领土。联邦宪法和联邦在俄罗斯联邦全境拥有至高无上的地位。联邦保证自己的领土完整和不可侵犯。俄罗斯联邦尊重各主体在其辖区内的权力,但不允许在境内设立海关边界、关税、收费和任何妨碍商品、服务和财政资金自由转移的障碍。俄联邦宪法确定的各种所有制形式,都可以在俄联邦各主体管辖范围内存在,并获得国家的平等保护。

全国实行统一的货币单位，纳税和筹资的一般原则由联邦法律确定。

俄联邦宪法确定俄罗斯联邦的管辖权以及俄罗斯联邦和俄罗斯联邦各主体共同管辖的对象。宪法坚持的原则是：俄罗斯联邦各主体拥有俄罗斯联邦管辖范围和俄罗斯联邦权限范围以外的全部国家权力（第73条）。在保证各主体独立的同时，联邦要求各主体的国家权力机关体系、地方自治体系以及各主体的立法保持一致。所以，宪法保留了规定组建各联邦主体国家权力和地方自治的一般原则的权力；在立法方面，宪法要求各主体的规范性文件应当符合宪法和俄联邦法律，但当联邦法律与俄联邦主体的规范性法律文件发生冲突时，后者制定的规范性文件在其权限范围内对该主体有效。

第四，宪法规定了俄罗斯联邦的国家管理方式和权力机关体系。其管理形式为议会共和制和总统共和制——我们的宪法在联邦一级不仅倾向总统制，可以说非常推崇集权总统共和制，俄联邦总统的权力非常大，地位很高。

根据俄联邦宪法，俄联邦总统是国家元首，通过直接选举产生，不对自己的宣誓、许诺、行为和破坏俄联邦宪法、法律负责，即不能因此撤销其职务；只有在总统犯有叛国罪或者其他严重犯罪时才能罢免总统。总统是宪法、人和公民权利及自由的保障。他高于其他国家机关，因为他负责保证国家权力机关协调地行使职能并相互配合；根据宪法和联邦法律确定国家内外政策的基本方向；领导政策的实施。总统独立于俄联邦政府（除了政府总理，因为政府总理的任命需经国家杜马同意），在组成俄罗斯联邦最高法院、任免总检察长职务和国家其他高级官员方面享有强权。总统负责领导国家的防务，批准战略，是俄联邦武装力量的最高统帅，任命和解除俄罗斯联邦武装力量高级指挥官，宣布国家进入战争状态和紧急状态。就本来属于联邦法律的调整对象，但在该联邦法律出台前总统可以制定自己的规范性文件，调整相应的社会关系。

宪法规定联邦会议是俄联邦的议会形式，并强调上下两院平等的原则。议会的职权限于两项权能——代表人民和制定法律。下院——国家杜马是一个专职的常设机关,由450名议员组成。上院——联邦委员会按照每个俄联邦主体派出两名代表的原则组成。两院应当独立运行,宪法在联邦一级规定了一个很复杂的立法程序,要求两院共同参与立法过程,由俄联邦总统负责签署和公布法律。

政府行使执行权。政府负责:财政、统一的金融、信贷和货币政策;社会—文化政策;对联邦财产实行管理;在保证国防、国家安全、实现俄罗斯联邦对外政策方面采取措施;在确保法制、公民权利和自由、维护财产和社会秩序、同犯罪作斗争方面采取措施。政府负责联邦执行权机关的工作。

宪法中有很多规定涉及司法系统的构建及在司法领域对公民权利的保障。在第七章"司法权"中规定,审判权只能由法院行使。司法权通过宪法、民法、行政法和刑事诉讼法来实现。法院系统由俄罗斯联邦宪法和联邦宪法性法律来规定。凡年满25岁、受过高等法律教育、不少于5年法律职业工作经验的俄罗斯联邦公民均可能成为法官。宪法确立了法官独立、只服从宪法和联邦法律、法官终身制及不受侵犯的原则。

在法院系统,由19名法官组成的宪法法院居于首要地位。俄联邦最高法院是民事、刑事、行政和其他案件的最高审判机关,拥有一般司法审判权,而俄联邦最高仲裁法院是解决经济争端和仲裁法院所审理的其他案件的最高审判机关。

同样,这一章也含有关于俄联邦检察院的条款——俄罗斯联邦检察机关是统一的、下级检察长服从上级检察长和俄罗斯联邦总检察长的集中体系。但是宪法没有对检察院的任务和职能作出规定,仅宣布俄罗斯联邦检察机关的权限、组织与活动程序由联邦法律规定。

关于司法领域公民权利的保障,宪法没有在司法系统部分中阐述,而是在第二章与人和公民的其他基本权利和自由同时作出规定的。这也说明了为什么在公民基本权利中分出一组来保护公民的其他权利及合法利益,其中大部分法条正是要保证国家的公正和客观审判。

第五,宪法(第77条)规定,各联邦主体的国家权力机关体系,由俄罗斯联邦各主体,根据俄罗斯联邦宪法制度基础和联邦法律所规定的组织国家权力的代表机关和执行机关的一般原则而独立确定。

第六,宪法中有很多条款规定地方自治。俄罗斯联邦承认并保障地方自治。地方自治在其权限范围内是独立的。地方自治机关不列入国家权力机关系统(第12条)。这样,地方自治就成为俄罗斯联邦宪法制度的组成部分。在第八章"地方自治"中规定,地方自治保证人民自主决定地方性问题,自主管理、使用和处分市政财产。

第七,宪法以第二部分"最后的过渡条款"作为结尾,规定宪法自它根据全民投票结果而正式公布之日起生效。而1993年12月12日被确定为俄联邦宪法通过的日子。1978年通过、后来作过修改和补充的俄罗斯宪法同时失效。

在第二部分中明确指出宪法高于其他规范性文件。如果联邦条约、国家权力的联邦机关和俄联邦主体国家权力机关之间的其他条约,以及各主体权力机关之间的条约违背宪法时,以俄联邦宪法条款为准。宪法生效前在俄罗斯联邦境内实施的法律和其他法律文件,与俄罗斯联邦宪法无抵触的部分继续适用。宪法生效时正在运行的国家权力机关继续保留其职权。

参考文献

C.A.阿瓦基扬:《俄罗斯宪法:性质、发展和现代性》(第2版),莫斯科,2000年。

维特鲁克·恩·弗:《宪法的忠诚》,莫斯科,2008年。

维特鲁克·恩·弗:《1993年俄罗斯联邦宪法的社会法本质及其合法性》,《俄罗斯司法》2008年第2期。

《俄罗斯联邦宪法:理论与实践》,《纪念俄罗斯联邦宪法通过十五周年暨世界人权宣言通过六十周年学术会议论文集》,圣彼得堡,2008年11月13—14日,莫斯科,2009年。

克雷洛夫·布·斯、米哈列娃·恩·阿:《主权俄罗斯的新宪法》,莫斯科,1994年。

克·格·加格尼德泽:《俄罗斯宪法的不足及完善》,莫斯科,1998年。

第二节　俄罗斯联邦宪法的效力及其与其他规范性文件的关系

保障宪法的效力是一个非常重要的问题。但很遗憾,社会上流行的观点是:俄联邦宪法就是一部特殊的宣言。宪法的实际效力不取决于它自身,而是取决于对宪法规范作出具体规定的相应规范性文件的实施。

前面指出,宪法具有直接的效力(第15条)。其直接效力体现在以下几个方面:

首先,宪法规定俄罗斯现存(理想)的社会关系结构。从这一角度来看,宪法的条文是社会、国家、个人地位的基础。毫不夸张地说,如果在制定宪法的时候要求宪法适应既已形成的或正在形成的社会关系,那么紧接着也将要求社会关系符合宪法。在某一阶段也可能会出现新的社会关系思潮。但在新宪法产生之前,既存社会关系是否符合现行宪法的问题将一直存在。此时,直接效力规则并不针对宪法的每一个具体的规范,而是用来评价宪法对国家和社会生活的政治、经济和社会结构等方面产生的影响。

其次,宪法某些具体条款作为对个别体制、制度、特定社会关系的基础这样一种直接效力规则的实现绝不能脱离宪法。换言之,应当借助宪法的直接效力搭建一座由普遍性通向调整社会关系特殊性的桥梁。这样,在宪法的调整方面就能够奠定一般和特殊的基础,从而对宪法这部规范性法律文件——法律——的理解就是我们法律生活中自然而然的一部分。比如,宪法规定,联邦会议由两院——联邦委员会和国家杜马组成,就应当这样做。这就是直接的调整,是不容置疑并要在实践中贯彻实施的。

在1995年10月31日的俄联邦最高法院全体会议的决议《关于法院在审判过程中适用俄罗斯联邦宪法的若干问题》中明确指出,法院在审理案件时直接适用宪法,包括"宪法规范不需要补充解释的情况和已经颁布调整人和公民的权利、自由、义务的联邦法律、未明确规定适用宪法的情况"。

确实,在这个决议里最高法院为一般管辖法院确定了方向,即法院在具体案件中适用宪法规范,并判断所涉及的法律的合宪性。俄联邦宪法法院不同意这种做法,并于1998年对某些宪法条文作出解释时指出:如果法院认为某个法律违背了宪法,就应该中止诉讼程序请宪法法院作出裁决。只有后者才能最终决定该法律的命运。宪法规范涉及的领域很广泛。如果每个法院都有权决定其在审理案件时适用法律的合宪性,可能会出现各自为政的情形,甚至影响法治进程。

再次,宪法的直接效力与宪法的精神和含义这一范畴紧密相关。某种程度来说,这个范畴有着潜在的威胁,因为它必须依靠宪法的解释。就好像这样的一种不很恰当的表述:有多少个人,就会有多少个思想。而问题就在于宪法的精神和含义要么在它自己的条文中确定下来,要么由某些机关以解释的方式从它的条文和内容中引申出来,而这些机关或者负责在相应的文件中发展宪法规范,或者直接负责解释宪法。

宪法的直接效力要求制定为完整实现宪法条文所必须的规范性文件。而且,宪法的某些规范不能脱离这些规范而被适用。例如,要重新审议俄联邦宪法,假如说为此需要召集宪法会议的话,有关这方面的联邦宪法性法律至今还未获通过!

由于这些必要调整方式的欠缺,导致一部分人想直接适用宪法规范,而另一部分人则坚持不能适用宪法规范,结果就是在实践中出现矛盾。

宪法的效力还表现在坚决保障其相对于俄联邦主体宪法和章程的至上性。后两者应当以俄联邦宪法为依据,不能与之相违背。有些联邦主体,特别是共和国,在自己的基本法中,规定了一些与联邦宪法相违背并影响其直接效力的条款。近几年联邦中心要求各俄联邦主体的宪法和章程与联邦宪法相一致,而大部分联邦主体也这样做了。但同时不要忘记,俄联邦宪法(第72、73、76条)对俄罗斯联邦及其主体之间的管辖范围和权限进行的划分,联邦不能肆意干涉俄联邦主体的管辖事项。

从保障俄联邦宪法效力的角度来看,俄罗斯联邦及其主体之间的双边条约是值得重视的,对此前面也有论述。但遗憾的是,很多条约都违背了俄联邦宪法而对联邦和主体之间的权限进行了重新分配。个别联邦主体的领导人、政治家和学者也都倾向认为,条约高于宪法。那就会让人忍不住得出结论:俄联邦主体先通过自己的宪法,并在其中规定了某些违反联邦宪法的条款,然后再补上双边条约,仿佛该条约能够"原谅"双方这种明显违背国家联邦组织基础的行为。

但对于俄联邦宪法来说,双边条约的作用发生这样的转变原则上是不可能的。宪法中所规定的内容是具有直接效力的。在宪法第71条规定的专属联邦管辖的事项,是不可能通过双边条约,由联邦转移给联邦主体的,哪怕只是其中的一部分,同时宪法第72条规定的属于联邦和联邦主体共同管辖的事项,也不能通过双边条约转移给联邦主体。因此,只能根据宪法第72条就共同管辖事项内部的权限,以及第72条之外的共同管辖事项的权限协商进行重新分配。1999年的联邦法律《俄罗斯联邦国家权力机关与俄罗斯联邦主体国家权力机关之间管辖事项和权限划分的原则和程序法》就对调整联邦关系领域的法律文件的位阶作了明确规定:俄联邦宪法优先,然后是联邦法律,接下来才是条约,并且仅限于由联邦法律指明了内容和权限的条约。

2003年,针对俄罗斯联邦及其主体之间的双边条约所适用的基本规则由联邦法律《俄罗斯联邦主体国家权力的立法（代表）机关和执行机关组织法》加以规定，1999年的《俄罗斯联邦国家权力机关与俄罗斯联邦主体国家权力机关之间管辖事项和权限划分的原则和程序法》予以废止。条约依旧保持对宪法和联邦法律的附属地位，并且，还规定条约要经过联邦法律的批准。

另外，要说明的一点是，宪法针对国际法的效力问题。国际法中普遍承认的原则和规范以及俄罗斯联邦签订的国际条约，是俄联邦法律体系的组成部分。如果国际法中的某些规则与俄罗斯的法律不一致，则适用国际法规则。

但这一规定不适用于宪法。根据1995年的联邦法律《俄罗斯联邦国际条约法》，如果国际条约的内容需要修改宪法的某些规定，只能在对宪法进行相应修改或者按照特定程序进行重新审议后，以联邦法律的形式决定该国际条约在本国适用的必要性。

参考文献

С.А.阿瓦基扬：《俄罗斯宪法：性质、发展和现代性》，莫斯科，2000年。

С.А.阿瓦基扬：《俄罗斯联邦宪法：发展总结》，《宪法与市政法》2008年第23期。

С.А.阿瓦基扬：《俄罗斯联邦宪法：条文及效力》，《应急储备》2008年第5期。

加吉耶夫·格：《法院对宪法规范的直接适用》，《俄罗斯司法》1995年第12期。

格列措夫·尤·伊：《宪法具有直接效力吗？》，《俄罗斯法杂志》1998年第6期。

久卢米扬·弗·格：《俄罗斯联邦宪法的发展趋势》，法学副博士论文，圣彼得堡，2003年。

德米特里耶夫·尤·阿、姆哈切夫·伊·弗：《能否保障俄罗斯宪法的稳定？》，《宪法与市政法》1998年第1期。

耶尔绍夫·弗：《俄联邦宪法的直接适用——从俄联邦最高法院的会议决议到俄联邦宪法法院的决议》，《俄罗斯司法》1998年第9—10期。

耶尔绍夫·弗俄罗斯：《联邦宪法直接适用的理论与实践》，《俄罗斯审判》2007

年第7期。

卓尔金·弗·德:《21世纪的俄罗斯和宪法——伊里因卡的观点》,莫斯科,2007年。

兹拉热夫斯卡娅·特·德:《宪法领域立法的实现——理论与实践问题》,法学博士论文,萨拉托夫,2000年。

《宪法是社会变革的要素》,报告集,莫斯科,1999年。

科拉韦茨·伊·阿:《宪法直接效力原则的实现问题》,《俄罗斯法律杂志》2001年第3期。

卢基亚诺娃·耶·阿:《关于俄罗斯联邦宪法的几个问题》,《宪法和市政法》2007年第15期。

卢钦·弗·奥:《俄罗斯联邦宪法的实施问题》,莫斯科,2002年。

姆哈切夫·伊:《俄罗斯联邦宪法和国内政治改革稳定性的保障》,《法与生活》1998年第15期。

尔·博·耶斯基那主编:《俄罗斯宪法发展问题》,圣彼得堡,2002年。

里亚霍夫斯卡娅·特·伊:《俄罗斯联邦宪法的直接效力——一个重要的法律属性》,《巩固俄罗斯国家性质的法律问题》(第34辑),文章汇编,托姆斯克,2006年。

奇尔金·弗·耶:《宪法:俄罗斯模式》,莫斯科,2002年。

埃布泽耶夫·布·斯:《俄罗斯联邦宪法的直接效力(几种方法论研究)》,《法学》1996年第1期。

第三节　俄罗斯联邦宪法的重新审议和修改问题

在本部分第一章中我们谈及了宪法修改程序问题。在这里不再重复。只是想重申一点,宪法第九章的标题"宪法修改与宪法重新审议"及其内容给我们展示了修改宪法的不同方式:

对宪法第一章、第二章和第九章的修改和补充都是对现行宪法的重新审议,这意味着通过了一部新宪法。因为任何对第一章、第二章、第九章的修改,即使不会引起俄罗斯宪法政治体制的变动,也仍旧被视为试图对此进行变动。所以,对宪法的重新审议规定了比较复杂的程序,以尽量避免该程序的启动；

对宪法第三—八章的修改不会导致通过新宪法，因此被认为是对宪法现行文本的"修改"，尽管可能会出现变动较大的情况，但是修改之后依旧是1993年的宪法。所有修改都以俄罗斯联邦宪法修正法律的形式作出。

对俄联邦主体构成部分的修改以联邦宪法性法律的形式作出；

对俄联邦主体名称的修改由联邦主体自主进行，并以俄联邦总统令的方式加入俄联邦宪法中。

我们关注一下有权提出变动宪法议案的主体。根据宪法第134条规定："俄罗斯联邦总统、联邦委员会、国家杜马、俄罗斯联邦政府、俄罗斯联邦各主体立法（代表）机关，以及人数不少于1/5的联邦委员会委员或国家杜马议员，能够提出关于修改和重新审议俄罗斯联邦宪法条款的议案。"

与宪法第104条第1款规定的有权向国家杜马提出联邦法律草案的主体范围比较而言，宪法修改提出主体的范围要窄得多。比如，第104条第1款赋予联邦委员会委员和国家杜马议员立法动议权，而在修改俄联邦宪法时，都要受到名额限制。修宪动议权的主体还不包括宪法法院、最高法院、最高仲裁法院，虽然按照普通的立法程序他们有权"就自己管辖问题"向杜马提出法律草案。国家杜马本身没有提出联邦法律草案的权力，因为法律草案正是要提交给杜马；但它有修改和重新审议宪法的动议权，这既体现了该动议的重要性，也体现了修宪程序的复杂性。

一、俄罗斯联邦宪法的重新审议

宪法第135条规定了重新审议宪法的程序。在联邦宪法性法律《宪法会议法》中将更详细地对此予以规定，只是该法暂时还未获通过。关于成立宪法会议有很多方案。该法的一个草案在国家杜马审议的时候被否决了，另一个草案已经起草完成，只是还不能预测其是否可行。有关宪法会议的召集和工作问题还将继续审议。

根据第135条，重新审议俄联邦宪法的程序以及新宪法的通过程序（为了便于表述）可以分为以下几个阶段。

第一阶段：提出和讨论有关重新审议宪法的建议。普通的立法程序自法律草案提交给国家杜马之时启动。那么重新审议宪法的议案也应该是提交给国家杜马——为以防万一，《宪法会议法》草案应对此明确规定。提交的重新审议的议案应该是完整的文件。

首先由国家杜马对议案进行审议，如果全体议员的3/5赞成，则该议案移交给联邦委员会。联邦委员会也应当取得全体委员3/5的多数支持。只要一个议院未获通过，则接下来的程序都将终止。

第二阶段：召集宪法会议。宪法第135条规定：如果重新审议俄联邦宪法的议案得到联邦会议两院的支持，则召开宪法会议。

宪法会议在性质上是一个俄罗斯联邦国家权力的创设机关，其设立和活动方式或是确认现行宪法无需修改，或是制定、通过新宪法，或是将新宪法提交全民公决。

宪法会议或是确认俄罗斯联邦宪法不需修改，或是制定新的俄罗斯联邦宪法草案，草案由宪法会议成员总数2/3的票数予以通过或交付全民投票（第135条第3款）。

第135条并没有明确回答一个重要的问题。重新审议宪法的议案可能是非常具体的，涉及第一章、第二章、第九章的某些特定条款。如果宪法会议决定制定新宪法，就证明宪法会议对该议案表示赞同。那么该怎么解决其他此时已经准备好了的议案呢？制定者们是否应当约束自己仅采纳最初的动议，而不考虑其他的建议，或者综合所有的建议制定新的宪法文本？我们认为，既然这是一部新宪法，就应当将该历史时期的所有思想综合起来进行考量，但新宪法的理念还是应当在宪法会议上进行讨论并获得通过。

关于组建宪法会议的程序有几种建议。

(1)建议将联邦会议的两院——联邦委员会和国家杜马改组为宪法会议。当然,马上就出现了反对的声音——因为正是两院赞成重新审议宪法的议案,他们与这些议案的关系也许会很密切。但是,该建议的拥护者们声称:在两院审议议案是一码事,一般的工作是另外一码事。被两院通过的议案也可能被修正,此外,如前所述,宪法会议随着工作的展开要制定新的宪法草案,那么,联邦委员会委员和国家杜马议员将面临非常繁重的工作。这一组建方案未获支持。召开宪法会议不应当干扰联邦会议两院的基本工作,而且按照这一方案组建的宪法会议规模太大。

(2)出现在国家杜马中的第一份正式的,联邦宪法性法律宪法会议法草案,曾提出组建该机构的另一个比较复杂的方案:会议的一半成员为国家杜马议员和联邦委员会委员;另一半成员是来自各俄联邦主体的代表,由各自的立法权机关等额选举产生,并且代表的总数应该等于(或大致等于)联邦会议的总数。按照这一方案组建的宪法会议将非常庞大(达到1 300人)。由于建议中还提到,这一机构工作一年的话,外市的成员将一直居住在莫斯科的高档宾馆,还可以拿着联邦相关部门发的薪水,这样的开销太大了,草案已被国家杜马否决。

(3)有人建议从联邦各主体选举宪法会议的成员——每个主体选出两名。同时,一部分人支持由选民直接选举产生,另一部分人认为只要由各主体的立法权(代表)机关在开会时,按照不记名投票的方式产生即可。该建议也未获通过。首先,它没有让总统和其他联邦高级公职人员参与宪法会议的工作;其次,通过选举进入宪法会议工作的这些人未必能够胜任审议宪法的工作;最后,来自各地的代表在工作时可能更加注重考虑地方利益,而不是宪法调整层面上的全国利益。

(4)另有人建议:由各国家权力机关共同组建宪法会议——总统、联邦会议的两院、政府、高等联邦法院、各俄联邦主体(主体的立法权机关——以联邦主体的名义）都派出自己的代表（名额有限）组成宪法会议。

（5）综合了所有的想法和建议，联邦宪法性法律宪法会议法草案的第二稿又被提交至国家杜马。根据该草案，重新审议俄联邦宪法的提出者不仅可以针对宪法第一章、第二章和第九章提出自己的建议，也可以直接提出新的俄联邦宪法草案。也就是说，国家杜马议员和联邦委员会委员不仅能够看到上述章节的具体建议，还能够看到倡议者所构思的整部新宪法。

在这一法律草案中规定，宪法会议于联邦委员会通过赞成重新审议宪法第一章、第二章和第九章规定的决议后的第30天召开。联邦委员会在赞成决议中，直接确定宪法会议首次会议的日期、时间和地点，会期为6个月。在期限届满，或者通过决议确认不修改现行宪法，或者通过新宪法，或者提交宪法草案进行全民公决，以及宪法会议作出的与宪法草案有关的决议未获必要多数通过的情况下，宪法会议的权力终止。

该草案提出这样一个组建宪法会议的方法：第一小组——宪法会议的公职类成员：总统、联邦委员会委员（178人），宪法法院法官（19人），最高法院主席，最高仲裁法院主席（共200人）；第二小组——100名国家杜马议员，由国家杜马结合议员团体的情况任命，按照党派名单和单名制选区选举议员（其中含国家杜马主席）；第三小组——100人，由总统从具有高等法学教育文凭、在法学领域具备公认才能的俄罗斯公民当中任命。

该草案的优点在于其人员构成上都是高素质的，能够积极（尽快提交新宪法草案）并迅速（可以在短期内分设不同工作小组的方式）完成工作。但国家杜马仍然没有接受该草案，因为草案自提交时就存在一些无法解决的问题，而后又出现一些新问题。比如，草案中没有提到联邦执行权机关的代表能否参与宪法会议工作。宪法会议的组成人员中有联邦委员会委员，这是因为起草该文件的时候，俄联邦主体立法权首脑和执行权首脑,因为职务的关系都进入联邦委员会中,不论从俄联邦主体的代表性来看,还是从这些人员的工作能力来看,都是宪法会议中非常强有力的成员。之后联邦委员会再从各主体选派立法权和执行权代表的话,显然这部分人的影响要明显弱于前述人员。目前有人建议让俄联邦主体的立法权和执行权首脑都回归联邦委员会,但俄联邦总统还想保留俄联邦主体执行权首脑在宪法会议中,这样就能够组建强大的"总统团队",能够预先决定很多问题。国家杜马议员的选举程序也变了,现在不是按照选区来选议员,而是根据党派名单选出的,杜马中只有党团,没有议员小组。就算宪法会议的组成人员只保留职业法律人,那这100人如何产生呢?如何保证这部分人是经过成功筛选的?

这段文字的作者是想(参看参考文献目录中2005年的文章)把宪法会议打造成一个非常紧密的团队——上限300人,分成三组。第一组来自联邦国家机关(俄联邦总统、联邦委员会代表、国家杜马代表、政府代表、高等联邦法院代表及其他联邦机关代表)。第二组来自各俄罗斯联邦主体(每个主体选派两名代表,经立法会选举产生,并且不能同时担任联邦委员会委员和国家杜马议员)。两组人的总和大约为250—260人。第三组为俄罗斯著名的法学专家,人数取决于宪法会议成员的总数不超过300人,因此大概有40—50人,由俄罗斯联邦总统任命。宪法会议的工作期限不超过6个月。

总之,宪法会议的组成问题还没有彻底解决,需要继续探讨。

第三阶段:宪法会议的工作制度。可以这样安排其工作流程:

在宪法会议的首次大会上通过章程,选举产生主席和副主席(当然,法律也可以明确规定某人基于其担任的职务直接担当主席)。

接下来宪法会议听取和讨论重新审议宪法第一、二、九章议案提出者代表的报告,报告中应充分论证其重新审议的建议和新宪法草案中的相关规定。此后宪法会议尽快审议是否确认宪法不必修改的问题。决议以宪法会议全体成员半数以上通过。如果不必修改宪法的决议被通过，则宪法会议的任务即告完成，从而终止其权限。宪法会议法草案的第二个方案的起草者们建议，在这种情况下会议还可以就是否赞成重新审议宪法第一、二、九章的规定进行投票表决。但是宪法第135条第3款已经明确规定，宪法会议"或是确认俄罗斯联邦宪法不需修改，或是制定新的俄罗斯联邦宪法草案"。也就是说，如果已经确认现行宪法不需修改，再对是否赞成重新审议宪法第一、二、九章进行单独投票也就不需要了。因为会议已经解决了最主要的问题，即它认为不要触动现行宪法。

如果确认现行宪法不需要修改的决议未获通过，宪法会议就要进行第二项工作——制定新宪法草案。这时候就要继续讨论重新审议宪法第一、二、九章规定议案提出者的建议，并审议由他们提交的宪法草案；然后就该草案的通过问题进行投票表决。如果草案以多数票获得通过，宪法会议就要组建工作机构（比如工作室、工作小组），负责在一定期限内修改草案（需要说明一点，宪法第135条既没有规定议案提出者可以提出自己的新宪法草案，也没有规定宪法会议可以对其进行讨论，但提出这样的草案还是符合逻辑的）。

如果提案者的草案未获通过，那么宪法会议应当就决议制定新宪法草案进行表决。如果该决议也未获通过，则宪法会议的工作终止（结束）。如果宪法会议决定制定新宪法草案，那么，就将这项工作委托给其工作机构。

由宪法会议工作机构制定（或补充修改）的新宪法草案需要在宪法会议大会上讨论，并以全体成员过半数通过。宪法会议还可以组建编辑委员会或者其他工作机构研究修改草案。通过后的新宪法草案文本予以公布。

联邦宪法性法律宪法会议法可以规定讨论宪法草案的程序以及享有草案修改建议权的机关和人员的范围。最理想的结果是，将通过后的宪法草案提交全民讨论。

然后，再将新宪法草案和修改意见提交宪法会议审议。审议必须在大会上进行。如果宪法会议全体成员过半数表决赞成修改意见，则该修改意见视为通过。由宪法会议的工作机构将修改意见汇总，形成宪法草案的最终版本。

草案再次提交宪法会议进行审议，这也是最后一项工作。俄联邦宪法第135条第3款规定，新宪法草案"由宪法会议成员总数2/3的票数予以通过或交由全民公决"。

这条规定包含两个方案：

（1）决议通过新宪法；

（2）决议赞成新宪法并将其提交全民公决。

不管是哪个决议，都需要宪法会议成员总数2/3的票数予以通过。该表决采用不记名选票的方式。

如果两个决议都没有以宪法会议成员总数2/3的票数通过，则视为对现行宪法的肯定，宪法会议的权限终止。

第四阶段：就新宪法决定举行全民公决。这一过程不是必须的，因为宪法会议本身可以通过新宪法。但如果宪法会议决定将宪法提交全民公决，就应当提请总统发起全民公决。2004年的联邦宪法性法律全民公决法已经生效了。总统向俄联邦宪法法院申请并送达一切相关文件。在收到法院对相应申请和必要程序的遵守所作的合宪性决议后，总统决定就宪法草案举行全民公决。

此时宪法会议与全民公决的举行无关。俄联邦中央选举委员会作为俄联邦全民公决中央委员会负责相关事宜。

第五阶段：宪法会议召开总结大会对全民公决的结果进行总结并宣布通过俄联邦新宪法。在会上全民公决中央委员会就全民公决的结果向宪法会议作报告。会议作出以下决议：公告这一消息；确认全民公决通过宪法并使其自特定日期生效（生效日期可以在宪法会议法中规定，或者将宪法会议的总结大会日期作为生效日期）。在这种情况下，宪法会议并没有通过宪法，而是宣布宪法，是对全民公决结果的可靠性予以确认。如果全民公决的结果在俄联邦最高法院受到质疑,在该结果的真实性和可靠性被证实以前不得召开总结大会。

二、对俄罗斯联邦宪法第三—八章的修改

根据宪法第136条,这部分修改应按照为通过联邦宪法性法律而规定的程序予以通过(宪法第108条规定,联邦宪法性法律由不少于联邦委员会成员总数3/4和不少于国家杜马议员总数2/3的多数赞成即为通过)。但这也有缺陷:通过的修正案在不少于2/3的俄罗斯联邦各主体立法权力机关批准之后生效。

1995年10月31日宪法法院就解释宪法第136条发布了一项决议,指出对宪法第三至八章的修改以特别法律文件——俄联邦宪法修改法的形式通过。涉及通过修改法案的一般规则由1998年的联邦法律《俄罗斯联邦宪法修改议案的通过和生效程序法》予以规定。

该联邦法律中的修改宪法是指对俄联邦宪法第三至八章文本的变动:对宪法上述几章的某一规定进行删除、补充、变换表述。有两条规定非常重要:宪法文本中互相关联的变动包含在一部宪法修改法中(第2条第2项);俄联邦宪法修改法以该次修改的本质来命名(第3条第2项)。

何谓"互相关联的变动"?应当理解为宪法第三至八章中某一章条款的规定与其他章条款的规定都针对同一个问题。例如,要从宪法第109条(宪法第五章)中删除总统解散国家杜马的规定,就要对第84条(第四章)和第111条、第117条(第六章)的规定作出修改,因为这几条也规定了总统解散国家杜马的权力。

因此,一个修改通常不仅仅是对宪法一个条文的修改,更不是对条文的某款进行修改。这完全可能。1998年的联邦法律规范是从广义上来理解的:修改就是就某一特定的新现象对宪法第三至八章文本进行的

全面更正。

从该联邦法律的规定来看,如果对宪法第三至八章的某些条款进行修改,而这些条款并不具备"互相关联"的特征,就不能将这些修改置于一个规范性文件中。同时,统一修改第三至八章的做法也不可能存在;而且,这也不公正。因为,如果修改不同的问题,那么每一部修改法程序都非常复杂,需要耗费大量时间。

1998年的联邦法律所规定的,修改法以"该次修改的本质"来命名,并不十分清楚。它指的是具体意义上的本质还是受到一定形式特征的限制?假如还以前面提到的总统解散杜马权力举例,是命名为《宪法中总统有权解散国家杜马相关条款之修改法》?还是命名为《宪法条款修改法》(后面再附上条款明细)?

第一种方法对于表述修改法的名称比较困难;第二种方法会导致修改法的名称里充斥着所涉及修改的条文编号。在这里,我们如果采用其他国家普遍采取的立法技术可能会更简单一些:宪法第一修正案、第二修正案,等等。当然,这样就不能在名称中反映1998年联邦法律所要达到的"修改的本质"(但这样做倒是可以将修改的对象统一化),但至少不用经常费神为修改法命名。

1998年的联邦法律规定,修改宪法的议案由宪法第134条规定的提案权主体以俄联邦宪法修改法草案的形式向国家杜马提出,内容就是针对宪法第三至八章的某项规定进行删除、补充或作出新的表述。

修改宪法的提案或者含有新条款(条文的某款或者某项)的文本,或者对条文(条文的某款或者某项)进行重新表述,或者从宪法中删除某个条文(条文的某款或者某项)。如果此项修改的进行还必须对宪法第三至八章的其他条款进行变动,那么修宪提案中也应当包含基于某种联系而必须修改或补充的条款的新文稿,或者附带提案修改该条款。

如果某章、某条、条文的某款或者某项以修改宪法的方式被删除,被删除的文本应该用"已被俄罗斯联邦宪法修正法删除"取代,并标明俄联邦宪法修改法的名称。此时，被删除章的名称和序号、被删除条文的序号、被删除款的序号以及被删除项的标记字母都要保留。

在提交宪法修改法草案的同时，还要提供通过该修改的必要论证，以及通过该修改所必须要撤销、改变、补充或者通过的俄联邦法律、联邦宪法性法律和联邦法律的清单。

对宪法修改法草案的审议按照一般立法程序进行，即首先在国家杜马进行，经过三读程序。如果国家杜马全体议员2/3以上多数赞成，则视为该宪法修改法草案被国家杜马通过。

国家杜马通过的宪法修改法草案应当提交联邦委员会进行审议。联邦委员会全体委员3/4多数赞成，即视为通过。如果联邦委员会否决，则联邦委员会有权向国家杜马建议成立协商委员会。

联邦委员会自其通过该宪法修改法之日起5日内，对该法文本及国家杜马和联邦委员会的通过日期进行公布，以便公众知晓。

如前所述，根据宪法第136条，对宪法第三至八章的修改还应当经过俄罗斯联邦主体立法（代表）权力机关批准。1998年的联邦法律规定，自联邦委员会通过该宪法修改法之日起5日内，联邦委员会主席将该法文本发送至各俄联邦主体的立法（代表）机关以供审议。

根据1998年的联邦法律第9条，俄联邦主体的立法（代表）机关按照其单独设定的程序进行审议，期限为自该法被联邦委员会通过之日后的1年。

假设某立法（代表）机关既没有以"赞成"票通过决议，也没有以"反对"票通过决议——两种票数相等或者通过决议的时候没有达到法定人数，那么该主体不能算作赞成该俄联邦宪法修改法草案的支持方。因为宪法第136条规定，只有在不少于2/3的俄罗斯联邦各主体立法权力机关批准之后生效，至于其他主体是反对修改，还是不能通过决议就不那么重要了（当然，最后一种方案还是少发生为妙，最好是鲜明一点儿，要么赞成，要么反对）。

1998年的联邦法律明确规定了俄联邦主体立法（代表）机关经讨论宪法修改法后通过的文件形式，即关于俄联邦宪法修改法的决议。自俄联邦主体立法（代表）机关通过该决议之日起14日内发送至联邦委员会。联邦委员会对各主体立法（代表）机关就俄联邦宪法修改法审议的相关数据进行统计。

各联邦主体的立法（代表）就俄联邦宪法修改法的审议期限截止后，联邦委员会在其首次例会上确定审议结果。

自联邦委员会通过有关该结果确定的决议之日起7日内，俄联邦总统、各主体的立法（代表）机关有权向俄联邦最高法院提出异议，后者按照俄联邦民事诉讼法的规定审理争议。向最高法院提交申请的人应尽快将此事告知联邦委员会和总统。如果出现向最高法院提出异议的情况，在最高法院作出生效判决前，联邦委员会主席不得将俄联邦宪法修改法提交给总统签署和公布。如果最高法院判决要求重新审议联邦委员会作出的关于各联邦主体立法（代表）机关审议宪法修改法结果的决议，则联邦委员会在下一次开会时应当重新审议这一问题。

自联邦委员会确定各主体立法（代表）机关的审议结果之日起7日内，联邦委员会主席将该法提交给总统签署并公布。总统自收到该法之日起14日内签署并公布。公布时说明该法律的名称、国家杜马和联邦委员会通过的日期、联邦主体立法（代表）机关通过的日期、总统签署的日期以及登记号。

根据1998年联邦法律第13条，如果俄联邦宪法修改法中没有另行规定生效日期，则该法自公布之日起生效。第14条规定，对已经通过的修改由总统添加到宪法文本中。总统自宪法修改法生效之日起一个月内公布修改后的宪法，并说明相应修改生效的日期。

我们再来关注一下1998年联邦法律最后的规定：如果宪法修改法没有获得2/3多数的俄联邦主体立法（代表）机关通过，只能自审议结果确定之日起一年后，再次向国家杜马提交该修改提案。

前面已经提到,2008年12月30日通过了两部俄罗斯联邦法律修改俄罗斯联邦宪法:一部是俄联邦《改变俄罗斯联邦总统和国家杜马任期宪法修改法》——将俄联邦总统的任期由4年改为6年,国家杜马的任期由4年改为5年;另一部是俄联邦《国家杜马对俄罗斯联邦政府的监督权宪法修改法》——增加了一个规则,即国家杜马听取俄罗斯联邦政府的年度工作报告,其中包括就国家杜马提出的问题而作的报告。

看一下这两部法律的文本就能够发现,1998年联邦法律中提到的有关俄联邦宪法修改法通过和生效程序的规定都付诸实施了。比如,每个文件都称为"修改",调整对象都是针对宪法各章中相关联的同一问题。总统任期的修改是在第四章,而国家杜马任期的修改是在第五章。要确定国家杜马听取政府报告的职权就要修改两章的规定,一个是宪法第五章第103条关于杜马职权的规定,另一个是宪法第六章第114条关于政府提交相应报告的义务的规定。

前文已经指出,俄联邦主体的立法会仅花费较短时间来讨论宪法修改问题——大约3个星期,联邦元首想达到这一目的的话,各主体也能够遵守。但在上述法律颁布后仍然存在的一个问题是:为什么要规定一年的期限?为此要再一次重申:1998年联邦法律第9条规定,俄联邦主体的立法机关应当自宪法修改法通过之日起一年内进行审议。或许,我们可以这样认为,一年的期限不是强制的,如果各主体都很早表明自己的立场,也可能会有2/3的拥护者。但情况是,如果有2/3的立法会议提早表示赞成,还仍然要等待其他主体的立法会议如何表态,这就需要对1998年联邦法律的相应条款进行修改。

三、对俄罗斯联邦宪法第65条规定
俄罗斯联邦主体构成的修改

根据宪法第137条第1款,这种修改应根据关于新主体加入俄罗斯

联邦和组合成为俄罗斯联邦新主体、关于变动俄罗斯联邦主体宪法法律地位的联邦宪法性法律来进行。正如读者所见，有一部2001年的联邦宪法性法律，称为《加入俄罗斯联邦和组合俄罗斯联邦新主体程序法》。在俄罗斯联邦体制一章我们会对该法律文件进行详细论述。这里要谈的是，这部宪法性法律仅调整新主体加入俄罗斯联邦的程序和组合俄罗斯联邦新主体的程序。根据2001年的法律，加入是指外国或者外国领土的一部分作为新主体纳入俄罗斯联邦的构成中来；而组合是指通过两个或两个以上相邻（有共同的边界线）主体的联合而形成新的主体。

2001年的联邦宪法性法律没有对宪法第137条第1款和第66条第5款中提到的俄联邦主体宪法法律地位的变动作出相应规定。当然，新主体的组合——这也是相联合（经联合后某些主体自然被撤销）的主体地位变动的一种方式。但是，主体地位变动问题并不限于此。一个主体的撤销可以将其划入另一主体，成为其辖区的一部分；可以通过保留其主体地位而将其划入另一主体（目前的9个自治区就采取这个方法）；从现有的一个主体中划出一部分辖区成立新主体；从相邻的主体中划出部分辖区成立新主体；以现有的主体为基础，同靠近俄罗斯的外国领土相结合组成新主体；变更主体的形式；等等。解决上述问题就需要通过一部联邦宪法性法律来专门调整变动俄联邦主体宪法法律地位的问题。

四、变动俄罗斯联邦主体的名称而引起俄罗斯联邦宪法的修改

宪法第137条第2款规定：在共和国、边疆区、州、联邦直辖市、自治州、自治区名称变动的情况下，俄罗斯联邦主体的新名称应列入俄罗斯联邦宪法第65条。根据俄联邦宪法法院于1995年11月28日就宪法第137条第2款进行解释作出的决议，各主体有权自主决定是否改变其名称。各主体按照特定程序作出修改名称的决议后，以俄联邦总统令的形

式将新名称收录到宪法第65条的文本中。发生争议时（如，新名称违反联邦或其他主体的利益、改变联邦构成和某些主体的宪法法律地位、侵犯公民的权利和自由及外国利益等），由总统进行协商；协商不成的，总统可以转交给相应法院进行审理。

在过去的一段时期内，总统多次发布命令在宪法第65条收录俄联邦主体的新名称：

1996年1月9日：印古什吉雅共和国和北奥赛梯—阿拉尼亚共和国分别被印古什共和国和北奥赛梯共和国的名称取代；

1996年2月10日：卡尔梅克共和国被卡尔梅克—哈尔姆格·唐格奇共和国的名称取代；

2001年6月9日：楚瓦什共和国—楚瓦什亚被楚瓦什共和国—恰瓦什共和国的名称取代；

2003年7月25日：汉特曼西自治区—尤格拉被汉特曼西自治区的名称取代。

参考文献

C.A.阿瓦基扬：《不要修宪，而要换宪》，《今日俄罗斯联邦》1999年第5期。

C.A.阿瓦基扬：《俄罗斯宪法：性质、发展和现代性》，莫斯科，2000年。

C.A.阿瓦基扬：《俄罗斯联邦主体地位的修正：问题与解决路径》，《莫斯科大学学报（法学版）》2003年第2期。

C.A.阿瓦基扬：《宪法作为时代的象征》，《宪法作为时代的象征》，莫斯科，2004年。

C.A.阿瓦基扬：《宪法会议：联邦宪法性法律的概念及草案》，《莫斯科大学学报（法学版）》2005年第2期。

阿弗杰耶恩科娃·姆：《俄罗斯的宪法会议应确立为什么模式？》，《法与生活》2001年第33期。

巴雷特尼科夫·弗·弗、伊万诺夫·弗·弗：《宪法现代化问题研究》，《宪法与市政法》2000年第2期。

别尔金·阿·阿:《宪法的重新审议（理论问题）》,《法学》1995年第1期。

格拉兹科娃·尔:《修正宪法——外来的产物》,《今日俄罗斯联邦》2000年第7期。

耶斯基耶那·尔·布:《俄罗斯的宪法改革：危机抑或必经的阶段》,《法学》2001年第2期。

津金·斯如:《何修改宪法》,《俄罗斯联邦》1996年第21期。

津金·斯:《杜马与总统：就宪法修改问题的争议》,《俄罗斯联邦》1997年第8期。

津金·斯·阿:《如何修改宪法：宪法的重新审议及宪法的修改》,《代议权：监督、分析、报道》1996年第8期。

克里莫夫·阿·德:《宪法改革与国家建设问题》,莫斯科,2000年。

基列耶夫·弗·弗:《俄罗斯联邦的宪法改革》,莫斯科,2006年。

基列耶夫·弗·弗:《俄罗斯联邦宪法改革的理论问题》,车里雅宾斯克,2008年。

拉帕耶娃·弗·弗:《俄罗斯联邦宪法完善的路径及方法》,《俄罗斯联邦的宪法改革》,论文集,莫斯科,2000年。

卢基亚诺夫·阿·伊:《我们需要新宪法》,《国家与法》1999年第12期。

卢基亚诺夫·阿·伊:《有关宪法的思考》,C.A.阿瓦基扬主编:《宪法作为时代的象征》,莫斯科,2004年。

梅杜舍夫斯基·阿:《比较发展中宪法改革的俄罗斯模式——宪法》,《东欧观察》2003年第2期。

米秋科夫·姆·阿:《改革——俄罗斯联邦宪法发展的可行方案》,C.A.阿瓦基扬主编:《宪法作为时代的象征》,莫斯科,2004年。

姆哈切夫·伊:《提高宪法的刚性能够成为其稳定性的保障吗？》,《法与生活》1998年第13期。

尼基季娜·耶·耶:《如何修改宪法？》,《俄罗斯法杂志》1997年第9期。

佩尔申·耶·弗:《讨论通过联邦宪法性法律〈宪法会议法〉的历史与现状与国家建设问题》,《俄罗斯联邦联邦会议联邦委员会分析公报》2002年第12期。

《宪法的"修正"：对基本法进行修改的行政"逻辑"》,《法学札记》（第22辑）,学术论文集。

尤·恩·斯塔里洛夫主编:《俄罗斯的民主与法律体系：优势、成就及分歧》,沃罗涅日,2009年。

舍尼斯·弗:《我们的宪法应该修改什么及不应该修改什么》,《独立报》1998年10月13日。

舍尼斯·弗:《宪法与生命——何时、如何修改国家的基本法以及应该修改的内容是什么》,《独立报》1999年1月27日。

希什基娜·奥·耶:《俄罗斯联邦的宪法会议是创设权力机关》,法学副博士论文,符拉迪沃斯托克,2004年。

尤金·尤:《修改俄联邦宪法的立法程序》,《东欧观察》1996年第3、4期。

第四节　新俄罗斯联邦宪法的通过方式

宪法没有解答这一问题:即是否可以起草新宪法并提交全民公决?是否可以通过同样的方式、以更复杂的重新审议的程序"推翻"现行宪法?

根据1995年的联邦宪法性法律《俄罗斯全民公决法》的规定,全民公决即俄罗斯联邦公民就法律草案、现行法律及其他具有国家意义的问题进行全民投票表决(第1条)。显然,新宪法草案也是法律草案的一种。看起来也可以将其提交全民公决。但是在第3条又规定,当宪法会议通过决议将新宪法草案提交全民公决时,才将是否通过俄联邦新宪法的问题按照既定程序提交至全民公决。

2004年联邦宪法性法律《俄罗斯联邦全民公决法》并没有保留之前对全民公决的界定,我们现在读到的第1条是这样写的:全民公决即"就具有国家意义的问题"进行全民投票表决。按照该法第6条的规定,我们可以得出结论,即只有宪法会议才能将新宪法草案提交全民公决。规范性文件的草案以及影响俄罗斯联邦国际法地位的问题,由相应国家机关提交全民公决。至于上面没有提到的其他具有国家意义的问题,该法规定,由其他主体提交全民公决,即收集不少于200万公民的签名。

因此,2004年的联邦宪法性法律,对公民就通过新宪法问题建议全民公决的权利做出了限制。这合法吗?我们认为,用一种方式通过新宪法并不能排除另外一种方法存在的可能。如果以重新审议现行宪法的程序通过新宪法,就是对宪法的改革,那么就应当适用宪法第135条规定的程序(对此我们已经详细论述过了)。但如果通过新宪法的问题,可以通过独立的方式解决,那么在草案制定出来后,完全可以收集200万个支持提交全民公决的公民签名、举行全民公决并以此通过新宪法。只有对全民公决的特征作出这样的解释,才符合宪法第3条规定的、作为俄罗斯宪法基础的人民主权原则。

参考文献

阿布罗西莫娃·耶·布:《基本法的通过和修改:源自宪法程序的国际经验》,《宪法公报》1991年第8期。

С.А.阿瓦基扬:《俄罗斯宪法:性质、发展和现代性》,莫斯科,2000年。

阿列克谢耶夫·阿·斯:《西欧君主制国家宪法的产生》,圣彼得堡,1914年。

博尔若·什:《宪法的确立和重新审议》(第1卷),莫斯科,1905年。

布罗姆赫德·普:《不列颠宪法的发展》,莫斯科,1978年。

《现代资本主义宪法——基本发展趋势》,莫斯科,1983年。

加切克·尤:《以比较法为基础研究一般国家法》(第2部分),《现代民主法》,里加,1912年。

达恩·弗·伊:《全民立宪会议》,圣彼得堡,1906年。

德米特里耶夫·尤·阿、科马洛娃·弗·弗:《人民主权制度下的全民公决》,莫斯科,1995年。

久吉·尔:《宪法》,莫斯科,1908年。

耶列宁·恩·弗:《立宪会议:政治法律属性》,法学副博士论文,莫斯科,1998年。

耶利涅科·格:《现代国家法》(第1卷),圣彼得堡,1903年。

《如何通过宪法?》,《人民代表》1993年第9期。

基洛夫·弗·茨:《保加利亚共和国:1990年的立宪会议》,《苏联国家与法》1991年第9期。

科科什金·夫·夫:《立宪会议》,彼得格勒,1917年。

蓬托维奇·埃·埃:《立宪会议》,彼得格勒,1917年。

蓬托维奇·埃·埃:《宪法的发展和立宪权》,彼得格勒,1918年。

波波夫·格·赫:《俄罗斯宪法政治历程中存在的问题——为什么要由立宪会

议通过俄罗斯宪法》,《独立报》1993年1月26日。

拉日捷斯特文斯基·阿:《立宪会议理论的经验》,莫斯科,1917年。

罗津塔尔·普:《立宪会议的存在与消亡》,彼得格勒,1918年。

鲁米扬采夫·奥:《宪法会议——迈向公正》,《独立报》1994年12月9日。

西耶斯:《第三等级是什么》,圣彼得堡,1906年。

斯克里皮列夫·耶·阿:《全俄立宪会议》,《历史—法律研究》,列宁格勒,1982年。

索科洛夫·弗:《谁可以通过新宪法》,《人民代表》1993年第12期。

索罗维耶夫·克:《危机不解除,立宪会议就一直进行着危险的游戏》,《独立报》1993年1月14日。

托克维尔·阿·德:《论美国的民主》,莫斯科,1992年。

沙布林斯基·伊·格:《俄罗斯的宪法改革和分权原则》,法学副博士论文,莫斯科,1997年。

《俄罗斯宪法(第2卷)》目录

第三编　俄罗斯宪法制度基础

第八章　宪法制度的概念

　　基本概述　宪法制度、社会结构、社会制度、国体　宪法制度的基本特征

第九章　人民权力(人民主权)作为俄罗斯宪法体制的基础

　　总体特点　国家权力　社会权力　地方自治权力　人民主权和国家主权、民族主权

第十章　俄罗斯国家——全体人民的组织、宪法制度的基础

　　民主国家　联邦主权国家　法治国家　共和政体　分权原则　福利国家　世俗国家

第十一章　俄罗斯联邦宪法制度中的直接民主制和代议民主制

　　直接民主的概念和制度　直接民主制中的全民公决　作为直接民主制的选举　召回代表和当选的公职人员　民意测验(咨询性公决)　全民讨论　听证会　公民对社会问题的集体诉求(请愿)　人民的立法倡议　选民委托　居住地的公民大会　代议民主的概念及制度

第十二章　俄罗斯宪法制度中的公民社会制度

　　公民社会问题是宪法制度的组成部分　俄罗斯宪法制度中的意识形态多样性和政治多元化　俄罗斯联邦的社会院　社会团体地位的宪法基础　宪法调整政党地位的特点　作为公民社会成员的公民个人——社会和职业联系的制度化

第十三章　宪法对俄罗斯联邦经济活动原则和财产形式的规定

　　宪法规定的俄罗斯联邦多种所有制形式　俄罗斯联邦经济活动的宪法基础

第四编　俄罗斯联邦个人的宪法地位

第十四章　俄罗斯联邦人和公民宪法地位的基础与原则

　　现有的规定　俄罗斯联邦人和公民的宪法地位之原则

第十五章　俄罗斯联邦国籍

　　一般原则　俄罗斯国籍的取得：总则、新旧规定、进程　根据出生取得俄罗斯联邦国籍　加入俄罗斯联邦国籍的普通程序　加入俄罗斯联邦国籍的简易程序　俄罗斯联邦国籍的恢复　驳回加入国籍申请和恢复

俄罗斯联邦国籍申请的理由　俄罗斯联邦边界改变时国籍的选择（选择国籍）　俄罗斯联邦国籍的终止　有关国籍问题决定的撤销　国籍、婚姻、子女　俄罗斯联邦国籍事务的有权管辖机构　关于国籍问题的决定：形式、期限和日期、执行、申诉

第十六章　俄罗斯联邦公民的基本权利、自由与义务

综述　基本的个人权利与自由　基本的政治权利和自由　基本的经济、社会和文化权利　保护公民其他权利和自由的基本权利　公民的基本义务　对权利、自由和义务进行限制的问题　公民的基本权利与自由实现及义务履行的保障和保护

第十七章　对国内外因冲突受害的俄罗斯联邦公民，以及在国外的俄罗斯同胞政策的宪法基础

被迫移民　国外的俄罗斯同胞

第十八章　俄罗斯联邦外国公民和无国籍人地位的宪法基础

俄罗斯联邦外国公民和无国籍人地位的一般原则　俄罗斯联邦部分外国人状况的特点

《俄罗斯宪法（第3卷）》目录

第五编　俄罗斯联邦国家结构

第十九章　国家结构的一般特征

国家结构的概念　国家结构形式的特点　同国家结构有关的中央集权和中央分权问题　联盟　国家主权问题

第二十章　俄罗斯国家结构简史

革命前（俄罗斯帝国）　对19—20世纪初俄罗斯国家结构形式的一些看法　俄罗斯苏维埃联邦社会主义共和国的建立　苏联的创建和发展及苏俄在苏联中的地位　1989—1993年的改革

第二十一章　现代条件下俄罗斯联邦的宪法地位

概述　联邦结构的原则　作为联邦制国家的俄罗斯联邦的主要特征　俄罗斯联邦各主体的地位　俄罗斯联邦的自治问题　俄罗斯联邦和联邦各主体的管辖范围　俄罗斯联邦和其各主体相互作用的形式　俄罗斯联邦各主体的地方行政结构　俄罗斯联邦民族和区域政策的宪法法律基础

第六编　俄罗斯联邦选举制度

第二十二章　俄罗斯联邦选举制度的概念、规范性法律基础和原则

  基本概念和规范性法律基础　选举制度的原则
 第二十三章　选举的举行
  选举的确定　选区　投票点　选民名单　选举委员会　候选人及候选人名单的提出　候选人及候选人名单的登记　候选人的保障及限制　选举资讯和竞选宣传　投票　计票、确定投票结果和选举结果　第二轮投票、重新选举、补选　保障合法选举

第七编　俄罗斯联邦总统

 第二十四章　俄罗斯联邦总统职位的确立
  总统职位确立的原因　总统职位确立后俄罗斯苏维埃联邦社会主义共和国总统的地位　1991—1993年的俄罗斯联邦总统　俄罗斯联邦副总统
 第二十五章　1993年宪法规定的俄罗斯联邦总统
  地位基础　俄罗斯联邦总统的职权　俄罗斯联邦总统文件　俄罗斯联邦总统职权的不可侵犯性及其终止　俄罗斯联邦总统下设机关和俄罗斯联邦总统办公厅

《俄罗斯宪法（第4卷）》目录

第八编　联邦会议——俄罗斯的议会

 第二十六章　通往现代议会之路及俄罗斯人民代表制形成的特点
  议会在国家机关体系中的地位　常务原则　代议机关的属性和职能问题　议会两院的内部机构、设立程序和相互关系问题
 第二十七章　俄罗斯联邦联邦会议议院的职权和权力行使程序
  联邦委员会职权　国家杜马的职权
 第二十八章　联邦会议两院内部结构和工作组织
  联邦委员会　国家杜马
 第二十九章　联邦会议的立法程序
  俄罗斯联邦法律类型和立法程序的概念　立法过程的主要阶段
 第三十章　联邦委员会成员和国家杜马议员的宪法法律地位
  宪法法律地位的一般原则　联邦委员会成员和国家杜马议员的主要权力和活动保障

第九编　联邦执行权力机构组织与活动的宪法原则

 第三十一章　俄罗斯联邦国家权力执行机构体系的一般特征
  概念问题　联邦执行权力机构的体系

第三十二章　俄罗斯联邦政府

　　俄罗斯联邦政府地位的宪法法律基础与其在国家权力机构体系中的地位　俄罗斯联邦政府的组成及其形成方式　俄罗斯联邦政府的职能和行为　俄罗斯联邦政府的活动组织　俄罗斯联邦政府活动的保障

第十编　俄罗斯联邦司法权与检察长地位的宪法基础

第三十三章　俄罗斯联邦司法权的宪法基础

　　司法权的宪法法律性质与实质　俄罗斯联邦法院体系的宪法法律基础　俄罗斯联邦诉讼的宪法基本原则与类型　俄罗斯联邦法官地位的基础

第三十四章　俄罗斯联邦检察机关地位的宪法基础

　　检察机关与检察监督的宪法法律本质和意义　检察机关的体系

第十一编　俄罗斯联邦宪法法院

第三十五章　俄罗斯宪法监督的本质及其建立的特点

　　推行宪法监督制度之路　苏联宪法监察委员会　俄罗斯苏维埃联邦社会主义共和国宪法法院的建立

第三十六章　俄罗斯联邦宪法法院

　　俄罗斯联邦宪法法院活动的规范性法律基础　俄罗斯联邦宪法法院权限及其实现问题　俄罗斯联邦宪法法院法官职务的任命程序和地位　俄罗斯联邦宪法法院活动的组织和结构　俄罗斯联邦宪法法院的一般诉讼规则　俄罗斯联邦宪法法院的判决：形式、通过、法律效力

第十二编　俄罗斯联邦主体的国家权力机关

第三十七章　俄罗斯联邦主体国家权力机关体系的建立

　　俄罗斯地方权力机关体系形成简史　俄罗斯联邦各主体国家权力机关的现行体系、规范性法律原则、对组织与活动的一般要求

第三十八章　俄罗斯联邦主体的国家立法（代表）机关

　　俄罗斯联邦主体国家权力立法（代表）机关的地位、形式、结构的一般原则　俄罗斯联邦主体权力立法（代表）机关的主要权力　俄罗斯联邦主体代表机构的内部组织与活动

第三十九章　俄罗斯联邦主体的行政权力机关

　　一般原则　俄罗斯联邦主体的最高公职人员　俄罗斯联邦主体最高国家权力执行机构的活动原则

第四十章　俄罗斯联邦各主体的宪法（宪章）法院

　　地位和权力范围的基础　组成与组织活动

第十三编　俄罗斯联邦地方自治的宪法原则

第四十一章　俄罗斯联邦地方自治的形成与发展概要

地方自治　革命前俄罗斯的地方国家管理、地方与城市自治　苏联时期的地方权力组织　向地方自治制度的过渡

第四十二章　俄罗斯联邦地方自治

地方自治组织的本质和基础　市政机构的权限　居民直接实行地方自治与参与地方自治的形式　地方自治的机构与公职人员　地方自治的经济基础　城市间的合作　地方自治机构与公职人员的责任

图书在版编目（CIP）数据

俄罗斯宪法.第1卷/（俄罗斯）C.A.阿瓦基扬著；
龙长海译.— 上海：上海社会科学院出版社，2023
ISBN 978-7-5520-3488-2

Ⅰ.①俄⋯ Ⅱ.①C⋯②龙⋯ Ⅲ.①宪法—研究—俄
罗斯 Ⅳ.①D951.21

中国国家版本馆CIP数据核字（2023）第074243号

上海市版权局著作权合同登记号：图字09-2021-0079

Конституционное право России. Учебный курс.
© by Авакьян Сурен Адибекович

俄罗斯宪法（第1卷）

著　　者：	［俄］C.A.阿瓦基扬
译　　者：	龙长海
责任编辑：	董汉玲
封面设计：	周清华
出版发行：	上海社会科学院出版社
	上海顺昌路622号　邮编200025
	电话总机 021-63315947　销售热线 021-53063735
	http://www.sassp.cn　E-mail: sassp@sassp.cn
排　　版：	南京展望文化发展有限公司
印　　刷：	苏州市古得堡数码印刷有限公司
开　　本：	710毫米×1010毫米　1/16
印　　张：	19.25
字　　数：	255千
版　　次：	2023年6月第1版　2023年6月第1次印刷

ISBN 978-7-5520-3488-2/D·682　　　　　　　定价：95.00元

版权所有　翻印必究